SUZHOU UNIVERSITY OF SCIENCE AND TECHNOLOGY

苏州科技大学

▲ 学校召开干部大会，宣布江苏省委关于学校校长调整的决定

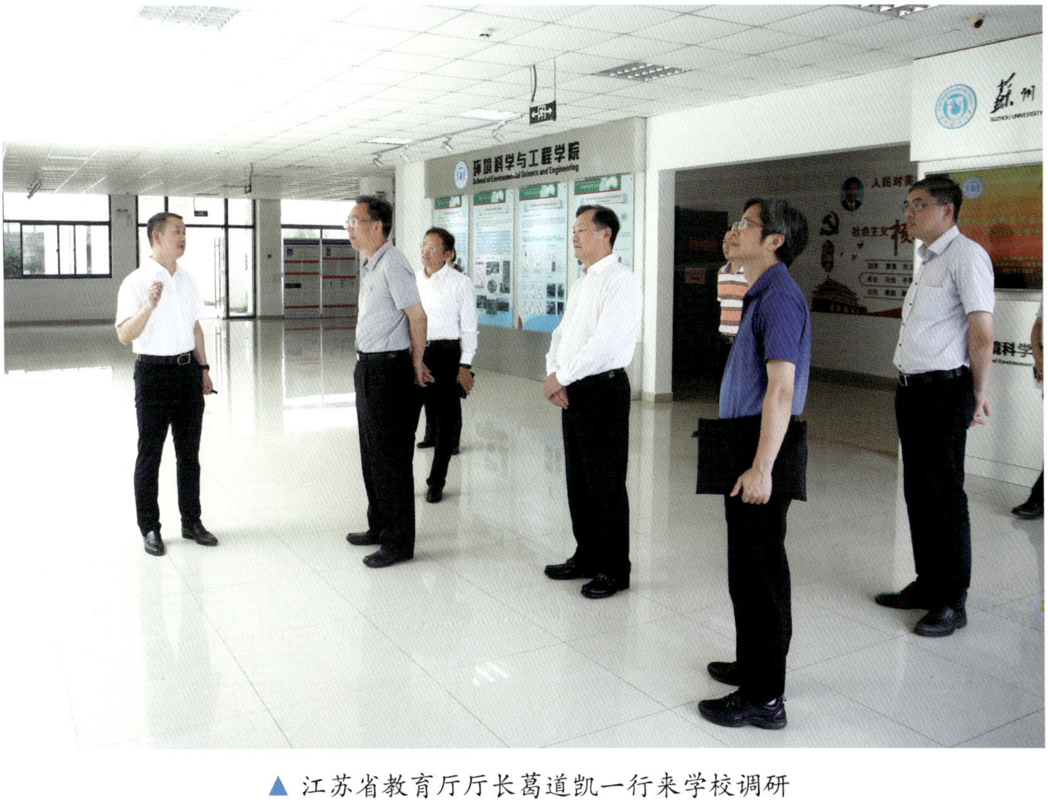

▲ 江苏省教育厅厅长葛道凯一行来学校调研

▲ 江苏省教育厅副厅长王成斌率督查组对学校冬春季疫情防控工作进行专项督查

▲ 江苏省人大常委会副主任、江苏省社科联主席曲福田一行来学校视察并调研城市发展智库及长三角一体化发展研究基地建设发展情况

▲ 江苏省委常委、苏州市委书记许昆林一行来学校视察、调研

▲ 苏州市委副书记、代市长吴庆文来学校调研思想政治工作

▲ 学校召开党史学习教育动员会

▲ 学校召开中层干部换届动员大会

▲ 学校召开“十四五”事业发展规划征求意见座谈会——教师代表

◀ 学校召开“十四五”事业发展规划征求意见座谈会——离任校领导、离退休老同志代表

学校召开“十四五”事业发展规划征求意见座谈会——学生代表 ▶

▲ 庆祝中国共产党成立 100 周年“恰是百年风华”苏州科技大学主题艺术作品展开幕，江苏省委常委、苏州市委书记许昆林一行在学校调研期间参观了艺术作品展

▲ 学校举办庆祝中国共产党成立 100 周年暨表彰大会

▲ 学校全面启动首批新冠病毒疫苗接种工作

▲ 学校举办纪念陶行知诞辰 130 周年暨师德专题教育体验活动

▲ 学校举行虎丘区人大换届选举大会

▲ 2021“百企走进苏科大”产学研对接会线上、线下同步推进

▲ 学校举行地震模拟振动台实验室项目奠基仪式

▲党史学习教育江苏省委宣讲团成员、苏州大学马克思主义政党与国家治理研究中心副主任吉启卫以“从党的百年历史中汲取智慧和力量”为题做党史专题宣讲

▲ 学校召开学习贯彻党的十九届六中全会精神省委宣讲团宣讲报告会。报告会由江苏省委宣讲团成员、苏州大学马克思主义学院院长田芝健教授主讲

▲ 学校召开传达全国“两会”精神报告会。全国政协委员、学校城市发展智库（高级研究院）副院长宋青以“‘两会’归来话‘两会’”为题做主题报告

▲ 苏州电视台新闻综合频道“聚焦省党代会”栏目采访学校党委书记张庆奎

▲ 中国工程院院士、自然资源部国家基础地理信息中心一级教授、航天测绘与地理信息学专家陈军莅临学校与青年教师座谈

▲中国工程院院士、国家最高科学技术奖获得者钱七虎来校做题为“地下空间开发利用与碳达峰和碳中和”的学术报告

▲由学校联合共同主办的第三届中国文化遗产保护国际会议（2021）在苏州召开，校长姜朋明出席开幕式并致辞

▲由学校联合主办的第五届全国水处理与循环利用学术会议在苏州召开，校长姜朋明出席开幕式并致辞

▲学校成功承办 2021 第十届数据驱动控制与学习系统会议，校长姜朋明出席开幕式并致辞

▲ 庆祝第十五个“国际社工日”暨苏州市社会工作发展研究院成立仪式在学校举行，江苏省民政厅副厅长周恒新、苏州市副市长曹后灵、校长姜朋明等出席了此次活动

▲学校和苏州市人民政府联合成立“长三角人居环境碳中和发展研究院”

▲ 学校与苏州市大数据管理局举行战略合作框架协议签约仪式

▲ 学校与中国工商银行苏州分行举行“数字共融 银校合作促发展”全面战略合作签约仪式

▲学校举行欧美同学会（留学人员联谊会）成立大会

▲学校举行“苏州科技大学校友之家”揭牌仪式

▲ 学校党委书记张庆奎为本科生讲授党史专题思政课

▲ 学校校长姜朋明为本科生讲授党史专题思政课

▲学校举办“辉煌百年路 奋进新征程”文艺演出，庆祝中国共产党成立 100 周年

▲学校学生获第十七届“挑战杯”全国大学生课外学术科技作品竞赛“黑科技”专项赛特等奖

▲学校学生团队获第 45 届国际大学生程序设计竞赛亚洲区域赛铜奖

▲学校羽毛球队获 2021 年苏南分会高校大学生羽毛球比赛第一名

▲ 学校举行 2021 届毕业典礼暨学位授予仪式，校长姜朋明致辞

▲ 学校举行 2021 级新生开学典礼，校长姜朋明致辞

苏州科技大学年鉴

2022

姜朋明　顾菊平　主编

苏 州 大 学 出 版 社

图书在版编目(CIP)数据

苏州科技大学年鉴．2022／姜朋明，顾菊平主编；苏州科技大学党委办公室，苏州科技大学校长办公室编．—苏州：苏州大学出版社，2022.12
ISBN 978-7-5672-4181-7

Ⅰ.①苏…　Ⅱ.①姜…　②顾…　③苏…　④苏…　Ⅲ.①苏州科技大学—2022—年鉴　Ⅳ.①G649.285.33-54

中国版本图书馆 CIP 数据核字(2022)第 241256 号

苏州科技大学年鉴 2022
SUZHOU KEJI DAXUE NIANJIAN 2022
姜朋明　顾菊平　主编
苏州科技大学党委办公室
苏州科技大学校长办公室　编
责任编辑　王　娅

苏州大学出版社出版发行
（地址：苏州市十梓街 1 号　邮编：215006）
镇江文苑制版印刷有限责任公司印装
（地址：镇江市黄山南路 18 号润州花园 6-1 号　邮编：212000）

开本 787 mm×1 092 mm　1/16　印张 24.25　插页 12　字数 606 千
2022 年 12 月第 1 版　2022 年 12 月第 1 次印刷
ISBN 978-7-5672-4181-7　定价：88.00 元

若有印装错误，本社负责调换
苏州大学出版社营销部　电话：0512-67481020
苏州大学出版社网址　http://www.sudapress.com
苏州大学出版社邮箱　sdcbs@suda.edu.cn

《苏州科技大学年鉴 2022》编委会名单

目　录

学校综述

学校概况

（2022年3月）

苏州科技大学由原苏州城建环保学院与原苏州铁道师范学院合并组建而成，是一所以工为主、工理文管艺多学科协调发展的全日制普通高校，是教育部本科教学工作水平评估优秀高校。2017年成为住房和城乡建设部（以下简称“住建部”）与江苏省共建高校，同年获批江苏省博士学位授予立项建设单位。

学校拥有石湖、江枫、天平三个校区，主校区石湖校区毗邻石湖，坐拥上方山，环境优美，风景旖旎。校园占地面积2 300亩（约1.53平方千米），现有全日制在校本科生19 000余人，研究生2 800余人，国际硕士研究生100余人。

学校拥有17个硕士学位授权一级学科、14个硕士专业学位授权类别。2个学科在全国第四轮学科评估中获评B档，“工程学”和“化学”学科跻身ESI前1%；6个学科入选江苏省优势学科建设工程项目，6个学科入选“十四五”江苏省重点学科。64个本科专业中，13个专业入选国家一流本科专业建设点；13个专业入选江苏高校品牌专业建设工程项目；8个专业通过高等教育专业评估、工程教育专业认证。

学校现有专任教师1 400余人，具有高级专业技术职务的教师600余人。拥有中国科学院院士、中国工程院院士、欧洲科学院院士、第三世界科学院院士、美国医学与生物工程院院士、英国皇家化学学会会士、俄罗斯工程院院士、国家建筑设计大师等一批名家名师；国家杰出青年科学基金获得者、吴玉章人文社会科学奖优秀奖获得者、“长江学者”特聘教授等国家级人才工程入选者50余人；包括江苏省“333工程”第二层次在内的各类省级人才工程入选者400余人；江苏省“双创团队”等省级以上教学科研创新团队11支。

学校曾获国家级教学成果奖一等奖1项、二等奖3项，获包括江苏省教学成果特等奖、江苏省研究生培养模式改革成果一等奖在内的省级教学成果奖40余项；获中国音乐金钟奖（合唱）金奖、中国民间文艺最高奖“山花奖”。现有国家级大学生文化素质教育基地、国家级高校学生科技创业实习基地、国家级校外实践教育基地各1个，江苏省大学生创新创业实践教育中心1个。近五年，学生荣获“挑战杯”全国大学生课外学术科技作品竞赛“黑科技”专项赛和创业计划大赛特等奖、中国“互联网+”大学生创新创业大赛金奖、美国大学生数学建模竞赛（MCM/ICM）特等奖提名、中国智能制造挑战赛国赛特等奖、全国大学生节能减排社会实践与科技竞赛特等奖等省部级以上学科竞赛等奖项4 700余项。建校以来，学校已为国家培养了近20万名各类毕业生。

学校现有国家地方联合工程研究中心、江苏省重点实验室、江苏省高校哲学社会科学重点研究基地等省级以上科研平台24个。近五年来，学校共承担科研项目2 000余项，其中，国家科技重大专项、国家重点研发计划项目、国家“973”项目、国家“863”项目、国家自然科学基金（重点）项目、国家社会科学基金（重点）项目等国家级项目近260项；获省部级以上科技奖项40余项；学术论文被SCI等三大检索收录5 100余篇；获批专利1 100余项。

学校先后编制200余个小城镇规划，完成苏浙皖地区1 000余个乡村规划。参与大量地方环保政策的制定、企业环境污染治理与环境应急预案的编制工作，配合省、市“263”行动计划，参与完成长三角场地的风险评估和修复等项目百余项；与佛山市南海区合作共建苏科大环境研究院，进行跨域技术输出，为珠三角探索行之有效的污染防治长效机制。苏州乡村振兴研究院起草完成我国首个农业农村现代化评价考核指标体系。苏州国家历史文化名城保护研究院全面服务、支撑全国唯一的“国家历史文化名城保护示范区”建设。城市发展智库获批江苏省决策咨询研究基地，入选苏州市首批新型智库，并成为中国智库索引（CTTI）来源智库。

学校先后与20多个国家、地区的近80所高校和研究机构建立了校际合作关系。自1993年以来每年承办由商务部主办的援外人力资源培训班，为120多个“一带一路”沿线国家和发展中国家的2 000余名环保、能源、物流等领域的官员和技术人员开展培训与学历教育。学校于2015年成为全国首批承担援外硕士学历学位教育项目高校之一。获批江苏省高校中外合作办学高水平示范性建设工程项目3项，获批江苏省“十四五”首批高校国际化人才培养品牌专业立项建设重点项目1项，获批江苏省“十四五”首批高校海外高层次人才引进重点平台建设项目1项，入选“江苏—韩国高校合作联盟”和江苏省“高校国际中文教育工作联盟”。

学校先后荣获“江苏省文明校园”“江苏省高等学校和谐校园”“江苏省平安校园建设示范高校”“江苏省高等学校思想政治教育工作先进集体”“江苏省共青团工作先进单位”等荣誉称号，多次被评为“全国大学生社会实践先进单位”“江苏省优秀研究生招生单位”“江苏省毕业生就业工作先进单位”。

当前，学校正以习近平新时代中国特色社会主义思想为指导，以培养基础扎实、知识面宽的高素质创新性应用型人才为己任，坚持立德树人，注重内涵建设，强化特色发展，提升办学实力，努力将学校建设成为特色鲜明、品质卓越的高水平教学研究型大学。

苏州科技大学 2021 年党政工作总结

2021 年,我们先后迎来了一系列具有里程碑意义的大事:满怀豪情地庆祝中国共产党成立 100 周年,开展系列文化活动,为学校高质量发展汇聚磅礴力量;深入学习贯彻党的十九届六中全会、江苏省第十四次党代会精神,引导广大干部师生捍卫“两个确立”、增强“四个意识”、坚定“四个自信”、做到“两个维护”;精心开展党史学习教育,进一步明理、增信、崇德、力行。学校党委团结带领全校师生员工,顺利完成 2021 年确定的目标任务,为决胜学校第三次党代会总目标奠定了坚实基础。

一、党的建设全面加强,良好政治生态保障发展更有力

(一)强化以政治建设为首。始终把政治建设作为党的根本性建设来抓,落实《关于贯彻落实党内谈话制度的实施办法》,不断增强自我净化、自我完善、自我革新、自我提高的能力。按要求认真开展学校党委领导班子政治建设自查工作,总结成效,查找短板,分析原因,切实整改。以严格的政治建设引领学校“三态”持续向好,不断提高党员干部的政治判断力、政治领悟力、政治执行力,切实提高领导班子把方向、管大局、促落实的能力水平。严格执行党委全委会、常委会和校长办公会议事规则,进一步落实“三重一大”决策制度,增强科学决策、民主决策、依法决策的能力,全年召开全委会 3 次和党委常委会 34 次,部署并推进全面从严治党、“十四五”规划编制、干部人才队伍建设、校区建设等重点工作。

(二)强化以思想建设为魂。认真开展党史学习教育,创新学习方式,加强宣讲宣传,邀请江苏省委宣讲团成员到校做全国“两会”和党的十九届六中全会精神的专题宣讲。学校党委书记带头宣讲江苏省第十四次党代会精神。成立宣讲团,实现校内宣讲全覆盖,走进苏州市机关、学校、街道等开展宣讲 160 余场。以“四优化四提升”为主题,确定“我为师生办实事”实践活动省级层面重点实事项目 2 项、校级层面重点实事项目 16 大项共 34 子项,分别由学校领导牵头挂帅,扎实推进。落实“第一议题”制度,及时跟进学习、传达习近平总书记的最新重要讲话、指示精神和党中央、国务院,省委、省政府的决策部署,充分发挥学校党委常委会领学促学的作用。健全党委理论学习中心组学习制度,全年共组织开展 18 次学校党委理论学习中心组学习。落实巡学旁听制度,加强对二级党组织中心组学习的指导,提升理论学习的规范化和实效性。加强师德师风建设,开展纪念陶行知诞辰 130 周年暨师德专题教育体验活动,推进思政课教师配备与辅导员入编专项工作。全面开展高校意识形态领域固本强基专项行动自查工作,落实意识形态工作责任制指标体系达标率为 100%。修订并落实《意识形态工作责任制实施细则》,牢牢把握党

对意识形态工作的领导权、管理权、主动权。党委书记、校长为学生讲授党史专题思政课的事迹受到“学习强国”等平台广泛报道。1个专业获批江苏省课程思政建设示范专业，2门课程获批江苏省课程思政建设示范课程，建筑类专业课程思政实践成果荣获江苏省教学成果一等奖。学校新疆少数民族学生发展中心获评苏州市“民族团结进步创建示范基地”和全省第二批“红石榴家园”。1名辅导员荣获第十一届“江苏省高校辅导员年度人物”称号。

（三）**强化以组织建设为基。** 举行庆祝中国共产党成立100周年暨表彰大会等系列活动，开展“两在两同”建新功行动，发挥“书记项目”引领示范作用。培育创建标杆院系、样板党支部，深入实施教师党支部书记“双带头人”培育工程，充分发挥党支部的战斗堡垒作用。重点做好青年骨干教师、高知识群体教师、大学生党员发展工作。深入开展机构设置改革，合理优化人员配置。认真贯彻《党政领导干部选拔任用工作条例》，完成处级领导班子和领导干部换届工作。加强干部教育管理，完成干部试用期满考核工作。注重干部挂职锻炼，选派9人参加江苏省第十四批科技镇长团；继续做好宿迁市泗阳县对口帮扶工作。2021年，学校基层党组织和教师党员共获省、市各类表彰和荣誉称号9项。

（四）**强化以党风廉政建设为要。** 制定《中共苏州科技大学委员会落实全面从严治党主体责任清单》《中共苏州科技大学纪律检查委员会落实全面从严治党监督责任清单》并认真落实。召开年度全面从严治党工作会议，与各基层单位签订落实全面从严治党责任书，推动全面从严治党落细、落小、落实。持之以恒地落实中央八项规定精神，认真做好履责记实工作，精准运用监督执纪“四种形态”，提高信访举报和问题线索处置的工作质效。按要求组织开展高校“四个领域”腐败风险专项清理整顿工作。持续加强警示教育，健全反腐倡廉“大宣教”格局。出台《关于建立健全“纪监巡审”协同监督机制的实施意见》，完善学校监督体系建设，全面推进纪律监督、监察监督、巡察监督、审计监督的贯通融合。第三轮、第四轮校内巡察工作形成闭环，开展第五轮、第六轮校内巡察工作，实现本届党委校内巡察全覆盖。落实2020年校领导经济责任审计整改方案，24个审计发现问题的整改工作全部完成，整改率为100%。完成15名内管干部经济责任审计及“三重一大”政策跟踪审计。

二、“十四五”规划实现良好开局，提升治理效能的大方向更明确

（一）**持续优化内部治理体系。** 认真贯彻党委领导下的校长负责制，严格执行校长办公会议事规则，进一步完善行政决策执行机制。进一步厘清行政治理与学术治理的关系，充分发挥学术委员会功能，积极探索教授治学的有效途径。重视管理制度体系建设的系统性、整体性、协同性，出台涉及教学、人事、科研、财务、招标采购等促进内部管理科学化的规章制度文件13份，努力形成富有成效的管理体制和运行机制。加强财务资产管理，进一步开源节流，强化预算绩效管理，切实保障重点支出，持续缩减“三公”经费。完成校属企业体制改革工作，完善大型仪器设备共享平台建设，优化实验室运行支撑保障体系。

（二）**持续推进教育评价改革。** 贯彻落实《深化新时代教育评价改革总体方案》，紧紧围绕克服“五唯”顽瘴痼疾、提高学校教育治理能力和水平的目标，研究制定深化教育评价改革的落实举措和办法。在对相关政策性文件等进行集中清理的基础上，修订并出台

了学校《核心期刊目录》《职称评聘实施办法（试行）》《绩效工资实施办法》等文件，进一步深化人才评价、科研评价改革，进一步发挥绩效分配的正向激励作用，进一步激发广大教职工干事创业的内在动力。

（三）持续提高民主管理水平。落实学校领导班子成员深入基层联系师生制度，完善学校领导接待日制度，定期听取师生代表的意见与建议；出台《苏州科技大学信访工作实施细则（试行）》，完善师生员工个人诉求机制的建立与畅通。充分发挥教职工代表大会、工会的作用，召开四届四次教职工代表大会，提案工作高质量推进，已全部办结，代表满意率为 100%。进一步加强离退休工作，做好共青团工作。加强校友会工作，成立“苏州科技大学校友之家”。进一步发挥各级人大代表、政协委员在学校民主管理和助力地方经济社会发展中的积极作用。统筹谋划党外干部的培养和选拔任用，做好民主党派换届和市、区两级人大代表选举、政协委员提名推荐等工作。成立学校欧美同学会（留学人员联谊会）。推进统一战线同心教育实践基地建设。

（四）实现学校“十四五”规划良好开局。在学校党委的领导下，稳步推进学校“十四五”事业发展规划，建立发展规划与年度考核相互衔接的工作机制，细化年度重点任务分解，加大对重大决策执行情况的监督力度，推动各单位以规划为引领，围绕学校中心工作，打好精彩的“十四五”开局仗。

三、人才培养质量稳步提高，创新人才培养特征更明显

（一）一流本科建设加快推进。学校 12 个专业入选江苏省一流本科专业建设点，11 个专业通过专业认证、评估（复评），BGA 国际商科认证工作启动并取得实质性进展；22 门课程获评首批江苏省级一流本科课程；22 部教材获批江苏省优秀培育教材、江苏省重点教材、住建部住建领域学科专业“十四五”规划教材立项。获江苏省教学成果奖 6 项；获批首批教育部新文科研究与改革实践项目 1 项，获批教育部产学合作协同育人项目 40 项，创历史最高水平；获批江苏省高等教育教改课题 7 项，其中，重中之重课题、重点课题 2 项。

（二）学生培养质量显著提升。学校本科招生规模增幅达 19.18%，其中，江苏省内增幅为 24.99%；贵州、山西 2 省整体进入本一批次招生。就业工作成绩斐然，年终去向落实率为 94.10%，圆满完成既定目标。其中，初次落实率为学校近 10 年来最高，年终落实率为学校近 3 年来最高。学校获评第二批“江苏省大学生职业生涯教育基地”、江苏省大学生核心就业能力培训基地。学生资助工作获 2020 年度全省学生资助绩效评价“优秀”等级。学校获评江苏省“2019—2021 年度大学生心理健康教育工作先进集体”。学校研究生招生规模持续扩大，较 2020 年增长 14.34%。学校连续 12 年被评为江苏省“研究生优秀招生单位”。2 家省级研究生工作站获“江苏省优秀研究生工作站”称号。4 篇学位论文获评江苏省优秀硕士学位论文，占全省硕士培养高校总篇数的 1/4。3 篇研究生教学案例入选中国金融专业学位案例中心案例库。在江苏省研究生教育质量综合评价中连续两年荣获 A 等级，位列全省硕士培养高校第一名。体育竞赛捷报频传，学校跆拳道队、羽毛球队分获全国大学生跆拳道比赛金奖、苏南分会高校大学生羽毛球比赛团体冠军等荣誉。

（三）创新创业教育硕果累累。学生获各类学科竞赛省部级以上奖项 1 575 项。其中，获“挑战杯”全国大学生课外学术科技作品竞赛“黑科技”专项赛特等奖、“互联网+”

大学生创新创业大赛国赛1金1银1铜，均为历史性突破。学生论文连续3年入选全国大学生创新创业训练计划年会（省属高校仅入选4篇）。

四、人才强校战略护航发展，学科科研集聚效应更突出

（一）外引内培助师资队伍实力明显提升。全面贯彻落实党管人才原则，确立有重点保护、有计划培养、有选择引进的人才工作方针，加大高端人才引进力度和中青年骨干教师培养力度，引进包括国家杰出青年科学基金、“百千万人才工程”入选者、吴玉章人文社会科学奖获得者等领军人才在内的高层次人才157名。一年来，专任教师的学历结构、年龄结构、学缘结构、职称结构等重要指标都有了明显优化。新增江苏省“双创人才”、江苏省“青蓝工程”等省级人才工程入选者56人，江苏省优秀教学团队和优秀科技创新团队各1个，姑苏宣传文化特聘人才1人，获批苏州市外籍院士工作站1个。

（二）目标明确助学科建设水平切实提高。学校明确2021年为“学科建设年”，科学遴选重点“申博”培育学科，确定任务清单及任务牵头单位，做优做强“申博”学科内涵建设。ESI学科发展态势良好，截止到2021年年底，工程学科潜力值已达196%，化学、材料科学学科潜力值分别升至96.83%、77.59%。学校6个学科入选2021软科中国最好学科排名上榜学科，在同类院校中名列前茅。2021年，学校获批7个硕士学位授权点，至此，学校已拥有17个硕士学位授权一级学科、14个硕士专业学位授权类别，学科结构和布局更加合理。6个学科获批“十四五”江苏省重点学科，实现省级、校级重点学科有效支撑，学科建设体系不断健全。

（三）科学研究助创新及服务能力稳步增强。2021年，学校获批国家自然科学基金项目、社会科学基金项目等国家级项目49项，其中，国家重点研发计划课题1项，实现国家重大重点项目5年不断线；获批江苏省优秀青年基金项目、江苏省重点研发计划项目等省科技计划项目21项，较2020年增长了91%，青年项目、面上项目立项数在江苏省内非博士点授予高校中排名第一，立项数和立项经费均创历史新高；获批教育部人文社科项目、江苏省社科基金项目、江苏省社科联重大应用研究课题等省部级社科项目17项，其中，教育部人文社科项目11项，立项数居全省第五，创历史新高。2021年，科研经费3.66亿元，其中，横向项目新增立项477项，到账经费同比增长39%；获授权专利148件，其中，发明专利108件，同比增长50%。获批江苏省工程研究中心1个。获江苏省科技进步奖和上海市科学技术奖一等奖等省部级奖项3项；城市发展智库研究成果获“江苏发展研究奖”一等奖；“第二届城市创新生态论坛（苏州）”发布的《2021“中国100城”城市创新生态指数报告》广受关注；1人再次入选科睿唯安“高被引科学家”榜单。

五、开放合作导向助推办学空间拓展，办学活力和社会效益更凸显

（一）教育对外开放提质增效。学校获批商务部2项援外短期培训项目和1项学历教育项目。入选第二批中外校群合作平台“江苏—韩国高校合作联盟”。获江苏省“十四五”首批高校国际化人才培养品牌专业立项建设重点项目、江苏省“十四五”首批高校海外高层次人才引进重点平台建设项目各1项。与威斯康星大学麦迪逊分校、华盛顿大学等近20所境外知名大学签署合作协议并开展实质性合作，248名学生通过项目开展各类国际交流学习。

（二）教育服务社会持续拓展。学校成人教育坚持学历教育与非学历教育融合发展，坚持立足苏州、强化省内、放眼国内，加强与国家发展和改革委员会国际合作中心、苏州宿迁工业园区、江苏现代低碳技术研究院以及苏州市级机关部门、行业企业的交流与合作，不断拓展培训新领域，加大社会培训力度。学历教育在籍生达到 13 000 余人。非学历教育全年社会培训合同金额 787.32 万元，同比增长 11.68%。继续打造苏州应急管理培训中心，新增成教招生专业 1 个、自考助学专业 1 个、校外助学专业 4 个。

（三）科研院所服务社会成果丰硕。学校与姑苏实验室共建的按需零碳供能研究中心迈入实体运行并获 3 000 万元经费资助，“长三角人居环境碳中和发展研究院”正式揭牌，“苏州科大中智创新发展战略研究院”获批立项建设，苏州市产业技术研究院智慧生态创新产业技术研究所建设取得突破性进展，城市发展智库的 6 篇报告获省、市领导批示，苏州乡村振兴研究院编写的《苏州农业农村现代化指标体系 2.0 版》由苏州市政府和中国农科院共同发布，苏州国家历史文化名城保护研究院起草的《苏州市历史建筑保护利用管理办法》正式颁布实施。学校获批苏州市非物质文化遗产研究基地。

六、学校基本建设步伐加快，平安、和谐、文明、美丽校园展现得更全面

（一）平安校园建设扎实见效。严格按照省、市的有关要求，毫不放松地抓好常态化疫情防控，抓紧、抓实、抓细各项措施，完成新冠疫苗两针剂、加强针集中接种工作，接种率超 96%，学校荣获“苏州市抗击新冠疫情先进集体”称号。扎实做好校园安全稳定工作，发布《网络文明公约》，开展“反电信网络诈骗，创建‘无诈校园’”活动，实施安全专项整治三年行动，巩固平安校园创建成果，维护学校安全稳定。

（二）法治校园建设迈出重要步伐。建立健全依法治校体制机制，成立法制办公室。深化法治宣传教育，制定实施学校 2021 年《普法工作计划》，深入开展“学宪法讲宪法”系列活动，学生参与“宪法卫士”答题率及人均得分均居全省高校前列。文学院获评“2016—2020 年全国普法工作先进单位”。学校获 2018—2020 年度苏州市“文明校园”称号。

（三）文化校园建设彰显品牌效应。充分发挥图书馆艺术展区、大师工作室、师陶园等文化平台的育人功效，获来校省、市领导的高度肯定。加强美育教育，促进学生全面发展，学校获全国第六届大学生艺术展演活动高校美育改革创新优秀案例二等奖 1 项。学校全年累计在《光明日报》《中国青年报》等省级以上主流媒体刊发报道 553 篇。

（四）和谐美丽校园建设进度加快。石湖校区南区学生宿舍、东区风雨操场建成并投入使用。国家地方联合工程实验室、金螳螂土木工程创新实践中心完成项目施工。土木工程学院地震模拟振动台实验室等项目开工建设。石湖、江枫校区室外运动场地改造项目如期完成。学术交流中心社会化运营项目取得突破性进展，已进入施工装修阶段。积极打造“智慧校园”，融合门户、统一身份认证等已正式投入运行，数据中台项目已经建成。校门闸机系统实现升级，成为苏州首家实现人脸核验通行的高校。关注民生，依据政策调整教职工房贴比例和公积金、养老保险、年金基数等，及时兑现离退休人员房贴新标准并补发增量，完成离休人员各类补贴发放。

2021 年的成绩来之不易，是全校师生团结拼搏、努力进取的结果，在此，我代表学校党委，对过去一年奋战在教学、科研、管理、服务各条战线的教职员工表示衷心的感谢和崇高的敬意！

重要文献

苏州科技大学 2021 年党政工作要点

2021 年党政工作的总体要求：以习近平新时代中国特色社会主义思想为指导，深入贯彻党的十九大和十九届二中、三中、四中、五中全会精神，贯彻落实习近平总书记关于高等教育的重要论述和视察江苏时的重要讲话指示精神，认真落实省委、省政府的决策部署，以开展党史学习教育为契机，以强烈的“十四五”开局意识和“争当表率、争做示范、走在前列”的使命担当，加快推进特色鲜明、品质卓越的高水平教学研究型大学建设，以优异成绩庆祝建党 100 周年。

一、党的建设方面

（一）加强政治建设。深入学习贯彻习近平新时代中国特色社会主义思想和习近平总书记视察江苏时的重要讲话指示精神，坚持用党的创新理论武装头脑、指导实践。紧紧围绕学党史、悟思想、办实事、开新局的总要求，认真组织开展党史学习教育，常态化开展“四史”学习教育，巩固深化“不忘初心、牢记使命”主题教育成果，引导广大师生进一步增强“四个意识”、坚定“四个自信”、做到“两个维护”。抓好校、院两级党委理论学习中心组学习，落实理论学习中心组巡学旁听制度，用好“学习强国”平台，推进学习型党组织建设。贯彻落实《关于加强省属高校领导班子政治建设的若干措施》等文件精神，不断提高政治判断力、政治领悟力、政治执行力，促进学校领导班子运行状态、校园政治生态、事业发展势态“三态”持续向好。（责任单位：党委宣传部、党委组织部、党委办公室）

（二）加强思想政治和意识形态工作。围绕庆祝建党 100 周年等重大活动开展主题宣传，坚定师生的理想信念，激发爱党爱国热情。持续推进新时代马克思主义学院建设，切实加强大学生思想政治工作和辅导员队伍建设，加强师德师风建设，积极推进“思政课程”和“课程思政”建设，不断完善“三全育人”工作格局。深化法治宣传教育，组织开展好“学宪法、讲宪法”系列活动。严格落实意识形态工作责任制，完善意识形态领域风险研判和防控机制，强化各类意识形态队伍建设和阵地管理，加强涉外意识形态管理，全力维护意识形态安全，牢牢掌握意识形态领导权、主动权。加强苏州意识形态建设研究中心和新时代文明实践研究院的相关工作。（责任单位：党委宣传部、学生工作部〈处〉、党委教师工作部、人事处、教务处、国际合作交流处、马克思主义学院）

（三）加强基层党组织建设。全面落实新修订的《中国共产党普通高等学校基层组织工作条例》，进一步优化学院党政共同负责制的运行机制。认真落实基层党建工作的重点任务，持续推进党支部内涵式、优质化建设，确保高校党支部建设“提质增效”三年行动计划圆满收官。持续实施教师党支部书记“双带头人”培育工程。通过助推党建工作项目化运作、培育做亮党支部书记工作室等措施，着力打造“三个标杆”。持续落实党建工作责任述职评议制度，切实推动全面从严治党向基层延伸。加大在高知识群体和优秀青年学生中发展党员的力度。（责任单位：党委组织部、党委教师工作部、学生工作部〈处〉、党校、各二级党组织）

（四）加强干部队伍建设。按照新时代好干部标准，科学选任干部，做到人事相宜、人岗相适，培养选拔忠诚、干净、担当的高素质干部。做好处级党政领导干部换届工作，严格执行干部交流或轮岗有关规定，选优、配强领导班子。有针对性地开展中层干部及新提任干部专题教育培训，提升履职尽责能力。加强干部日常监督管理，严格执行领导干部个人有关事项报告等制度。（责任单位：党委组织部、纪委办公室、党校、人事处、审计处）

（五）加强党风廉政建设。召开2021年度全面从严治党工作会议，制定落实“两个责任”清单，认真做好履职纪实。开展2021年校内巡察工作，开展第四轮巡察整改进展情况检查、专项督查，做好第三轮巡察整改报结工作。完善政治生态监测评估机制，优化净化校园政治生态。开展纪律教育和廉政教育，深化运用“四种形态”，加大执纪问责力度。强化对巡视巡察、审计监督所发现问题的整改。强化各级领导班子成员述职述廉和履行“一岗双责”述职评议的监督检查。打造“四结合三融入”廉政教育品牌。持续整治形式主义、官僚主义，增强宗旨意识、服务意识，加强作风效能建设。（责任单位：党委办公室、纪委办公室、党委组织部、审计处、机关党工委）

（六）加强统一战线、群团组织和老干部工作。贯彻落实《中国共产党统一战线工作条例》，强化党对民主党派和统战团体的领导，认真落实高校党外知识分子思想政治工作实施意见。加强党外代表人士队伍建设，做好党外中青年骨干培养工作。做好党外知识分子联谊会、欧美同学会（留学人员联谊会）等工作。做好民族宗教工作。组织召开校教代会、学代会、研代会，切实推进团学组织改革，充分发挥群团组织在学校事业发展中的重要作用。做好离退休老干部工作，推进关工委优质化建设。（责任单位：党委统战部、工会、团委、学生工作部〈处〉、离退休工作处）

二、加强顶层设计方面

（一）做好“十四五”开局之年工作。广泛征求师生意见，做实、做细调研论证工作，科学制订学校“十四五”发展规划，配套出台相关专项规划和学院规划，确保三者之间有效衔接。逐步建立发展规划与年度计划、年度考核相互衔接的工作机制，形成战略和行动合力，以“十四五”发展规划为引领，围绕学校中心工作，打好精彩的“十四五”开局仗。（责任单位：“十四五”事业发展规划编制工作机构成员单位、各职能部门、各学院〈部〉）

（二）加快推进学校治理体系和治理能力现代化建设。充分发挥党委的领导核心作用，坚持和完善党委领导下的校长负责制，严格执行议事规则。适时修订《苏州科技大学章程》，进一步完善现代大学制度体系和治理体系。梳理并修订人事制度和学科建设、科研管理、人才培养等相关规章制度，积极破除“五唯”，深化教育评价改革。紧紧围绕江苏省高校综合考核要求，结合学校新的绩效工资分配方案实施情况，继续完善绩效工资分配方案和年度考核指标体系，充分发挥其在学校高质量发展中的“指挥棒”作用。进一步优化校、院两级管理模式，增强学院的管理能力，激发“学院办大学”的积极性和创造性。（责任单位：党委办公室、校长办公室、人事处、学科建设办公室、科技产业处、人文社科处、教务处、研究生部、党委组织部、机关党工委、工会、各学院〈部〉）

三、人才培养方面

（一）推进一流本科建设。围绕立德树人根本任务，始终坚持“以本为本”，推进“四个回归”，不断提高人才培养质量。推进一流专业、一流课程建设，围绕“‘四新’建设”“六卓越一拔尖计划 2.0”，推进新专业论证申报，优化专业布局；加大实训中心建设力度，做好师范类、工程教育类等专业认证、评估工作；完善《2018 本科专业人才培养方案》，坚持“五育”并举，加强学生体育、美育、劳动教育工作；积极推进校级“金课”建设项目，国家一流课程实现零的突破。做好 2021 年教学成果奖和首届全国教材建设奖申报工作。进一步规范管理，严把质量关，提高江苏省优秀本科毕业设计（论文）数量。扎实推进敬文书院建设。（责任单位：教务处、体育部、团委、敬文书院）

（二）提高研究生培养质量。全面落实《江苏省研究生教育质量提升工程（2021—2025 年）实施方案》。进一步加强研究生培养创新工程项目申报和管理，培育高等级研究生教育教学成果奖。进一步提升研究生培养质量，实现江苏省优秀硕士论文数量的新突破。推进和优化产学结合的专业学位研究生培养模式，加强专业实践培养基地建设，提高专业实践教育实效。积极扩大研究生招生规模，力争使在校研究生人数达到 3 000 人。（责任单位：研究生部、各研究生培养单位）

（三）加强创新创业教育。推广本科生导师制，引导本科生开展创新创业和科学研究工作，扎实推进创新创业实践教育中心建设。做好 2021 年“挑战杯”全国大学生课外学术科技作品竞赛校内选拔工作及省赛、国赛的参赛工作。启动 2022 年“挑战杯”大学生创业计划竞赛准备工作。做好全国“互联网+”大学生创新创业大赛、全国大学生英语竞赛和大学生数学建模大赛等高水平学科竞赛参赛准备工作。（责任单位：教务处、学生工作部〈处〉、团委）

（四）加强招生就业和学生教育管理。提升生源质量，开拓就业市场和渠道，提高“后疫情”时代就业、创业精准服务水平，努力实现毕业生更充分和更高质量就业。加大学风建设力度，加强学业指导，提升考研升学率，强化课堂规范和考风建设，持续打造优良学风。进一步完善助学解困体系，做好家庭经济困难学生的帮扶工作。建立健全学生心理健康动态监测与评估体系。做好国防教育和大学生征兵工作。（责任单位：学生工作部〈处〉、研究生部、教务处、团委、保卫处、人民武装部、各学院〈部〉）

四、学科、师资与科研工作方面

（一）加强学科建设。按照博士学位授权审核工作的标准和要求，重点打造优势明显、特色鲜明的学科，确保在全面达标的基础上做优、做强各项申报指标。做好新增硕士学位授权点的规划建设工作。做好江苏省优势学科三期项目验收和江苏省重点学科项目验收工作，同时做好江苏省“十四五”重点学科申报工作。推进交叉学科发展，提高学科管理水平。启动校级重点学科和重点培育学科的遴选和建设工作，实现省、校级重点学科有效互动和支撑，不断健全学校学科建设体系。全力做好全国第五轮学科评估和首轮全国专

业学位水平评估的后续跟进工作。(责任单位：学科建设办公室、相关职能部门与学院)

（二）加强师资队伍建设。优化政策机制，加大高层次人才引进力度，全年计划引进各类人才160人。强化学科团队、梯队建设，夯实师资队伍建设基础。继续实施高端人才培育计划与优青培育工程，做好人才工程项目的申报、管理及后续服务工作，全年新增国家级及省部级人才60人。(责任单位：人事处)

（三）提升科研创新服务能力。加大项目申报工作力度，获批各类国家级项目不低于50项。切实加强在研项目管理，狠抓高质量科研成果产出，整合校内外优势资源，培育重大标志性成果，布局国家级奖，争取省部级奖不“断线”。加强水处理技术与材料协同创新中心建设点建设管理，积极培育新的高级别科研平台。本着“科研率先融入苏州”的原则，深化与地方政府、龙头企业和创新载体的合作，开拓产学研合作新局面，加大成果转移力度。加强城市发展智库、创新生态研究院等建设工作，提交更多有影响力的决策咨询研究报告；围绕苏州农业农村现代化和乡村振兴的重大理论与实践问题进行前瞻性研究；主办好“第三届中国文化遗产保护国际会议”“第二届城市创新生态论坛（苏州）”。加强学术支撑平台建设，积极推进图书馆、学报建设。(责任单位：科技产业处、人文社科处、城市发展智库〈高级研究院〉、苏州创新生态研究院、苏州乡村振兴〈城市一体化改革发展〉研究院、苏州国家历史文化名城保护研究院、图书馆、学报编辑部)

五、开放办学方面

（一）提高教育对外开放水平。克服疫情影响，持续推进与世界高水平大学和一流大学的实质性合作，积极培育和储备高质量交流合作项目。适度扩大中外合作办学规模。发展后疫情时代留学生来华教育，积极争取获批援外项目，进一步拓展各类留学生规模，做好援外短期培训和学历教育项目实施。(责任单位：国际合作交流处、教务处、研究生部、学生工作处)

（二）提高对外合作实效。继续深化校地、校企合作。加强与省、市有关部门沟通协调，持续深化省市共建项目实施，切实推进江枫校区家属区社会化管理工作。完善校友会、教育发展基金会运行机制，多渠道筹措办学经费。(责任单位：发展规划处、校长办公室、资产与后勤管理处、人事处、财务处)

（三）推动继续教育量质齐升。加大招生宣传力度，做好面向艰苦行业与校企合作改革项目的招生工作。培育申报新的校外教学点，拓展非学历教育，重点打造应急管理教育培训等一批特色品牌项目。(责任单位：继续教育处、继续教育学院)

六、平安和谐美丽校园建设方面

（一）毫不放松地做好疫情防控工作。抓紧、抓实、抓细常态化疫情防控各项措施，确保校园不发生聚集性疫情，力争做到校内师生员工“零感染”。持续加强重大传染病防控工作，深入开展新时代校园爱国卫生运动。继续做好涉外疫情防控工作，加强对外籍师生的管理。(责任单位：疫情防控工作领导小组成员单位)

（二）加强财务资产管理。实施全面预算绩效管理工作，合理化解债务风险。完成校属企业体制改革工作，建立现代企业制度。推进大型仪器设备共享平台建设，完善实验室运行支撑保障体系。加快解决学术交流中心的社会化运营工作。进一步规范招标采购管理。融合“三重一大”政策跟踪审计，实施干部经济责任审计。（责任单位：财务处、资产经营有限公司、资产与后勤管理处、审计处）

（三）**积极稳妥地做好天平学院转设相关工作。** 按照上级文件精神和协议约定，配合春来教育集团做好天平学院转设工作，提前谋划天平学院转设后相关人事管理、校区功能布局等工作。（责任单位：天平学院转设发展筹备期工作领导小组成员单位、相关学院）

（四）**持续推进基础建设。** 加快国地联合工程实验室验收交付工作。推进石湖南区学生宿舍、东区操场等在建工程，确保秋季开学前投入使用。加快开工建设地震模拟振动台实验室、金螳螂土木创新实践教育中心等项目。实施 2021 年基建与重大维修项目。完善融合门户平台功能，持续推进智慧校园建设。（责任单位：基建处、发展规划处、财务处、审计处、资产与后勤管理处、信息化建设与管理中心）

（五）**深化平安和谐校园建设。** 持续推进安全专项整治三年行动，推动消防控制室联网控制改造，完善学校安全治理体系，提升治理能力。突出隐患排查、整改，聚焦实验室及危化品安全等重点领域、重点环节，加强安全宣传教育，强化安全源头管控和系统治理。推进垃圾分类工作，建设绿色校园。继续改善师生工作、学习和生活条件，切实提高师生幸福指数。（责任单位：保卫处、资产与后勤管理处、信息化建设与管理中心、后勤服务总公司、人事处、工会）

加强谋划引领　砥砺实干担当　奋力开启学校高质量发展新征程

——党委书记张庆奎在中共苏州科技大学委员会三届九次全体会议上的工作报告

2021年2月27日

同志们：

今天我们召开学校党委三届九次全体会议，主要议程是党委常委会向全委会报告工作，总结学校2020年各项工作，研究部署2021年重点工作。

现在我代表学校党委常委会向全委会做报告，请予审议。

第一部分　2020年学校党政工作总结

2020年，学校党委以习近平新时代中国特色社会主义思想为指导，团结带领全校师生员工，努力开创党建工作新局面，奋力引领学校事业在疫情大考下的高质量发展。

一、提高政治站位，全面加强党的建设

（一）**政治建设切实加强。**出台《贯彻落实〈关于加强省属高校领导班子政治建设的若干措施〉实施方案》，把政治建设作为党的根本性建设来抓，促使广大干部教师增强“四个意识”、坚定“四个自信”、做到“两个维护”。坚持和完善党委领导下的校长负责制，进一步贯彻落实“三重一大”决策制度，不断增强引领高质量发展的能力。成立学校党的建设工作领导小组，建立健全党建工作机制，落实党建主体责任。认真开展二级党组织书记抓党建、党支部书记述职评议考核工作。积极推动学校党委、二级党组织、党支部三级党建“书记项目”落实落地，在抓好党建工作中育新人、促发展。

（二）**思想建设持续推进。**落实学校党委常委会“第一议题”制度，把学习贯彻习近平新时代中国特色社会主义思想主题教育、习近平总书记教育重要论述精神融入日常工作。深入宣传贯彻党的十九届五中全会精神，学校“众说学习”工作坊入选苏州市理论宣讲重点项目。“学习强国”平台使用实现全覆盖，学校“学习强国号”正式上线运营。与苏州市委宣传部深化共建马克思主义学院工作，入选“2022年江苏省高校示范马克思主义学院”名单，合作成立的“苏州新时代文明实践研究院”为江苏省内首家。严格落实意识形态工作责任制，切实加强意识形态领域的风险研判和预警处置，建立“意识形态工

作信息专报制”。紧扣中心构建宣传大格局，2020年累计在中央电视台等主要媒体刊发有关学校的各类报道500篇以上。

（三）组织保障不断建强。优化二级党组织设置，完成24个二级党组织和167个党支部的集中换届工作。贯彻落实“提质增效”三年行动计划要求，深入实施教师党支部书记“双带头人”培育工程，标准党支部、“双带头人”均100%达标。加大在青年骨干教师、海外归来教师中发展党员的力度，7名教师被发展为预备党员。

（四）干部队伍建设进一步加强。落实“五突出五强化”选人用人机制，新提任处级干部30人，轮岗交流干部11人，选聘科级干部33人，干部队伍结构得到进一步优化。邀请英雄模范、劳动模范和高校专家开展专题讲座，提高干部的政治理论素养、履职尽责能力和廉洁自律意识。做好科技镇长团成员考核选派工作和扶贫、对口帮扶工作，获评江苏省第十二批科技镇长团“优秀团长”1名、“优秀团员”2名，1名扶贫干部获宿迁市脱贫攻坚“优秀个人”和“荣誉市民”称号。

（五）党风廉政建设深入推进。出台2020年度落实全面从严治党主体责任清单和监督责任清单，召开全面从严治党工作会议，进一步落实全面从严治党和党风廉政建设责任制。完成了校内第四轮巡察，加强校内巡察整改工作专项督查。强化政治监督，抓好“关键少数”，积极推动各项审计及整改工作。启动机关作风效能建设考核工作，建设精干、高效型机关。加强师德师风建设，落实“三育人”工作条例，编制《高校教师师德手册》，开展专题网络师德培训，努力形成优良教风。狠抓学风建设，推动学风持续改善。

二、注重规划引领，全力打造学校高质量发展硬核

（一）“十四五”发展规划编制工作全面启动。立足发展新起点，准确把握高等教育发展新特征、新趋势，综合考量新一轮研究生和本科生扩招、天平学院转设等重要历史机遇，对发展目标定位、指导思想、主要任务、重点举措等进行深入调研和研讨，科学谋划学校“十四五”期间的高质量发展。

（二）人才培养质量不断提高。一是课程思政建设扎实推进。深入实施党委书记履职亮点项目，组织评选一批校级课程思政建设示范学院、示范专业、示范课程、特色课程等，获批市厅级以上思政类专项课题25项，在全省率先编撰出版课程思政专题系列研究丛书。

二是教育教学改革不断深化。以校长履职亮点项目为抓手，专业、课程建设成效显著。1个专业通过住建部专业认证，5个专业入选江苏省一流专业建设点，10个专业申报国家一流本科专业建设点；新增1部国家“十三五”规划教材，2部教材被江苏省推荐申报首届全国优秀教材，新增首届江苏省优秀培育教材6部，省部级以上课程（教材）数量达72个，同比增长20%；获批省部级以上教改项目16项；获江苏省研究生教改成果优胜奖1项，3篇论文获评江苏省优秀硕士论文，学校在江苏省首次研究生教育工作综合评价中获评A等。

三是双创教育成效明显。2020年，学生获包括美国大学生数学建模竞赛一等奖、全国大学生节能减排竞赛一等奖在内的省部级以上奖励共1 136项。在江苏省大学生跆拳道锦标赛上获团体总分第一及男团总分第一的优异成绩。

四是高质量招生、就业同步推进。2020年新增海南招生省份，广西壮族自治区和重庆

市进入本一批次招生。研究生招生 1 018 名，同比增长 39.5%，连续 11 年被评为“江苏省优秀研究生招生单位”。2020 年毕业生初次就业率、年终就业率实现双达标，学校就业工作获教育部领导的充分肯定。

（三）**学科建设大力推进。** 积极做好学位授权申请工作，1 个硕士一级学科点、7 个硕士专业学位类别通过江苏省学位委员会评审。工程学学科排名首次进入 ESI 全球大学和科研机构前 1%。

（四）**人才强校战略顺利实施。** 2020 年，学校共引进专任教师 83 人；新增获批省级以上各类人才培养工程 29 人。专任教师中获得博士学位的有 710 人，占比达 54.2%；具有半年以上海外经历背景的教师比例达到 36.1%。

（五）**科研创新能力不断增强。** 水处理技术与材料协同创新中心升级为立项建设点，新增江苏省高校哲学社会科学重点研究基地、江苏省工程研究中心各 1 个。获批国家重点研发计划课题、国家自然科学基金重点项目等国家级项目 41 项，江苏省重点研发计划项目等省部级项目 30 项。获批科研经费 3.15 亿元，其中，纵向到账经费同比增加 25.3%。获授权专利 173 件，获 2020 年江苏省“高校知识产权工作先进集体”称号、江苏省“技术转移工作促进奖”。1 名学校教师入选 2020 年全球高被引学者榜单，被 CSSCI、SSCI、SCI、EI 收录（检索）的高水平论文增幅明显。

（六）**服务地方激发办学新动能。** “城市发展智库”已成为中国智库索引（CTTI）来源智库，向市厅级及以上组织提交决策咨询研究报告 29 篇，获得领导肯定性批示 11 篇。乡村振兴研究院参与起草的我国首个农业农村现代化评价考核体系，获得农业农村部主要领导批示并落实执行。国家历史文化名城保护研究院相关成果获“江苏省优秀城乡规划奖”一等奖。学校获批第二轮省市共建项目 7 500 万元的地方财政资助。

（七）**文化校园建设迈上新台阶。** 精心组织“红色传承”“书香校园”等主题文化建设，“校园文化精品培育名录库建设”项目获评江苏省第六届大学生艺术展演活动高校美育改革创新优秀案例特等奖。

（八）**教育对外开放稳步推进。** 获批商务部 2020 年援外短期培训项目和硕士项目各 1 项。3 个中外合作办学项目获批江苏省高校中外合作办学高水平示范性建设工程，毕业生境内外升学率达 45%。2 门课程获批“江苏高校外国留学生英文授课省级精品课程”。新拓展与国际知名高校合作线上课程、远程实践项目 66 项，线上科研项目 15 项。

三、进一步凝心聚力，加快建设美丽、平安、和谐校园

（一）**重点领域改革有序推进。** 学校大力推进依法治校，深化法治宣传教育，获“江苏省‘七五’普法中期先进集体”称号。结合新的绩效工资分配方案的实施，进一步完善考核办法，优化校、院两级管理模式。科学重组部分理工科学院，充分释放学院和学科发展活力。建立健全校属企业内控管理机制，推进校属企业改革。进一步开源节流，加强预算绩效管理，切实保障重点支出，持续缩减“三公”经费。

（二）**美丽校园建设提档增速。** 石湖校区塔影湖景观、塔影阁、综合服务中心等工程顺利完工；江枫校区城市饭店、老校区浴室等改造项目均已完工，“苏州公园大学”美誉度进一步提升。资料文献资源建设继续推进，统一身份认证及融合门户平台上线试运行。制订实施垃圾分类工作方案，倡导厉行节约、反对浪费，建设“绿色校园”。

（三）平安校园建设扎实推进。学校严格落实各项新冠疫情防控举措，常态化疫情防控在扎实推进中为统筹做好学校改革、发展、稳定各项工作打下坚实基础。落实江苏省校园安全专项整治三年行动方案，不断健全校园安全综合防控体系，进一步加强实验室安全工作，确保校园安全、稳定。

（四）和谐校园建设取得实效。出台《关于进一步加强统一战线工作的实施意见》，成立学校党外知识分子联谊会，学校各级人大代表和政协委员在全国和省区市“两会”上积极发声，扩大了学校的影响力。召开学校第四届第三次教职工代表大会，获评苏州市教育系统民主管理先进单位一等奖。切实做好离退休工作。深入推进共青团改革发展，召开学校第五届学代会、第二届研代会。坚持校务公开，完善校领导接待日制度，努力为师生排忧解难。关注民生，及时调整并兑现教职工房贴比例和公积金、养老保险、年金基数等。

在总结成绩的同时，我们也清醒地认识到，在建设高水平教学研究型大学的过程中，学校还存在一些问题和不足，如聚焦高水平党建引领学校事业高质量发展的进程中，如何持续深化改革、开拓创新等有待进一步加强；师资队伍整体实力不够强；教学科研标志性成果亟待突破；开放办学成效还不明显；等等。这些问题需要我们进一步解放思想，开拓创新，在真抓实干中加以克服和解决。

第二部分　2021 年学校党政重点工作

一、深入贯彻落实新时代党的建设总要求，以高质量党建引领高质量发展

（一）强化政治引领。完善第一议题制度，发挥学校党委理论学习中心组示范作用，引领各二级党组织中心组、广大教职工强化政治理论学习，学习贯彻习近平新时代中国特色社会主义思想、党的十九届五中全会精神和习近平总书记系列重要讲话精神，认真开展党史学习教育，不断提高政治判断力、政治领悟力、政治执行力，不断增强“四个意识”、坚定“四个自信”、做到“两个维护”。

（二）加强思想政治和意识形态工作。切实加强大学生思想政治工作，推进“思政课程”和“课程思政”建设，加强师德师风建设和辅导员队伍建设，不断完善“三全育人”工作格局。围绕庆祝建党 100 周年等热点开展主题宣传，坚定师生的理想信念，激发爱党、爱国热情。落实意识形态工作责任制，完善意识形态领域风险研判和防控机制。持续推进马克思主义学院建设，加强苏州意识形态建设研究中心和新时代文明实践研究院相关工作。

（三）加强基层党组织建设。认真落实基层党建工作的重点任务，确保高校党支部建设“提质增效”三年行动计划圆满收官。持续实施教师党支部书记“双带头人”培育工程，着力打造“三个标杆”。落实党建工作责任述职评议制度，推动全面从严治党向基层延伸。加大在高知识群体和优秀青年骨干教师中发展党员的力度。

（四）加强干部队伍建设。按照新时代好干部标准，科学选任干部，做到人事相宜、人岗相适，培养并选拔忠诚、干净、担当的高素质干部，做好任期届满处级领导班子换届工作。进一步加强对领导干部理论素养、管理实务等方面的培训。

（五）加强党风廉政建设。落实党委主体责任和纪委监督责任，召开2021年度全面从严治党工作会议。做好校内巡察工作，开展第四轮巡察进展情况检查、专项督查，督促做好第三轮巡察整改工作。强化各级领导班子成员述职述廉和履行“一岗双责”述职评议的监督检查。打造“四结合三融入”廉政教育品牌。

（六）加强统一战线、群团组织和老干部工作。指导帮助民主党派加强思想建设和组织建设工作，加强党外中青年骨干培养工作。充分发挥民主党派成员和工会、共青团、学生会、研究生会等群团组织在学校事业发展中的重要作用。做好离退休老干部工作，推进关工委优质化建设。

二、谋篇布局“十四五”开局之年，加快推进治理体系和治理能力现代化建设

（一）做好“十四五”开局之年工作。“十四五”期间，我们仍要坚持把学校三次党代会确立的“一个目标、三大任务、六大提升”作为风向标、任务书和路线图，认真执行落实。目前，学校“十四五”规划初稿已完成，还需要经过多层面的研讨论证，将尽快颁布实施。相关专项规划和学院规划要及时配套出台，要确保三者之间有效衔接。全校上下要以“十四五”发展规划为引领，紧紧围绕学校的中心工作，打好精彩的“十四五”开局仗。

（二）加快推进学校治理体系和治理能力现代化建设。修订《苏州科技大学章程》，完善现代大学制度体系和治理体系。修订人事制度、学科建设、科技管理、人才培养等相关规章制度，积极破除“五唯”，深化教育评价改革。按照江苏省高校综合考核要求，结合学校新的绩效工资分配方案实施情况，进一步完善绩效工资分配方案和年度考核指标体系，发挥好“指挥棒”作用。优化校、院两级管理模式，提高学院管理能力，激发“学院办大学”的积极性和创造性。

三、加强教学改革与建设，提高人才培养质量

（一）推进一流本科建设。围绕立德树人根本任务，始终坚持“以本为本”，推进“四个回归”，不断提高人才培养质量。实现教授100%为本科生授课。推进一流专业、一流课程建设，力争3~4个专业入选国家级一流专业建设点、3~4个专业入选江苏省品牌专业建设点。围绕“‘四新’建设”“六卓越一拔尖计划2.0”，推进新专业论证申报，优化专业布局。加大实训中心的建设力度，做好4个师范类专业、2个工程教育专业的认证和评估工作。启动《2018本科专业人才培养方案》修订工作，坚持“五育”并举，加强学生的体育、美育、劳动教育。积极推进校级“金课”建设项目，力争更多课程入选中国高校“金课”建设平台推进计划项目。2021年，学校在教学成果奖和国家教材奖申报方面实现突破，获省级教学成果奖5项，其中，特等奖1~2项，培育国家级教学成果奖1~2项。规范管理，严把质量关，提高江苏省优秀本科毕业设计（论文）数量。扎实推进敬文书院建设。

（二）提高研究生培养质量。全面落实《江苏省研究生教育质量提升工程（2021—2025年）实施方案》。进一步加强研究生培养创新工程项目申报和管理，培育高等级研究生教育教学成果奖。提高江苏省优秀硕士论文数量。推进和优化产学结合的专业学位研究

生培养模式，加强专业实践培养基地建设，提升专业实践教育实效。扩大研究生招生规模，力争在校生数突破 3 000 人。

（三）加强创新创业教育。推广本科生导师制，引导本科生开展创新创业和科学研究工作。做好 2021 年“挑战杯”全国大学生课外学术科技作品竞赛校内选拔工作及省赛、国赛的参赛工作。启动 2022 年“挑战杯”大学生创业计划竞赛准备工作。做好全国大学生“互联网+”创新创业大赛、全国大学生英语竞赛和大学生数学建模大赛等高水平学科竞赛参赛准备工作。

（四）加强招生、就业和学生教育管理。持续提高生源质量，开拓就业市场和渠道，提高“后疫情”时代就业创业精准服务水平，提高学生考研率、出国升学率、创业率，努力实现毕业生更充分和更高质量就业。完善助学解困体系，做好家庭经济困难学生的帮扶工作。建立健全大学生心理健康动态监测与评估体系。做好国防教育和大学生征兵工作。

四、聚焦学科建设，提升人才队伍实力和科研水平

（一）加强学科建设。按照博士学位授权审核工作的标准和要求，重点打造优势学科、特色学科，确保博士学位授权单位的各项指标全部达到，做好新增硕士学位授权点的后续工作。做好省优势学科三期项目验收和省重点学科项目验收工作，做好新一轮省优势学科、省重点学科的申报准备工作。启动校级重点学科和重点培育学科的遴选和建设工作，实现校级、省级重点学科有效互动和支撑，不断健全学校学科建设体系。全力做好全国第五轮学科评估工作。

（二）加强师资队伍建设。加大高层次人才引进力度，全年计划引进各类人才 160 人。强化学科团队、梯队建设，夯实师资队伍建设基础。继续实施高端人才培育计划与“优青”培育工程，做好人才工程项目的申报、管理及后续服务工作。全年新增国家级及省部级人才 60 人。

（三）提升科研创新服务能力。加大项目申报工作力度，获批各类国家级项目不低于 50 项、省部级项目不低于 60 项，获批国家重大重点课题 1 项、江苏省“优青”项目 1 项。加强水处理技术与材料协同创新中心建设点建设管理，积极培育新的高级别科研平台。本着“科研率先融入苏州”的原则，深化与地方政府、龙头企业和创新载体的合作，开拓产学研合作新局面，加大成果转移力度，实现科技成果转化收入同比增长 20%。加强城市发展智库、创新生态研究院等建设工作，提交更多有影响力的决策咨询研究报告；围绕苏州农业农村现代化和乡村振兴的重大理论和实践问题进行前瞻性研究；主办好“第三届中国文化遗产保护国际会议”“第二届城市创新生态论坛（苏州）”。加强学术支撑平台建设，积极推进图书馆、学报建设。

五、坚持开放办学，服务高质量发展

（一）提高教育对外开放水平。推进与世界高水平大学和一流大学的实质性合作，培育和储备高质量交流合作项目。扩大中外合作办学规模，再获批 1 个江苏高校中外合作办学高水平示范性建设工程项目。发展“后疫情”时代留学生来华教育，做好援外短期培训和学历教育项目实施。

（二）提高对外合作实效。加强与政府部门和相关单位的联系，持续深化省市共建项

目的实施，切实推进江枫校区家属区社会化管理工作。完善校友会、教育发展基金会运行机制，多渠道筹措办学经费。

（三）**推动继续教育量质齐升。** 做好面向艰苦行业与校企合作改革项目的招生工作。培育申报新的校外教学点，拓展非学历教育，重点打造应急管理教育培训等特色品牌项目，确保社会培训收入同比增长20%。

六、加强基础建设，打造平安、和谐校园

（一）**毫不放松做好疫情防控工作。** 抓紧、抓实、抓细常态化疫情防控各项措施，确保校园不发生聚集性疫情，力争做到校内师生员工“零感染”。持续加强重大传染病防控工作，深入开展新时代校园爱国卫生运动。

（二）**持续推进基础建设。** 加快国地联合工程实验室验收交付工作。推进石湖南区学生宿舍等在建工程，确保秋季开学前投入使用。加快开工建设地震模拟振动台实验室、金螳螂土木创新实践教育中心等项目。加快解决学术交流中心的社会化运营工作。完善融合门户平台功能，切实加快“智慧校园”建设。

（三）**积极稳妥地做好天平学院转设的相关工作。** 按照上级文件精神和协议约定，配合春来教育集团，全力做好天平学院转设后续工作，提前谋划天平学院转设后相关人事管理、校区功能布局等工作。

（四）**加强财务资产管理。** 加强内控管理，进一步优化资金分配结构，防范财务风险。深化校属企业改革，建立现代企业制度。推进大型仪器设备共享平台建设，完善实验室运行支撑保障体系。进一步规范招标采购管理。切实做好各项审计及整改工作，融合“三重一大”政策跟踪审计，实施干部经济责任审计。

（五）**深化平安、和谐校园建设。** 深入开展学校安全专项整治三年行动，健全人防、物防、技防体系。突出隐患排查整改，聚焦实验室及危化品安全等重点领域、重点环节，加强安全宣传教育，强化安全源头管控和系统治理。继续改善师生工作、学习和生活条件，切实提高师生幸福指数。

同志们，2021年注定是不平凡的一年。能否实现“十四五”完美开局，是对我们在座每个人的重大考验。让我们在习近平新时代中国特色社会主义思想的指引下，坚定信心，团结拼搏，振奋精神，攻坚克难，用创新的举措和无畏的担当，奋力开启苏州科技大学高质量发展的新征程！

党委书记张庆奎在时任江苏省委常委、苏州市委书记许昆林同志来校视察调研汇报会上的讲话

2021年4月19日

尊敬的许书记，各位领导：上午好！

现在，我简要地向各位领导汇报一下苏州科技大学的情况。

第一部分　基本概况

学校由原建设部直属高校苏州城建环保学院与原铁道部直属高校苏州铁道师范学院合并组建而成，是一所中央与地方共建、以江苏省管理为主的全日制普通高校。学校本科教育始于1980年。建校以来，学校已为行业发展和地方建设培养了近20万名各类毕业生。

学校拥有石湖、江枫、天平三个校区，占地面积2 300亩。拥有17个硕士学位授权一级学科、15个硕士专业学位授权类别、64个本科专业，形成了工、理、文、管、艺等多学科协调发展、特色鲜明的学科专业格局。现有全日制在校生近30 000名，其中，研究生2 300余名。学校现有专任教师1 300余人，其中，具有高级专业技术职务的教师600余人。学校拥有中国科学院院士、欧洲科学院院士、国家建筑设计大师等一批名家名师，以及国家杰出青年科学基金获得者、“长江学者”特聘教授等国家级人才工程入选者50余人。

第二部分　事业发展情况

近年来，在江苏省委、省政府的坚强领导和市委、市政府的大力支持下，学校抢抓机遇谋发展，砥砺奋进谱新篇，教学质量稳步提高，学科建设成效显著，科研水平不断提升，师资力量日渐增强，办学条件明显改善，社会声誉与日俱增。

作为一所立足苏州、部省共建的高校，学校本着以服务谋支持、以贡献促发展的办学理念，积极扎根苏州、融入苏州、服务苏州，注重内涵建设，强化特色发展，提升办学实力。

一、人才培养契合苏州发展需求

学校充分发挥“大土建”“大环境”“大人文”等鲜明的行业特色和学科优势，紧紧

围绕苏州生态环境、古城保护、新型城镇化、城乡一体化及数字苏州、智造苏州和文化苏州建设等方面，不断调整优化专业结构，积极衔接苏州经济社会发展需求，努力提供规模适当、质量过硬的优质人力资源。

学校毕业生就业竞争力强，在地方和行业的占有率高。“十三五”期间，学校毕业生中近60%的毕业生选择在苏州大市范围内就业，积极投身地方经济社会建设。一批校友已成为业界知名专家，在长三角地区形成了规划师群体、城建与环保工程师群体、基础教育骨干及中小学校长群体，助力学校成为服务地方和行业发展的高素质应用型人才培养基地、高水平应用研究基地、高层次决策咨询基地和高品位文化建设基地。

二、科学研究率先融入苏州

学校秉持“科技率先融入苏州”的理念，以苏州战略性新兴产业、姑苏实验室建设为引领，以优势学科群集成化融入苏州快速化发展。科技创新能力进一步增强，国家级项目不断突破，高水平科研成果稳步增长，产学研合作形成特色品牌，经济效益和社会效益进一步彰显。

学校水处理技术与材料协同创新中心作为全省唯一一个聚焦水处理材料的协同创新中心，承担苏州胥口湾水源地水生态健康提升与水质保障技术工程国家科技重大专项水专项等科研项目300余项，总经费达4.36亿余元，推广科技创新成果42项，获国家级科技奖励3项、省部级奖励11项。中心将科研创新与地方需求紧密结合，为守护苏州市乃至全国的碧水生态贡献力量，并与广东佛山市南海区合作共建苏科大环境研究院，获得首期经费9 800万元，将苏州在水治理方面的成功经验积极对外推广。

由我校唐叔贤院士、李长明院士领衔的团队，致力于智能芯片新材料、新能源材料、生化传感材料与技术的研发，拥有国内外发明专利200余项，推动了新能源汽车动力电池新材料、癌症等重大疾病智能移动诊断技术的发展。

由中国工程院院士、国家最高科学技术奖获得者钱七虎担任名誉院长的“城市地下空间安全防护技术研究院”，自2018年成立以来，致力于开发、利用城市地下空间，为苏州地铁上盖工程关键技术研究等提供强大的技术支持，在实现城市可持续发展中发挥了重要作用。

学校“城市发展智库”作为中国智库索引来源智库和苏州市首批新型智库，累计向市厅级及以上组织提交决策咨询研究报告31篇，其中，13篇获得领导肯定性批示。在苏州市批准成立的“苏州创新生态研究院”发布的《中国100城》城市创新生态指数中，苏州位居排行榜全国第四，联合国科学和技术促进发展委员会主席彼得·梅杰（Peter Major）认为“城市创新生态指数的发布是一件十分有意义的工作”。

学校“乡村振兴研究院”参与起草的我国首个农业农村现代化评价考核体系，获得农业农村部主要领导批示并落实执行。国家历史文化名城保护研究院相关成果获“江苏省优秀城乡规划奖”一等奖。学校与苏州市委宣传部共建了全省首家新时代文明实践研究院，研究成果在江苏省内外引起了较大的反响。

自2016年江苏省教育厅和苏州市政府正式签署全面深化共建苏州科技大学战略协议以来，学校依托科研平台和人才资源，全面融入苏州知识创新体系，加速提升苏州科技创新的显示度、文化传承创新的美誉度、社会和谐治理的示范度、产业转型升级的保障度、国际合作交流的知名度，目前省市共建各项工作进展顺利，学校已获批第二轮省市共建项目 7 500 万元的地方财政资助。

三、优势学科服务苏州城市、文化建设

学校充分发挥土木工程学、美术学等学科优势，创立智力品牌，积极为苏州城市建设和文化建设做贡献。

例如，土木工程学科部分成果达到国际先进水平，多项技术被成功应用于苏州传媒大厦、苏州博览中心、苏州工业园区《升华》等大型标志性钢结构工程。学校目前在建的“6m×8m 三向地震模拟振动台”既是苏州地区第一个，也是国内最大的振动台之一，建成后将为区域大型结构工程建造提供前期评估和技术支撑。学校改性沥青质量控制新技术已成功应用于苏州中环快速路路面工程。由学校主编的 21 部国家规范和行业标准，为大型工程项目提供了技术咨询和服务。

学校建立以中国粉画泰斗杭鸣时教授领衔的大师工作室，杭教授的粉画已成为苏州的“文化名片”，苏州也因此被誉为“中国粉画艺术中心”“中国粉画艺术连接世界的纽带”。学校聘请苏州刺绣大师、桃花坞木刻传承人等建立大师工作室，将相关专业的教学研究与苏州地方特色文化紧密结合。苏州轨交 4 号线 11 个站点艺术墙设计由学校艺术家牵头创作，讲述属于苏州的故事。

第三部分　下一步发展展望

“十三五”期间学校事业发展持续向好，但与兄弟学校相比，无论是在大学排名还是在办学关键指标上都有不小的差距，高水平领军人才和团队、高层次创新平台、国字号重大重点项目、高层次奖项还不多，社会服务能力和贡献度还需进一步提升等。

“十四五”期间，学校将根据苏州市“十四五”发展规划纲要提出的“提高本地高等院校办学水平”“不断增强本地高校对本地高质量人才培育能力”的要求，按照“立足苏州、服务长三角、辐射全国、面向世界”的服务导向定位，进一步巩固本科教育主体地位，大力发展研究生教育，着力为国家和地方经济社会发展培养更多高素质、应用型创新人才，力争实现博士学位授予权、标志性教学科研成果和功能完备美丽校园等核心目标的突破，将学校建成特色鲜明、品质卓越的高水平教学研究型大学。在这里，学校迫切希望在申报博士点、校区建设、筹措办学经费等方面，苏州市委、市政府领导能给予关心、指导和大力支持。谢谢！

以上就是我的汇报，请各位领导批评指正！

拼搏新征程 谋划新作为
奋力书写学校高质量发展新篇章

——校长姜朋明在苏州科技大学第四届第四次教职工代表大会上的工作报告

2021 年 6 月 16 日

各位代表，老师们、同志们：

现在，我代表学校向大会做工作报告，请予审议。

一、2020 年以来的工作回顾

（一）“十四五”发展规划编制工作基本完成。立足发展新起点，准确把握高等教育发展新特征、新趋势，综合考量新一轮研究生和本科生扩招、天平学院转设等重要历史机遇，对发展目标定位、指导思想、主要任务、重点举措等进行深入调研和研讨，科学谋划学校“十四五”期间的高质量发展。总规划（草案）目前已编制完成，今天将提交教代会审议。

（二）人才培养质量不断提高。一是课程思政建设扎实推进。深入实施党委书记履职亮点项目，组织评选一批校级课程思政建设示范学院、示范专业、示范课程、特色课程等，2 门课程获批江苏省课程思政建设示范课程，25 项课题获批市厅级以上思政类专项课题，在全省率先编撰出版课程思政专题系列研究丛书。二是教育教学改革不断深化。以校长履职亮点项目为抓手，专业、课程建设成效显著。1 个专业通过住建部专业认证，13 个专业入选国家一流本科专业建设点，2 个专业入选江苏省一流本科专业建设点；新增 1 部国家“十三五”规划教材，2 部教材被推荐申报首届全国优秀教材，6 部教材获评首届江苏省优秀培育教材，截至目前学校省部级以上课程（教材）已达 72 个；获批省部级以上教改项目 18 项。获江苏省研究生教改成果优胜奖 1 项，3 篇论文获评江苏省优秀硕士论文，学校在江苏省首次研究生教育工作综合评价中获评 A 等。三是双创教育成效明显。获批江苏省大学生创新创业实践教育中心立项建设；获第十七届“挑战杯”红色专项全国竞赛一等奖等省部级以上奖励共 1 100 项；在江苏省大学生跆拳道锦标赛上获团体总分第一、男团总分第一的优异成绩。《光明日报》《新华日报》等多家主流媒体报道了学校的双创教育成效。四是高质量招生、就业同步推进。2020 年新增海南招生省份，广西壮族自治区和重庆市进入本一批次招生。2021 年，增加本科招生计划 800 人，贵州省全部进入本一批次招生。2020 年毕业生初次就业率、年终就业率实现双达标，学校就业工作获教育部领导充分肯定。

（三）学科建设大力推进。2020年学校新申报的1个硕士一级学科点、7个硕士专业学位类别已通过江苏省学位委员会评审。“工程学”学科排名首次进入ESI全球大学和科研机构前1%。

（四）人才强校战略顺利实施。2020年以来，学校共引进专任教师116人；新增省级以上各类人才培养工程入选者29人。现有专任教师中具有博士学位者719人，占比达57.8%；具有半年以上海外经历背景的教师比例达到37%。

（五）科研创新能力不断增强。“水处理技术与材料协同创新中心”升级为立项建设点，新增江苏省高校哲学社会科学重点研究基地、江苏省工程研究中心各1个。获批国家重点研发计划课题、国家自然科学基金重点项目等国家级项目41项，江苏省重点研发计划项目等省部级项目30项。获批科研经费3.15亿元，其中，纵向到账经费同比增加25.3%。获省部级科研奖项3项。获授权专利173件，获2020年江苏省“高校知识产权工作先进集体”称号、江苏省“技术转移工作促进奖”。学校教师中入选2020年全球高被引学者榜单的有1人，被CSSCI、SSCI、SCI、EI收录（检索）的高水平论文增幅明显。

（六）服务地方激发办学新动能。“城市发展智库”作为中国智库索引来源智库、江苏省高校哲学社会科学重点研究基地，已向市厅级及以上组织提交决策咨询研究报告35篇，其中14篇获得领导肯定性批示。乡村振兴研究院参与起草的我国首个农业农村现代化评价考核体系，获得农业农村部主要领导批示并落实执行。国家历史文化名城保护研究院相关成果获“江苏省优秀城乡规划奖”一等奖。获批第二轮省市共建项目7 500万元的地方财政资助。目前正积极落实江苏省委常委、苏州市委书记许昆林来校视察讲话精神，争取更大力度的支持。

（七）教育对外开放稳步推进。学校获批商务部2020年援外短期培训项目和硕士项目各1项。3个中外合作办学项目获批江苏省高校中外合作办学高水平示范性建设工程，毕业生境内外升学率达45%。2门课程获批“江苏高校外国留学生英文授课省级精品课程”。新拓展与国际知名高校合作线上课程、远程实践项目66项，线上科研项目15项。

（八）重点领域改革有序推进。学校大力推进依法治校，深化法治宣传教育，获“江苏省‘七五’普法中期先进集体”称号。结合新的绩效工资分配方案的实施，进一步完善考核办法，优化校、院两级管理模式。天平学院转设各项工作进展顺利。建立健全校属企业内控管理机制，推进校属企业改革。进一步开源节流，加强预算绩效管理，切实保障重点支出，持续缩减“三公”经费。

（九）平安和谐校园建设提档增速。制订实施垃圾分类工作方案，倡导厉行节约、反对浪费。各项疫情防控举措严格落实。不断健全校园安全综合防控体系，进一步加强实验室安全工作，确保校园安全稳定。获评苏州市教育系统民主管理先进单位一等奖。胜利召开四届三次教代会、校第五届学代会、第二届研代会。进一步完善校领导接待日制度。切实做好离退休工作。关注民生，及时调整并兑现教职工房贴比例和公积金、养老保险、年金基数等。精心组织“红色传承”“书香校园”等主题文化建设，“校园文化精品培育名录库建设”项目获评江苏省第六届大学生艺术展演活动高校美育改革创新优秀案例特等奖。

（十）党的建设全面加强。把政治建设作为党的根本性建设来抓，成立学校党的建设工作领导小组，落实党建主体责任。落实“第一议题”制度，与苏州市委宣传部深化共建马克思主义学院工作，合作成立的苏州新时代文明实践研究院为江苏省首家。严格落实意识形态工作责任制。深入实施“双带头人”培育工程，标准党支部、“双带头人”均100%达标。成立党外知识分子联谊会。加大在高知识群体和大学生中发展党员的力度。落实“五突出五强化”选人用人机制，干部队伍建设进一步加强。进一步完善党风廉政建设责任制，深入推进校内巡察工作，营造风清气正的政治生态。

各位代表、老师们、同志们，成绩的取得，离不开上级党委、政府的关心支持，离不开学校党委的坚强领导，更离不开全校师生员工的辛勤劳动和努力拼搏。在此，我谨代表学校向大家致以崇高的敬意和衷心的感谢！

在总结成绩的同时，我们也清醒地认识到：学校在建设和发展中还面临着不少困难和问题：高层次人才的数量与建设高水平教学研究型大学的目标差距较大，优秀人才脱颖而出的制度环境有待进一步完善；教学科研标志性成果相对缺乏，特别是国家级奖项尚未得到有效突破；开放办学成效不够显著，开拓力度还不够大；等等。这些困难和问题需要我们高度重视，并采取更加有效的措施，切实加以解决。

二、当前面临的形势

当今我国正处于“两个一百年”奋斗目标的历史交汇期。新时期赋予新机遇，新变局蕴含新挑战。目前，江苏正在贯彻落实习近平总书记“两争一前列”的重要讲话指示精神，深入推进教育强省战略和教育现代化。苏州在“十四五”期间将更加积极主动落实长三角一体化发展等国家战略，在要素集聚和资源配置方面的优势将进一步凸显。我们必须坚持辩证思维，增强忧患意识，自觉把学校发展放到全省全国高校格局和高等教育未来维度中审视定位，充分利用区域优势，主动融入，在贡献中争取支持，在服务中实现发展。

当前，国家、地方经济社会的转型和发展对高等教育提出了更高的要求，必将给高校办学治校能力的提升等方面带来全方位的挑战。江苏是高教大省，无论是传统高校，还是新建高校，都在努力争先进位、比学赶超、跨越发展，尤其是苏州面临着“老牌高校一骑绝尘、外地名校纷沓而至、后起之秀紧追不舍”的严峻挑战，如何在激烈的竞争态势中谋求比较优势，求得自身特色发展，是学校面临的又一个重大课题。过去的一个时期，学校事业发展持续向好，但要实现“建成高水平教学研究型大学”的目标，还有许多短板要补。另外，学校一段时期内仍然面临着办学资源不充分和不平衡的困境，如何激发办学活力，最大限度地争取各方资源，是学校必须重视的一个现实问题。

总之，面对新时代、新格局的新特征和新要求，学校必须准确识变、科学应变、主动求变，抓住机遇，应对挑战，实现高质量发展。

三、2021 年下半年的重点工作

2021 年时间过半，对照全年党政工作要点确定的目标任务，未完成的都是难啃的“硬骨头”、难过的“火焰山”。下半年，我们必须按照年初确定的总体思路，锚定目标、振奋精神、尽心竭力、攻坚克难，重点做好以下工作。

（一）做好“十四五”开局工作。学校将根据教代会意见，进一步修订完善学校“十四五”事业发展规划。加强对“十四五”发展规划的宣传解读和目标任务分解，逐步建立发展规划与年度考核相互衔接的工作机制，推动各单位以发展规划为引领，围绕学校中心工作，打好精彩的“十四五”开局仗。

（二）**全面落实立德树人根本任务。** 一是加强专业、课程建设。优化专业布局结构，申报国家急需、适应社会发展且前景广阔的新专业。推进一流专业、一流课程、高水平教材建设。二是深化教育教学改革。坚持“思政课程”与“课程思政”双轮驱动，加强思政课教师和辅导员队伍建设。推进创新创业教育与专业教育紧密结合，做好高水平学科竞赛参赛相关工作。三是加强招生就业和学生教育管理。做好新高考方案平稳实施相关工作，扩大招生规模，提升生源质量。把毕业生就业、创业工作摆在突出位置，努力完成全年毕业生就业目标任务。持续打造优良学风，加强学业指导，提升考研就业率。进一步完善助学解困体系，做好家庭经济困难学生的帮扶工作。逐步实现心理健康教育课程全覆盖，建立健全学生心理健康动态监测评估体系。四是提升研究生培养质量。进一步推进产教融合的专业学位研究生培养模式，加强对省级研究生创新工程项目的申报和管理工作，提高江苏省研究生工作站建设成效，加大江苏省产业教授选聘力度，实现江苏省优秀硕士论文数量的新突破。

（三）**全力推进以申博专项工作为重点的学科建设。** 申博工作既是实现建成高水平教学研究型大学这一战略目标的重要抓手，也是广大师生期盼多年的目标。全校上下要形成共识，不遗余力、不留遗憾地做好申博各项指标落实工作。要坚持强化特色、突出优势、补齐短板，提升实力。要切实做好教育部第五轮学科评估和首轮全国专业学位水平评估的后续跟进工作。做好江苏省优势学科三期项目和江苏省重点学科项目验收工作及江苏省“十四五”重点学科申报工作。

（四）**不断增强科研创新与服务社会的能力。** 一是加大项目申报工作力度。获批省部级及以上项目数、重点项目数力求突破。二是切实加强在研项目管理。狠抓高质量科研成果产出，整合校内外优势资源，培育重大标志性成果，布局国家奖，争取省部级奖不“断线”。三是深化与地方政府、龙头企业和创新载体的合作。开拓产学研合作新局面，加大成果转移力度。加强水处理技术与材料协同创新中心建设点建设管理，积极培育新的高级别科研平台。四是提高人文社科发展水平。统筹推进城市发展智库、乡村振兴（城乡一体化发展）研究院、国家历史文化名城保护研究院、苏州创新发展战略研究院等新型智库建设。

（五）**奋力打造高素质教师队伍。** 一是深化师德师风建设。不断创新师德教育方式，培育弘扬高尚师德。二是加大人才引进力度。完善人才引进政策，加大考核力度，强化人才引进、培养的全流程管理。强化学科团队、梯队建设，夯实师资队伍建设基础。三是健全教师发展体系。大力实施“青年教师能力提升计划”，推进省级以上人才工程培养对象的前期孵化培育，全力支持青年教师成长。做好人才工程项目的申报、管理及后续服务工作。四是改革考核评价机制。破除“五唯”弊病，坚决扭转轻教学、轻育人等倾向。完善教师评价机制，建立多元化的评价指标体系，促进人才的分类发展，激发教师队伍的创新活力。

（六）**着力提升开放办学成效。** 一是深化省市共建高水平大学。推动省市共建第二轮建设实施，强化校地合作，力争在人才培养、学科专业建设、科学研究、服务地方等方面取得新突破。二是深化国际交流合作。克服疫情影响，持续推进与世界高水平大学和一流大学的实质性合作，培育和储备高质量交流合作项目，拓展各类学生国际交流项目、扩大中外合作办学规模，做好援外短期培训和学历教育项目的实施工作。三是积极发展继续教育。做好面向艰苦行业与校企合作改革项目的招生工作。培育申报新的校外教学点，拓展非学历教育，重点打造应急管理教育培训等一批特色品牌项目。四是做好基金会和校友会工作。完善校友会、教育发展基金会运行机制，多渠道筹措办学经费。

（七）切实提高内部治理水平。 一是完善学校治理体系。修订《苏州科技大学章程》，进一步完善现代大学制度体系和治理体系。二是深化教育评价改革。围绕江苏省高校综合考核要求，继续完善绩效工资分配方案和年度考核指标体系。进一步优化校、院两级管理模式，激发“学院办大学”的积极性和创造性。三是加强财务资产管理。实施全面预算绩效管理工作，合理化解债务风险。完成校属企业体制改革工作，建立现代企业制度。推进大型仪器设备共享平台建设，完善实验室运行支撑保障体系。加快解决学术交流中心社会化运营工作。融合“三重一大”政策跟踪审计，实施干部经济责任审计。四是积极稳妥地做好天平学院转设相关工作。

（八）不断强化办学资源与条件保障。 一是加快推进基础设施建设。推进石湖南区学生宿舍、东区操场等在建工程，确保秋季开学前投入使用。加快建设金螳螂土木创新实践教育中心等项目。完善融合门户平台功能，持续推进智慧校园建设。切实推进江枫校区家属区社会化管理工作。二是深化平安、和谐校园建设。提升学校安全治理能力，落实常态化疫情防控举措，聚焦实验室及危化品安全等重点领域、重点环节，突出隐患排查整改，加强安全宣传教育，强化安全源头管控。推进垃圾分类工作，建设绿色校园。

（九）坚持和加强党对学校工作的全面领导。 一是加强党的政治建设。促进学校领导班子运行状态、校园政治生态、事业发展势态“三态”持续向好。二是扎实开展党史学习教育。组织开展庆祝建党100周年系列活动，营造良好舆论氛围。三是压紧压实意识形态工作。抓好校、院两级党委理论学习中心组学习，严格落实意识形态工作责任制，加强马克思主义学院建设。四是推进基层党组织建设。五是加强干部队伍建设。做好处级干部换届工作，加快选拔培养年轻干部，有序推进干部交流轮岗。六是加强党风廉政建设和作风建设。七是加强统一战线、群团组织和老干部工作。

各位代表、老师们、同志们，蓝图已绘就，奋进正当时。让我们坚持以习近平新时代中国特色社会主义思想为指导，以更加解放的思想、更加卓越的追求、更加实干的精神，拼搏新征程，谋划新作为，奋力谱写学校高质量发展新篇章，向中国共产党成立100周年献礼！谢谢大家！

常怀感恩　勇担责任　终身学习

——校长姜朋明在苏州科技大学2021届毕业典礼上的讲话

2021年6月18日

亲爱的同学们，各位老师，各位家长，各位来宾：

大家上午好！

春花尽，夏荷起，当学位帽在苏科大的天空画出优美的弧线，毕业这一刻已悄然而至。这一刻，我代表学校，向4 928名学业有成、即将扬帆远航的毕业生致以热烈的祝贺，向立足教书育人岗位、为同学们的成长付出辛勤劳动的各位教职员工表示诚挚的敬意，向不计回报、始终坚定支持我们的家长表示衷心的感谢！

“天空没有鸟的痕迹，而我已飞过。”四年前，你们选择了苏州科技大学，选择了你们自由翱翔的天空。苏科大的天空是自由的、纯净的、充满希望的。四年来，你们在这里见证了伟大祖国取得的一系列历史性成就，并即将见证中国共产党百年华诞的历史性时刻，中国特色社会主义进入新时代，我们从来没有像今天这样更加接近中华民族伟大复兴梦的实现。

四年来，你们与学校风雨同舟，参与并见证了学校事业的长足发展，为学校在人才培养、科学研究、社会服务、文化传承创新、国际交流合作等方面的捷报频传欢欣雀跃。

四年来，你们奋发有为，以青春之名，在苏科大的天空下，历经风吹雨打，浴火重生，华丽转身，画出人生彩虹，将苏科大的天空装点得五彩斑斓。在你们中间，有872名同学光荣地加入了中国共产党；有740名同学被录取为南京大学、东南大学、复旦大学、上海交通大学等高校的研究生；有1 000余名同学登上了国家及省、市各级表彰的领奖台。你们为学校的发展与进步贡献了智慧和力量，在学校的历史上镌刻下属于自己的篇章。因为你们，苏科大的天空格外璀璨；因为你们，苏科大的精神得以赓续。你们是最棒的！

万物之中，成长最美。韶华四载，情难却别。今天，母校为你们举行“毕业礼”，也是你们的“启程礼”。“衰兰送客咸阳道，天若有情天亦老”，无论我们舍与不舍，你们都要告别校园，奔赴各自的未来。亲爱的同学们，临别之际，作为前辈和师长，我有几点心得与你们共勉：

——要常怀感恩之心。 一个人只有懂得感恩，才会珍惜所取得的成绩、荣誉和地位；只有懂得感恩，才能想干事、敢干事、会干事、干成事，才能有努力奋斗的动力；只有懂得感恩，才会更加深刻地理解如何更好地尊重他人，珍惜他人的劳动成果；只有懂得感恩，才能少一些抱怨，多一些积极的正能量去反思自己，从而回报他人、回报社会。

在离开校园的时刻，希望你们永怀感恩之心，孝敬父母，关爱亲人，回报师恩，以个人才干贡献社会，以博爱之心温暖他人。无论你们是选择继续深造，还是走上工作岗位，都希望你们带着一颗充满爱的心灵，以让生命更加美好的品德和境界，去迎接崭新的人生征途，去拥抱事业的成功和生活的幸福。

——要勇担社会责任。 青年兴则国家兴，青年强则国家强。青年是整个社会力量中最积极、最有生气的力量，国家的希望在青年，民族的未来在青年。国家的前途、民族的命运、人民的幸福，是当代中国青年必须和必将承担的重任。

人的社会责任感并非天生就有，而是在后天的教育培养和社会实践中逐渐形成和提高的。2020 年的一场疫情，让我们深切地认识到没有伟大的国家和民族，就难言个人的尊严。在突如其来的灾难面前，我看到一群感同身受、尊重生命的苏科学子；在一次次志愿服务中，我看到一群热爱社会、甘于奉献的苏科学子。同学们，每一代青年都在前辈疑虑和不解的苛责声中走上历史舞台，最终都创下了超越前人的业绩。我坚信，前方的路虽然漫长，但你们终将站在舞台中央。

——要坚持终身学习。 毕业不是学习的终点，而是另一场深刻学习的开端。新的时代，社会进步日新月异，以 5G、大数据中心、人工智能、工业互联网为主的新基建成为高频热词和投资爆发点，社会为我们打开了一张全新的画卷。但这又是一个“算法时代”，作为个体，如果一味被动地接收信息，就会被困在算法织就的“信息茧房”里进行“窄频搜索”，从而削弱了我们对新生事物的求知欲和判断力。

只有坚持终身学习、不断迭代，才能破除自我认知的障碍，真正与这个时代、现实世界、变化本身保持亲密联系。我希望你们勤于学习时代新知、激活创新发散思维，多一些“精阅读”“深思考”，永远保持探索的愿望和学习的渴望，打破成长的栅栏，不断触类旁通、举一反三，成为行家里手，你们终将绽放属于这个时代的光芒。

同学们，中国的崛起、民族的复兴，给予你们这代人无限的机遇，你们有广阔的舞台来施展才华。今年“五四”青年节期间，习近平总书记深切寄语广大青年学生：“广大青年要肩负历史使命，坚定前进信心，立大志、明大德、成大才、担大任，努力成为堪当民族复兴重任的时代新人，让青春在为祖国、为民族、为人民、为人类的不懈奋斗中绽放绚丽之花。”时代强烈呼唤你们主动融入国家发展，不负青春，不负韶华！

又一年栀子花开，又一番依依惜别。上方山风景如画，石湖畔学子如斯。千言万语道不尽珍重，百转千回话不完离别，愿你们历尽千帆，归来仍是少年！愿你们聚是满园春色，散是四季缤纷！

再见了，2021 届苏州科技大学的毕业生们，祝你们一路顺风！一生安康！

党委书记张庆奎在江苏省教育厅厅长葛道凯同志来校考察座谈会上的汇报

2021 年 7 月 6 日

尊敬的葛厅长、各位领导：

下面我简要地汇报一下苏州科技大学近年来的发展情况。

苏州科技大学由原建设部直属高校苏州城建环保学院与原铁道部直属高校苏州铁道师范学院合并组建而成，为住建部与江苏省共建高校、江苏省博士学位授予权立项建设单位。学校拥有石湖、江枫、天平三个校区，占地面积 2 300 亩。

长期以来，学校紧紧围绕国家生态文明战略和城乡建设，坚持立德树人，强化内涵建设，在建筑学、城乡规划、环境工程、土木工程等学科领域形成了较为明显的优势和鲜明的特色。学校现有 17 个硕士学位授权一级学科、15 个硕士专业学位授权类别，其中，工程学学科排名首次进入 ESI 全球大学和科研机构前 1%。64 个本科专业中，13 个专业入选国家一流本科专业建设点，7 个专业通过高等教育专业评估、工程教育专业认证。现有全日制公办本科生近 18 000 人，研究生 2 300 余人。学校曾获国家级教学成果奖一等奖等省部级以上教学成果奖 40 余项，近五年学生荣获包括全国“互联网+”大学生创新创业大赛银奖在内的省部级以上学科竞赛等奖项 3 500 余项。建校以来，学校已为国家培养了近 20 万名各类毕业生。

学校现有专任教师 1 300 余人，具有高级专业技术职务的教师 600 余人，教师中具有博士学位者 740 人，占比达 55. 3%，具有半年以上海外经历背景的教师比例达到 37%；教师队伍中拥有中国科学院院士、欧洲科学院院士、国家工程设计大师等一批名家名师，国家杰出青年科学基金获得者、“长江学者”特聘教授等国家级人才工程入选者 50 余人。

学校现有包括国家地方联合工程研究中心等省级以上科研平台 21 个，近 5 年共承担国家科技重大专项等国家级项目 260 余项，获省部级以上科技奖项 40 余项。学校先后编制 200 余个小城镇规划，完成苏浙皖地区 1 000 余个乡村规划。参与大量地方环保政策的制定、企业环境污染治理与环境应急预案的编制工作，与佛山市南海区合作共建苏科大环境研究院，获得建设经费 9 800 万元。与苏州市共建的城市发展智库为中国智库索引来源智库，聚焦“长三角一体化”“乡村振兴”“城乡一体化”“历史文化名城保护”等一系列国家和地方发展战略需求，提供了大量有效的决策咨询研究成果，成为名副其实的地方政府思想库和智囊团。其中，乡村振兴研究院参与起草的我国首个农业农村现代化评价考核体系，获得农业农村部主要领导批示并落实执行；国家历史文化名城保护研究院相关成果获“江苏省优秀城乡规划奖”一等奖；与苏州市委宣传部共建了全省首家新时代文明实践研究院，研究成果在省内外引起了较大的反响。

多年来，苏科大师生在“致远至恒、务学悟真”校训的指引下，坚守矢志求知、教人求真的办学初心，学校事业发展取得了长足进步，办学实力不断增强，办学条件日趋改善。随着天平学院转设的推进，学校办学资源将得到进一步的释放。学校第三次党代会提出的“建设特色鲜明、品质卓越的高水平教学研究型大学”的目标在广大师生中达成了共识，全校上下人心思上、人心思进，转型高质量发展意识深入人心。所有这些都为学校“十四五”发展奠定了良好的基础。

“十四五”期间，学校将全力践行习近平总书记对江苏提出的“争当表率、争做示范、走在前列”的新要求，按照“立足苏州、服务长三角、辐射全国、面向世界”的服务面向定位，紧紧围绕治理能力提升、办学层次突破、创新人才培养、科研及社会服务强化、高水平师资队伍建设、影响力提升、高品位文化兴校、美丽校园营造、师生满意度跃升“九大工程”，谋定而动，久久为功，努力实现以下几个主要目标：

到 2025 年，学校全日制在校生达到 31 000 人（其中，本科生 26 000 人、研究生 5 000 人）；在学科建设方面，努力获批 1~2 个博士学位授权点，新增 14 个硕士学位授权点，新增 2 个学科进入全球 ESI 同类学科前 1%，在教育部第五轮学科评估中获“B^-”及以上等级学科数 4 个；在人才培养方面，新增 15~20 个新专业，专业及专业方向控制在 75~80 个，争取获国家级教学成果奖 1 项，本科生内地升学、出国（境）留学深造率达 25%，就业率稳定在 92.5%以上；在师资队伍建设方面，教师队伍总量达到 1 850 人左右，具有博士学位的教师比例超过 70%，具有高级职称的教师比例超过 55%；在科研创新方面，力争获批国家级项目 390 项，新增国家级科技创新平台 1 个、省部级平台 4~5 个，力争获得国家级奖 1 项和教育部高等学校科学研究优秀成果奖（人文社会科学）1 项，科研项目经费总体规模达到 7.8 亿元。

学校致力于“十四五”规划的落地与落实，着力为国家和地方经济社会发展培养更多高素质、应用型创新人才，力争实现博士学位授予权、标志性教学科研成果和功能完备美丽校园等核心目标的突破，将学校建成特色鲜明、品质卓越的高水平教学研究型大学。

目前，学校发展面临的瓶颈难题主要集中在两个方面：一是博士点申报。这既是“十四五”期间学校重中之重的任务，也是广大教职员工多年的夙愿与期盼，预计 2023 年国家将启动下一轮申报工作，机会难得，所以我们恳请葛厅长及各位领导能给予关心、指导和大力支持！二是办学规模适度扩大。这既能解决长期以来困扰学校的办学经费紧张的矛盾，也能为学校在天平学院转设后实现可持续发展、为地方经济社会发展培养更多高质量应用型创新人才提供现实路径。在此，恳请各位领导一如既往地给予关心和支持！

我的汇报就到这里。

谢谢！

目标再聚焦，行动再聚力，圆满完成全年的各项重点工作，为实现“十四五”目标开好局、起好步

——校长姜朋明在学校中层干部大会上的讲话

2021 年 9 月 5 日

同志们：

今天召开全校中层干部大会，总结上半年的工作，部署下半年的重点工作，主题非常明确。所以这次会议不仅是一个激励斗志的鼓劲会，更是一个凝聚力量、克难闯关、再次起航的动员会。我主要讲两部分内容。

一、绘就蓝图，攻坚克难，各项工作取得新进展

过去的半年，我们坚持固本强基，党的建设更加坚强有力。学校深入开展党史学习教育，持续深化政治理论学习，成效显著，成果丰硕；隆重举行庆祝建党 100 周年暨表彰大会；落细落实全面从严治党的主体责任，巡视和校内巡察整改扎实推进；意识形态工作扎实有效；基层党组织和党员队伍建设持续加强；干部队伍建设切实加强，统一战线工作进一步加强。

过去的半年，我们聚力内涵提升，质量和特色持续彰显。

1. 人才培养方面

新增国家级一流本科专业建设点 8 个，获得 1 119 万元建设经费，建筑学专业通过住建部专业评估（复评），环境工程专业通过工程教育认证中期审核，获评省级课程思政建设示范课程 2 门，获评省级一流本科课程 22 门；获江苏高校 2020 年度研究生教育工作综合评价 A 等；获批教育部首批新文科研究与改革实践项目 1 项、教育部 2021 年第一批产学合作协同育人项目 18 项、江苏高校“教学研究工作”专项课题 1 项。获第十七届“挑战杯”全国大学生课外学术科技作品竞赛“黑科技”专项赛特等奖、江苏省“互联网+”大学生创新创业大赛一等奖等各类省级以上奖项 450 项。

2. 师资队伍建设方面

截至 8 月底，学校共引进高层次人才 97 名，其中包括国家杰出青年科学基金获得者、百千万人才工程入选者、国务院政府特殊津贴获得者、吴玉章奖获得者等学科领军人才；新增江苏省“双创人才”、江苏省“青蓝工程”等省级人才工程入选者 38 人、优秀教学团队 1 个、姑苏宣传文化特聘人才 1 人，获批苏州市外籍院士工作站 1 个。

3. 学科建设方面

学校把2021年定为“学科建设年”，遴选重点申报学科，确定任务清单及任务牵头单位，全力以赴冲刺“申博”；ESI学科排名方面，截至7月底，工程学、化学、材料学3个学科的潜力值分别为165%、85%和68%；4个省重点学科通过验收。

4. 科研工作和社会服务方面

自然科学类获批国家自然科学基金项目32项，获批包括江苏省优秀青年基金项目、江苏省重点研发计划项目在内的江苏省科技计划项目20项，获批江苏省科协青年科技人才托举工程项目1项；人文社科类获批国家社科基金艺术学项目、国家艺术基金个人项目各1项，人文社科项目4项（外语学院2项），获批教育部人文社科项目11项，立项数居全省第五。省级自然科学类和教育部人文社科项目均创历史新高。获批江苏省社科联重大应用研究课题、江苏省决策咨询研究基地课题3项。

苏州市海绵城市建设重点实验室获批立项建设，江苏省高校水污染控制新技术及资源化优秀科技创新团队、苏州市精密与高效加工技术重点实验室通过验收，“长三角人居环境碳中和发展研究院”正式揭牌，苏州市产业技术研究院智慧生态创新产业技术研究所、苏州科大中智创新发展战略研究院建设取得突破性进展；横向项目新增立项234项；获授权专利63件，其中发明专利47件，同比增长114%。科研到账总经费3 750万元。协同创新中心建设资金760万元。在校地合作中，获苏州市政府博士点专项建设资金5 000万元、中国工商银行共建资金300万元。

5. 招生就业工作方面

2021年，新增867个本科招生计划，招生总规模创新高，贵州、山西2个省份整体进入本一批次招生。全国各地的生源质量喜人，其中，江苏省内各科目组录取分数线均达到预期目标，超过对标学校的分数线。完成了2021年1 164名硕士研究生的录取工作。大力拓宽就业渠道，细化创业、就业指导帮扶，累计提供就业岗位和实习岗位超15万个，截至8月31日，毕业生去向落实率为90.04%。

6. 国际化办学方面

承办了首期商务部线上援外培训和1项学历教育项目；中外合作办学项目招生计划200人，同比增长25%。获“大学生国家级创新创业”项目立项1项、省级项目立项2项。与威斯康星大学等知名大学签署合作协议。环境工程专业入选首批“十四五”江苏高校国际化人才培养品牌专业建设项目。开展学生国（境）外交流学习项目79项，其中新拓展项目13项。

7. 基本保障方面

积极推进全面预算绩效管理，加强学校国有资产管理工作，合法合规开展招投标工作。完成了校属企业改革目标任务。推动校医院社会化改革。统筹实施“我为师生办实事”校级层面项目，不断改善师生工作、学习、生活条件。不断提高教职工的收入水平，提升教职工的幸福感。加强师生心理健康教育和服务，学校获评江苏省“2019—2021年度大学生心理健康教育工作先进集体”。抓紧、抓实、抓细校园安防各项措施，打造“平安校园”“健康校园”，有效确保了师生健康和生命安全。

过去半年，我最大的感触是，全校上下汇成一股劲，拧成一股绳，教学、科研、人才工作、招生就业、社会服务、后勤保障等条线上的干部和教职员工在各自的岗位上，为学校的事业发展奋力工作、贡献力量，有效确保了学校各项工作的正常运转和校园的安全稳定。

暑假期间，学校的基本建设和维修工程火热进行，城市生活污水资源化利用技术国家地方联合工程实验室项目完成，南区学生宿舍、东区风雨操场即将投入使用，金螳螂土木创新教育实践中心项目主体结构进展顺利；江枫校区及石湖校区的室外运动场地全面翻新工程正抓紧推进；校园信息化建设持续推进，为新学期教学、科研及生活做好保障。

暑假期间，很多老师“放而不休”，有人投身学科竞赛、社会服务，有人申报教学成果奖、争取科技项目等，有人为获得优质生源进行招生宣传，有人帮助学生就业、组织学生参加社会实践。部分学子还踊跃参与到南京、扬州等地的抗疫志愿服务工作中去。在此，我谨代表学校党委和行政，向为学校事业发展付出辛勤劳动的广大师生，向一直奋力工作的教职员工，表示衷心的感谢和崇高的敬意！

同志们，回顾过去这半年，我们的工作成效明显、成绩喜人，但是对照《苏州科技大学2021年党政工作重点任务分解表》来看，一部分指标的完成情况还不尽如人意，有些指标的完成情况距离我们的期望相差较远！

下面，就新学期工作如何开展，谈一谈我的想法。

二、目标再聚焦，行动再聚力，圆满完成全年的各项重点工作，为实现“十四五”目标开好局、起好步

第一方面：明确发展目标和理念

苏州科技大学“十四五”规划明确提出，2025年提升办学层次，跻身博士学位授权高校，建成特色鲜明、品质卓越的高水平教学研究型大学。

1. 发展目标和定位：高水平教学研究型大学

要办成高水平大学，必须要有高水平的学科、高水平的教师和管理队伍、高水平的专业、高水平的平台、高水平的成果，培养出高水平的人才，获得良好的社会声誉。

谈到高水平，就得有比较。这个比较主要是横向比较，全省普通高校总数为145所，其中，本科院校56所、部委属10所、省属33所，我们主要放到33所省属院校中去比较。2021年，17所高峰计划建设高校中16所具备博士学位授予权，2所含有博士项目。这样看来，没有博士点就不能被称为高水平。当下和今后一个时期内，“申博”工作都是摆在我们眼前的最重要的工作，也是全校上下广大教职员工的期盼所在。

对照“申博”标准，我们最大的短板在于学科带头人、省级以上科研奖项、高水平教学成果奖方面的指标数据较难达到，而且留给我们的时间也不多，可供争取的机会也不多，形势是很严峻的。

学科要达到高水平，必须树立学科评估进位争先意识。争取在第五轮学科评估中，能有3~4个学科进入B^-以上等级。

ESI前1%学科方面，化学、材料学的潜力值分别为85%和68%。我们要加以努力，争取早日进入前1%学科。

我们没有定2025年学校的排名目标，目标没定不代表没有，我想全国排名150名左

右还是要去奋斗的。

2. 发展理念：以师生为本，特色发展，创新发展

（1）发展依靠师生。学校地处苏州，区位优势凸显，每年都有专项资金投入，但我们要思考到底凭什么才能发展得比别的学校快。

学校的快速发展在于提振“精气神”，真正做到“致远至恒、务学悟真”。我一直相信，精神的力量是无穷的。革命战争年代，中国共产党能从弱小走向强大，取得抗日战争、解放战争和抗美援朝的伟大胜利，靠的就是精神的力量。学校要实现快速发展，在于激发师生员工干事创业的“精气神”，在于调动 1 380 余名教职员工的积极性。

——在于用共同的目标激励人。博士点授权是我们共同的愿景，为之奋斗是我们共同的选择。

——在于用共同的价值追求凝聚人。为师生服务，事业共同体、学校利益高于一切，校荣我荣，干部是奉献者，岗位是用来干事的。职业成就事业，我们要力争做最好的自我。

——在于让全校师生人人都有出彩的机会。建立分类评价机制，鼓励教师安心做某一件事，做到极致；优化评价条款，让教师可以根据个人情况自行规划职业发展生涯；完善职员制，使非干部序列职级上升有通道，有效激活面大量广非干部序列工作人员干事创业的积极性。

——在于发展的成果为师生共享。关注民生，建立收入与学校事业发展同步增长机制。这首先是学校的事，同时也是学院的责任，是学校、学院共同的责任，二级学院要利用自身的学科专业优势，开展对外服务，通过对外服务争取经费，提高职工收入，增加职工福利。

（2）特色和创新发展。昆山之路、张家港精神、园区经验就是苏州的特色发展和创新发展之路，我们苏科大同样适用。长期以来，我们致力服务国家生态文明战略，为城市乡村建设培养了大批优秀人才，为义务教育培养了优秀教师，传承了部属高校优秀基因，这些都是我们的特色。新时代下，怎样围绕新基建和大环保产业发展特色，重构我们的特色发展之路，让特色变成优势，将特色变成名片，将成为重要课题。

3. 发展路径：走与行业区域融合发展之路

应用型人才培养应该成为我们长期的发展定位。“应用型”必须融入各行业、区域。

（1）按行业、区域需求培养人才。从“我们能培养什么人才”转变为“行业、区域需要什么人才我们就培养什么人才”，这就是人才培养的供给侧结构性改革。如从传统的城建环保到新基建、大环保产业，我们必须植入新思想，才能培养出符合时代的新人。同时，也希望有条件的专业找到依托的行业，走特色发展之路，如管理科学与工程、人工智能等专业可围绕建设环保工程项目管理展开等。

（2）为行业、区域发展提供科技支撑。学校科研项目源于行业、区域需求，源于行业、区域产业的基础研究、关键共性问题和产品研发的具体问题。我们要努力从为行业、区域提供技术支持过渡到引领行业、区域产业发展。

把握行业、区域的发展需求。苏州产业集聚度非常高且特点鲜明，如材料、环保、地下空间、区块链、大数据、苏州制造等，同时，苏州也提供了许多技术平台，如姑苏实验室、长三角材料研究院等开放平台。我们需要了解技术创新方向和突破性技术，从中找到我校可以有所作为的发展方向。

第二方面：紧抓人才培养和科学研究两大核心任务

1. 人才培养是根本任务

我们要明确“以学生为中心、以产出为导向”的人才培养理念。

一是要加强专业建设，进一步明确专业特色定位。我校共有64个本科专业，要做到统筹建设，建优一流专业，建好新专业（“四新”），改造好传统专业；共有18个教学单位，要清晰各学院的特色定位，清晰各专业的特色定位与服务面向，专业负责人要能用简洁的语言讲清楚各专业的特色、定位、供需状况、竞争格局。

二是要把能力培养贯穿教学始终。网络时代不缺乏信息，也不缺乏知识。传统的以知识传授为主的人才培养模式已不适应新的要求，在新的时代背景下，如何进行人才培养模式改革，值得我们每位教师深思。要以学生的学习能力、创新能力提升为核心，将创新活动贯穿教学全过程，将创新活动、新工科元素、中国传统文化融入人才培养体系，引导学生变被动的知识接受为主动的自主学习，变传统的课堂知识传授型学习为讨论型、研究型、项目型、开发型学习。

三是要切实做到以学生为中心。本科教育是我们多年的办学根本，是我们赖以生存的根本。加强对学生的培养，既要有统一的培养目标，也要因材施教，让学生学得下、学得好，我们要舍得在人才培养上下功夫；构建“三育人”体系，认真做好学生的职业规划，让学生有明晰的奋斗目标，将复杂的培养方案变成一张图并给学生解释清楚。

四是要大力推进教育教学改革。

（1）通过制度设计，让教师安心教学、热爱教学、关爱学生、关注学生成长成才。

（2）推进按需分类分级培养。推进公共课的分类、分级教学改革，推进通识教学改革和考试考核方式的改革。

（3）课程改革是教学改革的基础，学校要建立和完善课程教学资源库。狠抓核心课程体系建设，使学生具备再学习的能力和基础，同时强化其对专业知识体系的掌握和了解。

（4）名家讲座系列化、规范化。充分发挥校内外名家资源，为在校生开设内容丰富、形式多样的涉及学科前沿技术、中国传统文化、人文类内容的讲座。

（5）加强校内外实践实验基地等教学平台的建设，推进创新创业学院、产业学院的建设。

（6）建好如下几支队伍：教学名师、专业负责人、核心课程主讲教师、学科竞赛教练、实验实践指导员。

2. 科研工作是支撑

科研支撑学科。以行业、区域发展需求为导向，以博士点建设的学科方向为牵引，以需求、产品、特色为目标，进一步凝练科研方向，组建科研团队，培育科研成果，实现错位发展，提升科研能力。

转变科技增长方式。实现科技工作由粗犷向内敛转变，由零散、个体向集中、团队方式转变，由共性向特色方向转变；坚持“有所为、有所不为”，走特色创新之路，走“人无我有”的错位发展之路，集中有限资源，追求无限卓越。

转变科研工作模式。探索专职科研队伍发展模式，通过5年时间的建设，让专职科研队伍规模达到100~150人，占学校教职员工的10%，让专职科研队伍完成学校科研经费总量的80%。贴近需求搞创新，根据任务组团队，围绕研发配资源，按照产出注投入，力求快出成果、出大成果；针对国家行业重大关键共性问题和重大产品研发，实现跨学科、跨领域合作，开展高水平科学研究，迅速提升承担国家重大专项和重大项目的能力；全面推进校企产学研合作，与行业企业联合申报重大研发、重大产业转化项目，建立长效合作机制，培养一批合作基础牢固、具有千万元级体量的项目合作基地，拥有我校横向经费稳定的合作项目源，实现横向合作新的突破。

强化国家项目申报，尤其是青年教师通过申报可以明确科研方向，跟踪技术前沿，这对教师科研发展非常重要。还要拓展科研申报渠道，建好、利用好现有各类科研平台，加以整合，做大做强，加强科研质量管理体系建设。

第三方面：队伍建设是保证

实现高质量发展，关键在教师。以学科点建设为引领，以3个博士建设点对队伍的需求为牵引，加大高水平师资队伍引进力度，高度重视国家级人才、学科带头人引进，重视青年博士补充。确保年度新进160个人才刚性目标的圆满完成。

加大青年博士培养力度。新引进博士先过工程关、科研关，教师岗还要过教学关，有计划地选送青年博士到国内外知名院、所、龙头企业，参与国家重大项目研发，培养青年博士的科研能力、工程能力，让青年博士融入行业、热爱行业，这是保持学校办学特色的关键，是在谋长远。

优化聘用管理。通过科学合理的岗位设置与聘任考核，实施职员制改革，激发教师的潜能。通过职称制度改革，引导教师分类发展。结合专职科研岗的设置，探索“身份在学校，创业在苏州”的机制。

加强团队建设。建立学科团队优先发展制度，项目、资金、设备优先支持团队建设；让团队负责人、学科带头人成为受全校师生尊敬的群体，成为优秀教师的榜样；健全师德师风建设长效机制，大力提升教师思想政治素质和师德涵养，营造风清气正的育人环境；推进分类评价、分类考核机制，激发每一位教职员工的潜力；营造管理环境，打造舒心、温馨的工作环境，推进和合文化建设，努力让广大教师在岗位上有幸福感、事业上有成就感、社会上有荣誉感，让教师成为让人羡慕的职业。

第四方面：聚力效率效果，提高管理水平

学校当前处在特殊的状态，若要比同类学校发展得更快、更好，光靠地域优势是不够的，要靠精气神，靠人文环境，靠激发潜力、挖掘潜能，而这一切都离不开管理。要通过管理把地域优势变成我们发展的新动能。

1. 更新理念

管理出效率、出效益、出和谐。利用现代化管理手段，树立“互联网+管理”“大数据+管理”思想，以人为本、立德树人，以办好人民满意的教育为根本宗旨，以高水平大学建设为奋斗目标；坚持以师生为中心的发展理念，发展依靠师生，发展为了师生。

2. 规范管理

（1）完善科学的治理结构。建立和完善党委决策、行政执行、监察监督有效的运行体系。要充分发挥教授在学校学术事务中的作用，让学者、教授、教师成为受人尊重的群体；要通过进一步的考核指标优化，科学、合理的目标分解和更为严格的目标考核，推进任期目标管理考核和质量督查，促进各项指标任务的顺利完成。提高工作的计划性，加强工作协同，整体推进工作。

推进管理重心下移。确立学院的办学主体地位，实现从“学校办学院”到“学院办大学”的转变，形成党政联席会决策、院务委员会执行、学院教代会监督的治理结构，进一步规范议事规则和决策程序；让二级学院的发展方向、目标、定位、规划通过教代会审议、党政联席会审定的形式予以法治化，用规划进一步统一全院教职工的意志；发挥学术委员会在学术事务中的作用。

要通过岗位聘任、绩效工资二级分配、人才引进与考核权的下放，以及职称制度、预算制度、成教创收分配办法等各项制度改革，进一步强化二级学院的办学主体地位。

（2）善于总结管理规律，提高工作效率。善于从日常事务中总结规律，指导管理实践。

（3）优化流程，避免一切无效、不增值的劳动，要减少“文山会海”，提倡开短会、少开会、开网络会。要充分利用校内微信群、QQ 群讨论学术、交流工作。

3. 促进和谐

和谐是事业发展的基础，能在学校内部解决的问题，尽量在学校内部解决，不越级反映，不发匿名信，学校的利益高于一切。和谐也是发展的目的，和谐的人文工作环境同我们生存的自然环境一样重要，人的生存离不开空气和水，同样，人的工作也离不开别人的支持和帮助。因此，我们要营造“团结、协作、和谐、高效”的管理文化。

4. 拓展资源

管理就是利用有限资源实现效益的最大化。办学离不开办学资源。首先要盘活存量资源，优化资源配置，提升使用效率；根据规划和办学指标，分析当下的问题，科学计划建设项目，最大限度地引进资源。我们现有的江枫校区北大门地块，如何开发利用好？学府中学地块产权属于学校，如何处置？天平学院转设后资源如何再配置？……这些问题的解决都非常重要。

领导的责任在于抓住资源拓展的发展机会，职能部门、分管校领导不应错失任何拓展办学资源的机会，学校各部门、各分管领导要将盘活、拓展自己业务范围的办学资源作为自身工作的重点之一。

5. 狠抓落实

发扬钉钉子精神，以真抓的实劲、敢抓的狠劲、善抓的巧劲、常抓的韧劲和快抓的干劲，把各项工作落细、落小、落实。要把调查研究作为我们的基本功，迈开步子、扑下身子，深入基层、深入师生，亲自察看、亲身体验，把调研重点更多地放在事关全局的大事、要事上，放在情况复杂、矛盾突出的问题上，放在师生员工关心的热点、难点上，掌握一手资料，摸清真实情况，研究解决思路；要增强工作的创新性，善于打破思维定式，进一步拓宽思路视野，以创新的思维和改革的方法，探索行之有效、务实管用的破题之道；要加大督查力度，通过使用网上任务协同管理平台，分解工作任务，反馈工作进展，沟通工作信息，提高工作成效。

6. 打造核心价值追求

学校在长期的办学实践中，形成了以“致远至恒、务学悟真”为核心、内容丰富的苏州科技大学文化，这是学校发展的宝贵财富，也是支撑学校发展的条件与保证。

第五方面：全面加强党的领导，为事业发展提供坚强保障

进一步加强宣传思想工作；加强服务型基层党组织和党员队伍建设；加强干部队伍建设，特别是青年干部队伍建设；加强党风廉政建设；加强民主管理和依法治校工作；加强校园安全稳定工作。

同志们，当前，我们处在一个前所未有的、充满着变革和未知的新时代。新时代要有新气象，新使命要有新作为！让我们在学校党委的正确领导下，凝聚激发全校师生员工的活力与动力，抓紧、抓牢时代赋予的前所未有的历史机遇，以时不我待、只争朝夕的精神，提神奋进，狠抓落实，为早日将学校建成特色鲜明、品质卓越的高水平教学研究型大学而继续努力奋斗！

勇做不负使命的时代新人

——校长姜朋明在2021级本科生新生开学典礼上的讲话

2021年10月27日

同学们、老师们、朋友们：

10月的苏城，如诗如画。正是江南好风景，开学时节又逢君！在此，我谨代表学校，向来自29个省、自治区、直辖市的5 334位新同学表示热烈欢迎！在这姗姗来迟，却不曾缺席的大团圆的日子里，我想对你们说一句：你们久等了！

2021年注定是不平凡的一年，疫情防控常态化形势下的你们，在困难中破浪前行，在2021年的高考之战中披荆斩棘，在建党百年之际踏入苏科大，开启新篇章，这是历史镌刻在你们身上的光荣印记，也是时代赋予你们的伟大使命。

2021级的你们是不平凡的一届，你们中有3 253位新同学是“03后”，占本科新生总数的60.98%；有共青团员3 668人，占总人数的68.8%。宗之潇洒美少年，皎如玉树临风前！朝气蓬勃的你们既是令人羡慕、自带出场BGM的时代新人，也是重任在肩、负载使命的一代人。你们生在红旗下，长在春风里，目光所至皆为华夏，五星闪耀皆为信仰，“请党放心、强国有我”就是你们这一代人不负使命的铮铮誓言和光荣承诺。

凡真实的人生，皆是相遇。天南地北的你们，从25个不同的民族，从1 717所高中，从最远5 019千米的塞外故乡相聚在此。作为校长和老师，看到大家一张张稚嫩而活泼的面孔，我由衷感受到“得天下英才而育之”的快乐。你们不仅带来了洋溢的青春气息，更带来了精彩感人的故事。

商学院的夏骏、丁祎磊、唐家成，文学院的朱隽琪、彭诚，教育学院的王梦程，地理科学与测绘工程学院的陈昊同学，你们假期主动请缨加入疫情防控志愿者队伍，用实际行动展现新时代青年学生的责任与担当，我为你们点赞！来自江苏常州的龙凤胎姐弟方天乐和方天翔同学，一定是特别的缘分，让你们一起圆梦苏科大。数学学院的陈子豪同学，第一志愿选择来到你的母亲当年毕业的学校和专业，这是对苏科大最好的认可与肯定。土木学院的戚佳程、丁煜杰、冷聪同学，电子与信息工程学院的刘佩文、范鑫鑫、周琦骏同学，商学院的周杰雯、陈俊宇同学，化学与生命科学学院的许严文同学，今天既是你们的开学典礼，也是你们的生日，在人生两个重要节日重合的美妙时刻，我祝你们生日快乐！

同学们，考进大学是你们曾经的梦想。来到这里，你们又站在一个实现更大梦想的起点上。从这里眺望世界，会让你豁然开朗。学校地处有着“王者段位”“地表最强地级市”美誉的苏州，置身于国家长三角一体化示范区前沿，这里的资源多、机会也多，再加上学校鼓励创新、崇尚探索的传统渊源深厚，有时难免会让人感到“乱花渐欲迷人眼”，进而带来很多“幸福的烦恼”，比如，入校以后该选什么课？该参加什么社团？未来是先就业还是先考研？是留在这个温暖包容的城市里，还是扎根基层，报效家乡？

诚然，当你站在这个新起点的时候，这种多元的选择，的确会让你有种四顾茫然的感觉，请不要急躁，路永远都在自己的脚下。大学里晋级的过程，就是为你们破解“选择恐惧症”的过程。来到这里，就是要用你们蓬勃的朝气和奋进的激情，传承厚重的苏科大文化，诠释苏科人追求卓越的精神，进而穿越“迷雾森林”，真正从精神上和学识上走向成熟，成为不负使命的时代新人。

当然，在当前百年未有的大变局视野下，在经济飞速发展和功利主义盛行的今天，平静的大学校园面临着重重考验，你们的前行之旅或许也不会那么一帆风顺。在批判与反思中，作为苏科大的学子应该怎样做，是你们必须身体力行回答的问题。在今天这开学第一课上，我想送给各位三句话。

第一，做勤学善思的时代新人

同学们，大学时光没有想象中那么漫长，但会是你们人生中最值得珍惜的时光。走进大学课堂，是求知的新开始。“大学，研究高深学问者也”，这是大学最质朴、最根本的价值所在。你们今天来到这里，未来几年的主题毫无疑问就是“求学”，是要通过勤学善思练就真本领。我希望你们再次点燃自己的学习热情，如同“海绵宝宝”一般，抓住可以利用的一切时间吮吸知识，充盈自我。

同学们，今天的苏州科技大学，学科齐全、大师云集，文理交融并蓄，学术资源得天独厚。学校拥有一支包括中科院院士、中国工程院院士、欧洲科学院院士、国家建筑设计大师等名家名师在内的高素质、年富力强的师资队伍和科研队伍，他们会为你们指明前进的方向。学校拥有 17 个硕士学位授权一级学科、14 个硕士专业学位授权类别，能为你们考研深造保驾护航。我们坐拥教育园区规模最大的图书馆，馆藏丰富的纸质图书、海量的电子图书及各类中外期刊、资源数据库可供大家尽情徜徉。此外，我们还有丰富的优质课程资源、独树一帜的创新创业教学体系、优质的国际化研修项目、五彩纷呈的校园文体活动、广阔的校外实践平台等海量的“盲盒”等你们来开启。我相信，在这里你们终将具备自主学习的能力，实现个性化的成长，更加自信地追逐和实现自己的梦想。

第二，做知行合一的时代新人。

同学们，相比之前的学习环境，你们会觉得新校园更大了，大师更多了，课外活动更丰富了，这些多维变化带来的不光是一种新鲜感，也是不确定的挑战。你们需要学会在这种多维的学习时空里，努力做到知行合一，不断提升实践能力，让自己变得更加立体、更加强大。

在我们的石湖校区有个雅致的小园子，名为“师陶园”，这是为了纪念我国伟大的人民教育家、教育思想家陶行知先生而修建的苏式园林。2021 年是陶行知先生诞辰 130 周年。我们今天对他的纪念，不仅因为他是属于全世界的“平民教育家”，更因为他是中国素质教育的“活化石”，他所鼓励、倡导的“知行合一”，就是希望我们今天的同学能够在学习之余，练就强大的自我，勇做知行合一、内在丰盈的自信者。

大学期间，你们的综合能力不仅要通过在课堂上和书本中的学习得以提升，还要在实践活动中去培养。不过你们不用焦虑和迷茫这份实践如何开展，因为苏科大为你们提供了丰富的选项：你们的“菜单”里，有“挑战杯”“互联网+”创新创业大赛、“数学建模大赛”、中国智能制造挑战赛等涵盖各学科的高水平竞赛，有近百个优质的学生社团，有主题鲜明、内容丰富的寒暑假社会实践，有广受赞誉、有声有色的志愿服务，等等，总有一款适合你！相信你们能在这份实践的洗礼中，学以致用，不断拓宽人生的宽度，夯实人生的厚度，铸造人生的重度，进而提升人生的高度。

第三，做志存高远的时代新人。

同学们，学校的校训“致远至恒、务学悟真”告诉我们，“志存高远”是个人成才成功的先决条件，“持之以恒”是实现“高远之志”的唯一途径。

志向是奋斗的原动力，也是人生的定盘星。千百年来，“横渠四句”中“为天地立心，为生民立命，为往圣继绝学，为万世开太平”成为激励无数读书人的磅礴的精神力量。的确，一个人只有把个人的理想与国家、民族的理想有机结合起来才不会失去实现理想的土壤。同学们不但要有远大志向，还要对志向付以持之以恒的追求、坚守和践行。

同学们，你们身处中华民族发展的最好时期，我们比以往任何一个时候都更加接近中华民族伟大复兴的光荣梦想，希望你们不负使命，志存高远，坚持把“个人小我”融入“国之大我”，勇担“请党放心、强国有我”的时代重责，与20万名苏科大校友一道，不仅要做自己人生的策划者，更要做这个伟大时代的见证人和参与人。

同学们，一代人有一代人的使命，一代人有一代人的担当。中国共产党走过了波澜壮阔的100年，取得了举世瞩目的成就。苏州科技大学也在建设特色鲜明、品质卓越的高水平教学研究型大学的道路上乘风破浪，蒸蒸日上！

上方山下，塔影潼潼，晨曦载曜。寒山钟声，千载悠悠，古韵绵长。同学们，你们赶上了一个好时代，希望你们珍惜与苏科大相伴的时光，始终保持向前奔跑的勇气，倾听思想花开的声音，感受探索未知的乐趣，在砥砺中成长，在奋斗中闪光，勇做一个披荆斩棘、不负使命的时代新人，在未来遇见更好的自己！

谢谢大家！

党委书记张庆奎在时任苏州市代市长吴庆文同志来校视察调研座谈会上的讲话

2021 年 11 月 3 日

尊敬的吴市长、各位领导：

大家上午好！

下面，我分三个部分向各位领导简要汇报一下学校各方面的发展情况。

第一部分 学校的基本情况

苏州科技大学由原建设部直属高校苏州城建环保学院与原铁道部直属高校苏州铁道师范学院于 2001 年合并组建而成，是住建部与江苏省共建高校、江苏省博士学位授予权立项建设单位。

学校目前有石湖、江枫、天平三个校区，占地面积 2 300 亩。学校有 17 个硕士学位授权一级学科、14 个硕士专业学位授权类别。在学校 64 个本科专业中，13 个专业入选国家一流本科专业建设点，13 个专业入选江苏高校品牌专业建设工程项目，6 个专业通过高等教育专业评估、工程教育专业认证。学校现有全日制公办本科生近 20 000 人，研究生 2 800 余人。建校以来，学校已为国家和社会培养了近 20 万名各类毕业生。

作为一所立足苏州、部省共建的高校，学校本着以服务谋支持、以贡献促发展的办学理念，积极扎根苏州、融入苏州、服务苏州，注重内涵建设，强化特色发展，提升办学实力。

第二部分 学校思想政治工作开展情况

一、扎实开展党史学习教育，擦亮为党育人底色

一是精心安排部署。学校印发《党史学习教育实施方案》，成立领导小组，建设专题网和督导组，加强对二级党组织工作的指导、督查。二是创新学习方式。学校党委常委会、党委中心组暨领导干部读书班多次带头集中学习研讨，开展沉浸式党史学习教育。全校师生参加江苏省委党史知识网络竞赛参与率居全省高校前列。三是加强宣讲宣传。邀请江苏省委宣讲团进校宣讲，成立学校宣讲团，实现校内党史专题宣讲全覆盖，并积极走进苏州机关、学校、街道开展宣讲 130 余场，获市级以上媒体报道 260 余篇次。四是推进办

实事项目。确定“我为师生办实事”实践活动省级层面重点实事项目 2 项、校级层面重点实事项目 16 项共 34 个子项，由学校领导牵头挂帅、扎实推进。其中，省级重点项目就业工作成效明显，2021 届毕业生初次去向落实率超过 90%，校级重点项目完成 15 个子项。

二、聚焦人才培养能力，提升思政工作成效

一是推进思政课改革创新。学校与苏州市委宣传部共建马克思主义学院，推进马克思主义理论学科建设和思政课改革。率先面向所有师范专业学生开设“习近平总书记关于教育的重要论述研究”必修课程。获评江苏省高校示范马克思主义学院培育点。二是全面深化课程思政建设。以学校党委书记履职亮点项目为牵引，全方位推进课程思政示范学院、示范专业、示范课程和特色课程建设，在全省高校中率先出版课程思政研究系列丛书，2 门课程获评江苏省课程思政建设示范课程，受到《光明日报》等主流媒体报道 180 余次。三是强化协同育人合力。先后荣获全国第六届大学生艺术展演活动高校美育改革创新案例二等奖、江苏省“七五”普法中期先进集体、江苏省共青团工作先进单位等荣誉，学生获“挑战杯”全国特等奖等省部级以上奖励 450 余项。

三、严格落实意识形态工作责任，确保校园安全稳定

一是以高质量党建引领高质量发展。学校出台《加强校领导班子政治建设实施方案》，不断深化全面从严治党。深入推进教工党支部“双带头人”培育和大学生党员发展工作。获江苏省高校先进基层党组织、全省高校党建创新奖等荣誉，获评江苏省 2020 年度地方普通高校综合考核第一等次、江苏省研究生教育工作综合评价 A 等第一名。二是坚持分析研判报告制度。学校党委定期召开专题会议，分析研判意识形态领域情况，在历次党委全委会工作报告中，均将意识形态工作列为重要内容。三是深化校地互动。与苏州市委宣传部共建苏州意识形态建设研究中心和苏州新时代文明实践研究院（系全省首家），助推打造新时代文明实践“苏州样本”。四是加强阵地与队伍建设管理。在省内高校率先出台《关于完善意识形态问题处置机制的实施办法》，进一步强化问题导向和责任意识，完善工作机制。以庆祝中国共产党成立 100 周年为主线，加强舆论引导，获“学习强国”等省、市媒体报道 400 余篇。

第三部分　学校事业发展情况

近年来，在苏州市委、市政府的大力支持下，学校抢抓机遇谋发展，砥砺奋进谱新篇，教学质量稳步提高，学科建设成效显著，科研水平不断提高，师资力量日渐增强，办学条件明显改善，社会声誉与日俱增。

一、人才培养主动对接苏州发展需求

学校充分发挥“大土建”“大环境”“大人文”等鲜明的行业特色和学科优势，紧紧围绕苏州生态环境、古城保护、新型城镇化、城乡一体化及数字苏州、智造苏州和文化苏州建设等方面，不断调整、优化专业结构，积极衔接苏州经济社会发展需求，努力提供规模适当、质量过硬的优质人力资源。

学校毕业生就业竞争力强，在地方和行业的占有率高。“十三五”期间，学校毕业生中近60%的人选择在苏州大市范围内就业，积极投身地方经济社会建设。一批校友已成为业界知名专家，在长三角地区形成了规划师群体、城建与环保工程师群体、基础教育骨干及中小学校长群体，助力学校成为服务地方和行业发展的高素质应用型人才培养基地、高水平应用研究基地、高层次决策咨询基地和高品位文化建设基地。

二、科学研究主动服务苏州发展

学校秉持“科技率先融入苏州”的理念，以苏州战略性新兴产业、姑苏实验室建设为引领，以优势学科群集成化融入苏州的快速化发展。

学校水处理技术与材料协同创新中心作为全省唯一一个聚焦水处理材料的协同创新中心，承担苏州胥口湾水源地水生态治理国家科技重大专项水专项，并与广东省佛山市南海区合作共建苏科大环境研究院，为守护苏州市乃至全国的碧水生态贡献力量；由我校唐叔贤院士、李长明院士领衔的团队，推动了新能源汽车动力电池新材料、癌症等重大疾病智能移动诊断技术的发展；由中国工程院院士、国家最高科学技术奖获得者钱七虎担任名誉院长的城市地下空间安全防护技术研究院，为苏州地铁上盖工程关键技术研究等提供了强大的技术支持；学校城市发展智库作为中国智库索引来源智库和苏州市首批新型智库，向市厅级及以上组织提交了一批重要决策咨询研究报告；学校乡村振兴研究院参与起草的我国首个农业农村现代化评价考核体系，获得农业农村部主要领导批示并落实执行；国家历史文化名城保护研究院相关成果获“江苏省优秀城乡规划奖”一等奖。

三、优势学科服务苏州城市和文化建设

学校充分发挥土木工程学、美术学等学科优势，创立智力品牌，积极为苏州城市建设和文化建设做贡献。

例如，土木工程学科部分成果达到国际先进水平，多项技术被成功应用于苏州传媒大厦、苏州国际博览中心、苏州工业园区《升华》等大型标志性钢结构工程。学校目前在建“6m×8m 三向地震模拟振动台”是苏州地区第一个，也是国内规模领先的振动台之一，建成后将为区域大型结构工程建造提供前期评估和技术支撑。学校改性沥青质量控制新技术已成功应用于苏州中环快速路路面工程。由学校主编的21部国家规范和行业标准，为大型工程项目提供技术咨询和服务。

学校建立的由“粉画泰斗”我校杭鸣时教授领衔的大师工作室已成为苏州“文化名片”。学校还聘请苏州刺绣大师、桃花坞木刻传承人等建立工作室，将专业的教学研究与苏州地方特色文化紧密结合。苏州轨交4号线11个站点的艺术墙设计由我校艺术家牵头创作，讲述属于苏州的故事。

吴市长、各位领导，当前，我们全校上下正紧紧围绕学校第三次党代会目标和“十四五”事业发展规划，全力以赴实现博士学位授予权、标志性教学科研成果等核心目标的突破，将学校建成特色鲜明、品质卓越的高水平教学研究型大学。在这里，学校迫切期望在博士点申报、办学经费筹措、校区建设等方面得到苏州市委、市政府领导的关心、指导和大力支持。

以上就是我的汇报，请各位领导批评指正！

2021年大事记

1 月

4 日　下午，学校召开资产经营有限公司及下属企业年度工作总结会，副校长施琴芬出席会议并讲话。

6 日　博众精工科技股份有限公司—苏州科技大学产学研合作签约仪式在学校图书馆八楼会议室举行，副校长沈耀良、苏州高新区管委会副主任周晓梅、苏州市吴江区副区长许诺出席签约仪式。

8 日　下午，学校在行政楼一楼报告厅召开干部大会，宣布江苏省委关于学校校长调整的决定。会议由学校党委书记张庆奎主持。会上宣读了江苏省委决定：姜朋明同志任苏州科技大学党委副书记、校长，试用期一年。

11 日　总会计师陈焕娣带队对学校实验室进行全面安全检查。

下午，学校召开校级教学督导座谈会，副校长沈耀良参加了会议。

下午，学校召开 2020 年党组织书记抓党建述职评议考核会，会议由党委副书记、副校长田晓明主持。

13 日　根据江苏高水平大学建设领导小组办公室发布的《关于公布江苏高校协同创新中心第二建设期绩效评价结果的通知》，学校牵头建设的水处理技术与材料协同创新中心由培育点升级为立项建设项目。

14 日　学校教职工医疗互助基金管委会第十三次会议在行政楼四楼会议室召开，会议由副校长张新亚主持。

15 日　学校党委书记张庆奎、副校长张新亚看望慰问了部分离休干部和省管干部代表。

下午，九三学社苏州科技大学支社委员会换届暨基层委员会成立大会召开。学校党委副书记、副校长田晓明，九三学社苏州市委专职副主委谢剑峰，九三学社苏州市委秘书长兼组织处处长李敏，九三学社苏州基层组织代表及学校民主党派代表等出席会议。

18 日　下午，学校在行政楼五楼第二会议室召开本科教学工作专题会议，会议由副校长沈耀良主持。

下午，学校在行政楼四楼会议室召开 2021 年寒假及春季开学疫情防控专题会议，会议由副校长张新亚主持。

19 日　学校与苏州朗捷通智能科技有限公司举行产学研合作签约仪式，副校长崔志明，苏州朗捷通智能科技有限公司董事长翁志勇、总裁林海出席了签约仪式。

20 日　学校召开“学院办大学”综合改革专题研讨会，会议由学校党委书记张庆奎主持。

21 日　下午，苏州市政协十四届五次会议胜利闭幕，会议对市政协十四届三次、四次会议以来的 58 件优秀提案和 58 名优秀政协委员进行了表彰，学校 1 件提案获优秀提案奖，5 名教师获评“优秀政协委员”。

23 日　苏州市抗击新冠疫情表彰暨冬春季疫情防控动员部署大会召开，会议表彰了一批为抗击新冠疫情做出突出贡献的先进个人和先进集体，学校后勤服务总公司荣获“苏州市抗击新冠疫情先进集体”荣誉称号。

27 日　上午，副校长施琴芬带领资产经营有限公司相关负责人督查校属企业疫情防控工作。

28 日　根据江苏省教育厅、江苏省工业和信息化厅发布的《关于公布 2020 年江苏省智慧校园及示范校审核认定结果的通知》（苏教信函〔2021〕1 号）文件，学校顺利通过 2020 年江苏省智慧校园审核认定。

29 日　上午，江苏省教育厅副厅长王成斌率督查组对学校冬春季疫情防控工作进行专项督查，苏州市副市长曹后灵等随同检查。学校党委书记张庆奎、校长姜朋明、副校长张新亚等陪同检查。

1 月　上海市人民政府颁发了 2020 年度上海市科学技术奖，由同济大学牵头、苏州科技大学黄勇教授团队等参与的“高氨氮废水厌氧氨氧化脱氮关键技术创新与应用”项目获得科技发明一等奖。

2 月

3 日　下午，学校在行政楼二楼会议室召开江苏省教学成果奖培育项目评审会，会议由副校长沈耀良主持。

22 日　根据教育部办公厅公布的 2020 年度国家级和省级一流本科专业建设点名单，学校风景园林、环境科学、工程管理、建筑电气与智能化、历史学、应用心理学、数学与应用数学、视觉传达设计等 8 个专业入选国家级一流本科专业建设点。

23 日　学校在行政楼五楼第三会议室召开“2023—2025 中地共建三年规划建设项目”评审会，总会计师陈焕娣参加了评审会。

26 日　学校 2021 年春季学期学生返校工作有序推进。

27—28 日　中共苏州科技大学第三届委员会第九次全体（扩大）会议在行政楼一楼报告厅召开，全体校领导、党委委员、纪委委员、中层干部，市级以上党代表、人大代表、政协委员和各民主党派负责人出席了大会。会议由党委书记张庆奎主持。

3 月

2 日　下午，学校科技项目与奖励申报推进会在图书馆八楼会议室召开，会议由副校长施琴芬主持。

4日　中国人民政治协商会议第十三届全国委员会第四次会议在北京隆重开幕。全国政协委员、学校城市发展智库（高级研究院）副院长宋青教授赴京履职。

下午，学校党委书记张庆奎、副校长张新亚视察城市生活污水资源化利用技术国家地方联合工程实验室、石湖校区南区学生宿舍工程项目的施工进展情况。

8日　根据江苏省教育厅与江苏省科技厅联合发布的《关于公布2020年江苏省研究生工作站期满验收结果的通知》（苏教办研函〔2021〕1号）文件，学校共有4家研究生工作站期满验收优秀，获得“江苏省优秀研究生工作站”称号。

9日　根据江苏省教育厅公布的2020年全省高校毕业生就业工作量化考核情况，学校顺利通过考核并被评为“2020年高校毕业生就业工作量化考核A等高校”。

11日　下午，学校2021年学生工作会议在行政楼一楼会议室举行，党委副书记王荣庆出席会议并讲话。

12日　上午，学校总会计师陈焕娣率队对全校实验室安全、设备运行、卫生、疫情防控规范执行等方面情况进行检查。

下午，学校“十四五”事业发展规划编制工作领导小组会议在行政楼五楼第二会议室召开，全体校领导出席了会议，会议由领导小组组长、党委书记张庆奎主持。

15日　上午，学校组织召开党史学习教育动员大会，深入学习贯彻习近平总书记在中央党史学习教育动员大会上的重要讲话精神，认真贯彻落实党中央有关通知要求和省委部署安排，对全校开展党史学习教育做出动员部署。学校党委书记张庆奎做动员讲话，党委副书记、校长姜朋明主持会议。

下午，庆祝第十五个“国际社工日”暨苏州市社会工作发展研究院成立仪式在学校音乐厅举行，江苏省民政厅副厅长周恒新，苏州市副市长曹后灵，学校校长姜朋明、党委副书记王荣庆等出席了此次活动。

吴中区生态涵养区协调推进办副主任王健一行来校洽谈产学研合作，会议由副校长施琴芬主持。

16日　上午，学校党委审计委员会在行政楼四楼会议室召开第一次全体会议。学校党委审计委员会主任张庆奎，常务副主任姜朋明，副主任吴健荣、陈焕娣、施亚东出席了会议。

学校获得第十七届“挑战杯”全国大学生课外学术科技作品竞赛红色专项活动江苏省选拔赛特等奖1项、一等奖1项、二等奖4项、三等奖2项。

17日　副校长施琴芬带队前往太仓市政府洽谈产研所落地事宜，太仓市副市长郑丙华参加了此次会议。

19 日　上午，学校党史学习教育领导小组第一次会议在行政楼四楼会议室召开。会议由党史学习教育领导小组副组长、党委副书记王荣庆主持。

20 日　下午，副校长沈耀良带队前往苏州职业大学就两校合作开展的分段培养项目建设工作进行交流。

20—21 日　学校 2021 年高水平运动队招生羽毛球专项测试在石湖校区体育馆举行，学校领导王荣庆、沈耀良到现场指导测试工作。

20—22 日　首届江苏省高校教师教学创新大赛决赛暨首届全国高校教师教学创新大赛江苏赛区选拔赛在江南大学举办，学校建筑与城市规划学院范凌云教授团队获特等奖，土木工程学院姚江峰副教授团队获一等奖，学校获得“优秀组织奖”。

22 日　下午，由商务部主办、学校承办的“北马其顿空气污染治理研修班”开班典礼在石湖校区环保楼 A2 报告厅以线上方式举行。商务部研修学院项目一处处长哈雨、副处长韩宁，中国驻北马其顿使馆经商处秘书武建伟，学校副校长崔志明出席了开班典礼。

下午，苏州市教育局副局长项春雷一行 4 人来学校调研省市共建工作，会议由副校长吴健荣主持。

23 日　下午，副校长张新亚主持召开学校后勤保障工作联席会。

24 日　下午，学校 2021 年全面从严治党工作会议在行政楼一楼报告厅召开。校领导、党委委员、纪委委员、全体中层干部、各二级党组织纪检委员参加了会议。会议由党委副书记、校长姜朋明主持。

下午，江苏省高校招生就业指导服务中心主任胡建平一行来学校调研 2021 届毕业生就业工作。党委副书记王荣庆参加了调研。

25 日　下午，学校 2021 年上半年意识形态工作分析研判会在行政楼一楼视频会议室召开，会议由党委书记张庆奎主持。

下午，学校党委理论学习中心组学习（扩大）会在行政楼一楼视频会议室召开。会议的主要内容是围绕庆祝中国共产党成立 100 周年，结合《中国共产党统一战线工作条例》等党内法规的学习宣传，深入学习领会习近平总书记在党史学习教育动员大会上的重要讲话精神，学习领会习近平总书记关于学习党史的重要论述。会议由党委书记张庆奎主持。

下午，淮阴师范学院党委常委、副校长赵宜江一行 6 人来校调研，会议由副校长施琴芬主持。

26 日　下午，学校在行政楼一楼报告厅召开传达全国“两会”精神报告会。全国政协委员、学校城市发展智库（高级研究院）副院长宋青以“‘两会’归来话‘两会’”为题做主题报告。校领导、党委委员、纪委委员、全体中层干部，市级以上党代表、人大代表、政协委员及学校各民主党派主要负责人参加了报告会。报告会由党委书记张庆奎主持。

30 日　江苏省委、省政府召开全省 2020 年度高质量发展总结表彰大会，通报了全省 2020 年度综合考核结果，表彰了有关地区、单位和高校。学校被评为“江苏省 2020 年度地方普通高校综合考核第一等次”。

下午，党史学习教育苏州科技大学宣讲团启动仪式在行政楼五楼第三会议室举行，党委副书记王荣庆参加了启动仪式。

下午，学校召开教学督导工作专题会，校长姜朋明、副校长沈耀良、教学督导组组长沈振平出席了会议。

下午，学校学术委员会学科建设委员会会议在行政楼五楼第二会议室召开，校长姜朋明出席会议，会议由副校长吴健荣主持。

下午，学校网络安全与信息化推进专题会在行政楼四楼会议室召开，校长姜朋明、副校长崔志明参加了会议，会议由崔志明主持。

31日 下午，常熟理工学院副校长张根华一行6人来学校调研，会议由副校长沈耀良主持。

下午，学校纪委第三届第十三次全委（扩大）会在行政楼一楼会议室召开，会议由党委常委、纪委书记、监察专员施亚东主持。

学校第四届女教职工健身健美操比赛在“教工之家”举行。

3月 学校分别召开学生安全工作专题会和毕业生就业工作专题会，党委副书记王荣庆参加了会议。

学校召开教学委员会会议，会议由教学委员会主任、副校长沈耀良主持。

4月

6日 学校2021年度科技目标责任书签订仪式在行政楼五楼第三会议室举行，校长姜朋明、副校长施琴芬出席了签约仪式。

7日 上午，中国工程院院士、国家最高科学技术奖获得者钱七虎来学校做题为“地下空间开发利用与碳达峰和碳中和”的学术报告。校长姜朋明、江苏省人民防空办公室主任戴跃强、苏州市人民防空办公室主任陈正峰、苏州市轨道交通集团有限公司董事长金铭等出席报告会。

下午，陕西理工大学副校长王磊一行6人来校调研，会议由副校长施琴芬主持。

下午，学校召开了新冠疫苗接种工作筹备会，会议由副校长张新亚主持。

8日 党史学习教育江苏省委宣讲团成员、苏州大学马克思主义政党与国家治理研究中心副主任吉启卫以“从党的百年历史中汲取智慧和力量”为题做党史专题宣讲。报告会由党委书记张庆奎主持。

副校长沈耀良率队赴苏州市应急管理局调研苏州应急管理培训中心共建工作。

学校第四轮校内巡察整改情况汇报会在行政楼五楼第二会议室召开，

会议由党委常委、纪委书记、监察专员、巡察工作领导小组副组长施亚东主持。

2020 年度江苏省高校国家奖学金获奖学生优秀典型事迹材料遴选会在学校举行。

10—11 日　由学校联合主办的 2021 年第三届中国文化遗产保护国际会议举办，校长姜朋明出席开幕式并致辞。

12—15 日　学校连续召开 6 场“十四五”事业发展规划征求意见座谈会，广泛听取民主党派负责人、政协委员、人大代表、离任校领导、离退休老同志、机关及直属单位负责人、教职工代表及学生代表等校内各方面的意见和建议。学校“十四五”规划编制工作领导小组组长、党委书记张庆奎和校长姜朋明，以及在校校领导分别主持了座谈会。

13 日　学校 2021 年体育运动委员会第一次会议在行政楼五楼第二会议室召开，会议由学校体育运动委员会主任、副校长沈耀良主持，学校体育运动委员会全体委员参加了会议。

下午，学校召开工程教育专业认证工作推进会，会议由副校长沈耀良主持。

16 日　甘肃省教育厅党组成员、副厅长张国珍一行来学校调研，同行的有西北师范大学校长刘仲奎、兰州理工大学校长芮执元、兰州交通大学校长李引珍、兰州财经大学校长蔡文浩、兰州城市学院院长王学军，学校党委书记张庆奎、副校长吴健荣出席了调研会。

下午，学校召开 2021 年校友工作会议，会议由副校长、校友总会常务副会长吴健荣主持。

16—18 日　由学校与多家单位联合主办的第五届全国水处理与循环利用学术会议在苏州成功召开，开幕式由副校长施琴芬主持，校长姜朋明出席开幕式并致辞。

19 日　上午，江苏省委常委、苏州市委书记许昆林一行来校视察调研。副市长曹后灵，苏州市委常委、宣传部部长金洁参加调研。学校党委书记张庆奎、校长姜朋明陪同调研，全体在校校领导参加了调研座谈会。

上午，庆祝中国共产党成立 100 周年“恰是百年风华”苏州科技大学主题艺术作品展开幕，首展艺术学院师生优秀作品展开展。学校党委副书记王荣庆出席了开幕式。苏州市委书记许昆林一行在学校调研期间，参观了艺术作品展，并与艺术家代表进行了亲切交流。

下午，江苏省委教育工委党史学习教育第三巡回指导组组长、南京财经大学原党委书记陈章龙一行三人来校指导党史学习教育工作。学校党史学习教育领导小组全体成员参加了汇报会，会议由党史学习教育领导小组组长、党委书记张庆奎主持。

20 日　江苏科技大学党委副书记、副校长景旭文一行来学校调研，校长姜朋明与来访团一行进行了座谈和交流。

下午，学校组织召开了一流课程申报推进会，校长姜朋明、副校长沈耀良参加了会议，会议由沈耀良主持。

21 日 上午，学校博士学位授权申请工作推进会在行政楼五楼第二会议室召开，会议由学科建设领导小组组长、校长姜朋明主持。

下午，学校在行政楼三楼会议室召开 2021 年度领导干部经济责任审计联席会议，校长姜朋明、副校长吴健荣参加了会议，会议由姜朋明主持。

22 日 下午，学校第二季度意识形态工作分析研判会在行政楼四楼会议室召开，会议由党委副书记王荣庆主持。

22—24 日 学校全面启动首批新冠病毒疫苗接种工作。

23 日 苏州市教育工会第十四次代表大会在苏州市教师发展学院召开，会议选举产生了苏州市教育工会第十四届委员会，学校工会主席马晓燕同志当选为苏州市教育工会第十四届委员会委员。在苏州市教育工会第十四届委员会第一次全体会议上，马晓燕同志当选为苏州市教育工会女职工委员会副主任。

24 日 学校召开第十四届全国大学生节能减排社会实践与科技竞赛选拔赛暨第三届“宏宇环境杯”大学生节能减排环保社会实践与科技竞赛项目评审会，副校长沈耀良参加了评审会。

27 日 下午，学校 2021 年财务预算布置工作会议在行政楼一楼视频会议室召开，校长姜朋明、总会计师陈焕娣、纪委书记施亚东出席了会议，会议由陈焕娣主持。

28 日 下午，“学党史、强信念、跟党走”主题团日活动暨 2021 年五四表彰大会在图书馆一楼报告厅举行，党委副书记王荣庆参加了大会。

29 日 上午，党委书记张庆奎走进石湖校区 4 教 110 教室，以“于党史中汲取智慧力量，在征程上谱写人生华章”为题，为文学院汉语言文学专业 1911 班本科生讲授了一堂内涵丰富、精彩纷呈的党史专题思政课。

下午，党委理论学习中心组专题学习会暨领导干部读书班第一次集体学习会在行政楼一楼报告厅召开，会议由党委书记张庆奎主持，党委理论学习中心组全体成员与各二级党组织书记参加了会议。

4 月 党史学习教育学校宣讲团开展专题宣讲，围绕党的百年历史，面向全校 27 个二级党组织开展党史学习教育系列宣讲，实现学校党员、师生学习党史全覆盖。

5 月

12 日 由教育部和四川省人民政府主办的全国第六届大学生艺术展演活动在成都市举行，学校党委宣传部申报的项目“‘一体五翼’创新美育工作机制——苏州科技大学《校园文化精品培育名录库》案例”荣获全国二等奖。同时，该项目获评江苏省第六届大学生艺术展演活动高校美育改革优秀创新案例特等奖。

13 日　上午，学校与苏州市大数据管理局战略合作签约仪式在学校图书馆八楼会议室举行，苏州市副市长杨知评，苏州市政府副秘书长、市大数据管理局局长顾建明，学校校长姜朋明、副校长吴健荣出席了仪式。签约仪式由吴健荣主持。

14—16 日　由学校承办的 IEEE 第十届数据驱动控制与学习系统会议在苏州召开，校长姜朋明出席开幕式并致辞。

第十七届“挑战杯”全国大学生课外学术科技作品竞赛红色专项线下终审决赛在四川大学举行，学校《苏州高质量党建引领乡村振兴调研报告——基于苏州市四个美丽乡村典型示范村的实践》获全国一等奖。

14—17 日　由学校承办的 2021 全国张量与超图及应用学术会议在学校石湖校区召开。

15 日　学校陕西校友会在西安成功举行换届大会，副校长、校友总会副会长张新亚参加了换届大会。

15—16 日　“创能杯”首届江苏省大学生节能减排社会实践与科技竞赛在南京举办。学校学生作品获特等奖 1 项、二等奖 2 项、三等奖 3 项，学校获评“优秀组织奖”。

18 日　下午，学校与英国南威尔士大学在行政楼外事会议室召开了中外合作办学十周年发展研讨会，会议以视频连线的方式举行。

19 日　下午，苏州科技大学“学党史、强信念、跟党走”庆祝建党 100 周年师生大合唱比赛在石湖音乐厅举行，校领导张庆奎、王荣庆、田晓明、崔志明、沈耀良、陈焕娣、施亚东、施琴芬观看了比赛。

下午，第七届中国国际“互联网+”大学生创新创业大赛校内选拔赛决赛在环境学院报告厅举行，副校长沈耀良出席了比赛现场。

20 日　下午，学校党委理论学习中心组专题学习（扩大）会暨领导干部读书班第二次集体学习会在行政楼一楼视频会议室召开，学校党委理论学习中心组全体成员与各二级党组织书记参加了会议，会议由党委书记张庆奎主持。

学校与中国工商银行苏州分行“数字共融　银校合作促发展”战略合作签约仪式在中国工商银行苏州分行举行，学校党委书记张庆奎、校长姜朋明、总会计师陈焕娣，中国工商银行苏州分行党委书记、行长邱亚光，副行长杨晓东、赵霆、金华及双方相关部门负责人出席签约仪式。

21 日　下午，学校第四届教代会执委会第九次全体会议在行政楼五楼第三会议室召开，会议对《苏州科技大学职称评聘实施办法（试行）》进行审议。会议由第四届教代会执行委员会主任、党委副书记、副校长田晓明主持。

21—23 日　2021 年苏南分会高校大学生羽毛球比赛在常州大学体育馆举行。学校羽毛球队获得甲组（普通高校本科院校）混合团体冠军，学生崔一部获得“体育道德风尚奖”。

21—25日　2021年广西学生资助管理干部综合能力培训班在学校举办，学校党委副书记王荣庆、广西壮族自治区学生资助管理中心主任全斌、江苏省学生资助管理中心副主任袁旭元出席开班仪式。

22日　首届江苏省高校大学生心理情景剧大赛决赛在南京师范大学举行，学校教育学院获作品二等奖、三等奖各1项，获优秀指导教师奖2项。

22—24日　由中国自然资源学会和学校联合主办，中国自然资源学会国土空间规划研究专业委员会、中国自然资源学会青年工作委员会和学校建筑与城市规划学院共同承办的中国自然资源学会首届国土空间规划青年论坛在学校举办，副校长吴健荣出席开幕式并致辞。

23日　上午，江苏省百校千场万岗——“苏企优才精准对接，携手共促精准就业”苏州科技大学2021届毕业生春季大型校园招聘会暨2022届实习生招聘会在石湖校区新体育馆举办。学校党委副书记王荣庆来到招聘会现场，对接用人单位，指导毕业生求职应聘。

第十三届全国周培源大学生力学竞赛（江苏赛区）暨第十二届江苏省大学生力学竞赛在学校举行，副校长沈耀良进行了现场巡视。

24日　下午，全校资产清查工作会议在行政楼一楼报告厅召开，陈焕娣总会计师出席会议并讲话。

25日　校长姜朋明、副校长张新亚带队赴学校多处实地检查常态化疫情防控工作。

下午，江苏省委教育工委党史学习教育第三巡回指导组联络员座谈会在学校行政楼四楼会议室召开。江苏省委教育工委党史学习教育第三巡回指导组组长、南京财经大学原党委书记陈章龙参加了座谈会。

学校组织召开长三角人居环境碳中和发展研究院筹建工作座谈会，校长姜朋明、副校长施琴芬参加了座谈会。会议由施琴芬主持。

26日　苏州科技大学第三届党委第五轮巡察工作动员部署会在行政楼一楼视频会议室召开，党委书记张庆奎，党委副书记、副校长田晓明，党委常委、纪委书记施亚东出席了会议。会议由施亚东主持。

下午，江苏省委教育工委党史学习教育第三巡回指导组组长、南京财经大学原党委书记陈章龙，指导组副组长、江苏联合职业技术学院原院长晏仲超及指导组成员来学校巡回指导党史学习教育工作，学校党委副书记王荣庆陪同参加。

26—28日　全国高等学校建筑学专业教育评估委员会专家组复评视察学校建筑学专业本科及研究生教育。

27日　2020年度“交通银行奖教金”“宏宇奖教金”颁奖仪式在学校石湖校区图书馆八楼会议室举行。交通银行苏州分行行长王晓松，苏州市宏宇环境科技股份有限公司董事长兼总裁孙加山，学校党委书记张庆奎，党委副书记、副校长田晓明，总会计师陈焕娣，副校长张新亚出席了颁奖仪式。仪式由田晓明主持。

江苏省高校“创平安 迎七一”安全工作检查组一行四人到学校检查安全工作，学校党委副书记王荣庆参加会议并陪同检查。学校党委书记张庆奎在汇报会前会见了专家组。

学校在行政楼一楼报告厅召开2021年全面预算绩效管理工作布置暨培训会，总会计师陈焕娣出席了会议。

29—30日 2021年中国风景园林教育大会在北京林业大学召开，在同期举办的学生设计竞赛及全国优秀本科毕业设计评选中，学校建筑与城市规划学院学生获优秀毕业设计奖、本科生设计竞赛优秀奖各1项，丁金华、王丽萍老师获“优秀指导教师”荣誉称号。

2021年中国啦啦操俱乐部联赛在苏州工业园区举行，学校代表队获大学组舞蹈啦啦操花球自选动作和街舞自选动作两项冠军，学校获评“全国啦啦操二星级俱乐部”，郁方获“优秀教练员”奖。

31日 学校2021年职称评审政策宣讲会在行政楼一楼报告厅召开，会议由党委副书记、副校长田晓明主讲。

“我心向党”国际教育学院成立十周年主题活动在国际教育学院一楼大厅举行，副校长崔志明出席了活动。

5月 副校长施琴芬率队赴常州大学、江苏科技大学就“破五唯”教育改革思路及举措开展相关调研。

6月

2日 上午，校长姜朋明在土木工程学院北楼报告厅以“学史明理、做时代新人”为题给土木工程学院2020级工程管理专业学生讲授党史学习教育专题思政课。

3日 上午，江苏省人大常委会副主任、江苏省社科联主席曲福田一行来学校视察调研城市发展智库及长三角一体化发展研究基地建设发展情况。学校党委书记张庆奎，校长姜朋明，党委副书记、副校长田晓明陪同调研。

4日 学校召开消防安全工作推进会议，总会计师陈焕娣、副校长张新亚参加了会议。会议由党委副书记王荣庆主持。

庆祝中国共产党成立100周年邮品史料展在图书馆九楼艺术展区开幕。学校党委副书记、副校长田晓明，九三学社苏州市委专职副主委谢剑峰出席了开幕式。

6日 首届“外教社·词达人杯”全国大学生英语词汇能力大赛全国决赛比赛结果公布，学校获二等奖2项。

7日 苏州科技大学2021届“致亲爱的你”毕业生晚会在音乐厅举行，校领导张庆奎、王荣庆、田晓明、崔志明、陈焕娣、施亚东、张新亚观看了晚会。

学校与苏州市教育科学研究院共建江苏省研究生工作站揭牌暨签约仪式在苏州市教育科学研究院举行。苏州市教育科学研究院院长丁杰、副院长屠晓东、夏正华，学校副校长吴健荣出席了揭牌签约仪式。

建筑与城市规划学院在江枫校区建筑系馆举办 2021 年 UC4+1 联合毕业设计终期答辩会，副校长沈耀良出席了答辩会。

8—9 日　学校召开期中教学检查情况通报专题会和教学环境设施情况反馈会，会议由副校长沈耀良主持。

9—10 日　学校第三届党委第五轮巡察三个巡察组分别进驻商学院党委、教育学院党总支、文学院党委、社会发展与公共管理学院党委、电子与信息工程学院党委、机械工程学院党委、马克思主义学院党委、离退休党工委、研究生部、学科建设办公室，并在被巡察单位召开了巡察工作动员会。

中国工程院院士、自然资源部国家基础地理信息中心一级教授、航天测绘与地理信息学专家陈军莅临学校与青年教师座谈，校长姜朋明出席了座谈会。

“党的光辉照我心”苏州高校庆祝中国共产党建党百年暨第一届“我是传承者”主题演讲大赛在苏州大学独墅湖校区举行，学校学生获三等奖 1 项、优秀奖 3 项，学校荣获“优秀组织奖”。

11 日　由学校主办的“伟大开端——中国共产党创建历史图片展”在马克思主义学院二楼开展，党委副书记王荣庆参观了图片展。

13—14 日　学校在第三届国际大学生混凝土龙舟邀请赛中获一等奖、三等奖各 1 项。

15 日　学校网络安全第二季度工作会议在行政楼四楼会议室召开，会议由副校长崔志明主持。

16 日　党史学习教育党支部书记专题党课在行政楼一楼报告厅举行，学校党委副书记、副校长田晓明讲授党史学习教育专题党课。江苏省委教育工委党史学习教育第三巡回指导组组长、南京财经大学原党委书记陈章龙同志莅临指导。

学校 2021 年赴西部、苏北，赴基层单位就业优秀毕业生出征暨暑期社会实践启动仪式在行政楼五楼第二会议室举行，党委副书记王荣庆参加了仪式。

学校组织实验室安全突击检查工作。检查组由总会计师陈焕娣及来自苏州大学、扬州大学、常熟理工学院、苏州卫生职业技术学院等院校的专家组成。

16—17 日　学校第四届第四次教职工代表大会在石湖校区行政楼一楼报告厅召开，大会由党委副书记、副校长田晓明主持。

17 日　敬文书院 2021 届学生毕业典礼在书院报告厅举行，党委副书记王荣庆出席了典礼。

18 日　学校 2021 届学生毕业典礼暨学位授予仪式在石湖校区体育馆举行，校领导张庆奎、姜朋明、王荣庆、田晓明、崔志明、吴健荣、沈耀良、陈焕娣、施亚东、张新亚、施琴芬出席典礼，毕业典礼由党委副书记王荣庆主持。

学校在江苏省 2020 年度研究生教育工作综合评价中获 A 等，并在硕士研究生培养高校组排名第一。

19 日　第四届全国大学生国土空间规划技能大赛在徐州举行，学校地理科学与测绘工程学院学生团队获一等奖，柳玉梅获“优秀指导老师”称号。

20 日　第五届全国高校智能交通创新与创业大赛在哈尔滨工业大学举行，学校土木工程学院学生团队获二等奖。

21 日　副校长张新亚深入石湖校区南区学生宿舍和石湖校区东区风雨操场工程项目施工现场检查指导工作。

23 日　学校与江苏国贸酝领智能科技股份有限公司共建江苏省优秀研究生工作站揭牌仪式举行，国贸酝领公司董事长陈宏庆、副总经理顾永青，学校副校长吴健荣出席了仪式。

25 日　“辉煌百年路　奋进新征程”庆祝中国共产党成立 100 周年文艺演出在石湖校区音乐厅上演，校领导张庆奎、王荣庆、崔志明、沈耀良、陈焕娣、施亚东、张新亚、施琴芬观看了演出。

29 日　苏州市高校安全联合检查组到学校开展安全工作大检查。联合检查组由苏州市教育局副局长项春雷带队，学校总会计师陈焕娣陪同检查。

下午，环境类专业大思政课开班仪式在环境科学与工程学院二楼报告厅举行。苏州市生态环境局党组书记、局长毛元龙一行，学校党委书记张庆奎出席了开班仪式。

30 日　学校在石湖校区音乐厅隆重召开庆祝中国共产党成立 100 周年暨表彰大会，党委书记张庆奎发表讲话，大会由校长姜朋明主持。

6 月　学校分别召开 2021 届毕业生代表座谈会和 2021 届新疆少数民族毕业生座谈会，党委副书记王荣庆参加了座谈会。

经江苏省各大学生心理健康教育研究中心（基地）推荐，江苏省心理学会大学生心理专业委员会审议和江苏省心理学会审定，学校荣获“江苏省大学生心理健康教育先进集体”荣誉称号。

江苏省水处理技术与材料协同创新中心 2021 年理事会在江苏大学召开，校长姜朋明、副校长施琴芬参加了会议。

镇江市规划勘测设计集团有限公司党委书记、董事长王荣飞一行来学校调研。校长姜朋明、副校长施琴芬参加了调研会，会议由施琴芬主持。

第十二届江苏省大学生力学竞赛（个人理论赛）成绩揭晓，学校 1 人获特等奖，3 人获一等奖，8 人获二等奖。

7月

1日 庆祝中国共产党成立100周年大会在北京天安门广场隆重举行，中共中央总书记、国家主席、中央军委主席习近平发表重要讲话。学校党委书记张庆奎、校长姜朋明带领师生集中收看庆祝建党100周年大会直播。学校市级以上人大代表、政协委员，各民主党派、台侨联、党外知识分子代表也观看了直播，并在会后召开了学校统一战线庆祝中国共产党成立100周年座谈会。

2日 学校在图书馆八楼会议室举行了教职工光荣退休仪式，党委副书记、副校长田晓明，副校长张新亚参加了仪式。

学校在行政楼一楼召开实验室工作会议，总会计师陈焕娣参加了会议。

6日 江苏省教育厅厅长葛道凯一行来学校调研指导，学校党委书记张庆奎，校长姜朋明陪同调研，全体在校校领导参加了调研座谈会。

学校和苏州市人民政府联合成立的“长三角人居环境碳中和发展研究院”战略合作协议签约及揭牌仪式在苏州市高新区开幕。苏州市委副书记、市长李亚平，副市长吴晓东，副秘书长张焱，长三角生态绿色一体化发展示范区执委会生态和规划建设组组长刘锋，学校党委书记张庆奎，校长姜朋明，副校长施琴芬出席了签约揭牌仪式。

8日 上午，由商务部主办、学校承办的“2019—2021援外环工专业硕士项目”结业仪式在环境科学与工程学院A2报告厅举行。商务部培训中心援外项目管理一处处长哈雨、江苏省商务厅外经处副处长赵宇虹、学校副校长崔志明出席了结业仪式。

下午，“与王石有约　畅谈运河文化”主题演讲活动在学校石湖校区音乐厅举办，万科集团创始人、董事会名誉主席王石围绕“苏州和大运河文化”这一主题发表了精彩的演讲。讲座前，学校党委书记张庆奎、党委副书记王荣庆会见了王石。

副校长张新亚主持召开学校后勤保障工作联席会议。

学校与苏州市档案馆共建江苏省研究生工作站揭牌仪式在苏州市档案馆举行，学校副校长吴健荣、苏州市档案馆馆长祁立春出席了揭牌仪式。

9日 上午，学校欧美同学会（留学人员联谊会）成立大会在行政楼一楼报告厅举行。学校党委书记张庆奎，江苏省欧美同学会（江苏省留学人员联谊会）副会长、苏州大学校长熊思东，苏州市委统战部二级调研员、苏州市社会主义学院院长沈蓉出席了大会。大会由学校党委副书记、副校长田晓明主持。

江苏海洋大学党委书记王自力、副校长李梅英一行来校调研，学校党委书记张庆奎、校长姜朋明、副校长吴健荣参加了座谈和交流。

10 日　2021 中国工业与应用数学学会区块链技术与应用高峰论坛在苏州高铁新城举办。中国科学院院士、北京大学/普林斯顿大学教授鄂维南，学校党委常委、副校长崔志明出席了论坛。

12 日　学校在行政楼一楼报告厅召开学院（部）“十四五”规划专题审议会，会议由副校长吴健荣主持。

20 日　学校党委书记张庆奎、副书记王荣庆看望并慰问招生录取一线工作人员。

29 日　学校校长姜朋明前往后勤服务总公司，了解暑期后勤保障工作情况，并代表学校看望假期在岗职工。

7 月　学校与苏州高新区税务局在石湖图书馆一楼报告厅举行了“税校合作共发展”共建协议签约仪式。校长姜朋明和苏州高新区税务局局长郑祥弟出席签约仪式并代表双方致辞。学校总会计师陈焕娣和苏州高新区税务局副局长谈亦军代表双方签订共建合作协议。

学校“江苏省第八批研究生导师类产业教授”聘任仪式在石湖校区行政楼四楼会议室举行，校长姜朋明、副校长吴健荣出席了仪式。仪式由吴健荣主持。

8 月

3 日　由江苏省理学 1 类研究生教育指导委员会主办、学校物理科学与技术学院承办的江苏省研究生“表面增强拉曼散射理论与技术”暑期学校正式启动。副校长吴健荣参加了开班典礼。

4 日　学校 2021 年普通高考招生录取工作圆满结束。学校面向全国 29 个省、自治区、直辖市投放招生计划，计划完成率达 100%。学校在江苏省内招生计划较 2020 年增幅达 24. 99%。

5 日　上午，学校在行政楼四楼会议室召开疫情防控工作专题会议，学校疫情防控工作领导小组各工作组组长参加了会议。会议由副校长张新亚主持。

13 日　根据江苏省委教育工委办公室公布的“我的同心故事”主题征文评选结果，学校征文获一等奖 1 项、三等奖 1 项、优秀奖 4 项。

14 日　学校艺术学院拍摄制作的作品《一佰》荣获江苏省举办的“百年风华”全省党员教育全媒体作品创作大赛微视频三等奖。

19 日　根据国家自然科学基金委员会公布的 2021 年度国家自然科学基金集中申请接收期间项目的评审结果，学校共有 32 个项目获得资助，资助直接费用达 929 万元。

24日 根据中国土木工程学会土秘〔2021〕16号文件，学校土木工程专业2021届毕业生董子硕获评“2021年度中国土木工程学会高校优秀毕业生”。

30日 《光明日报》以《苏州科技大学：发挥专业优势　奏响育人“三部曲”》为题报道学校党史学习教育成效，并受到江苏省委组织部官网、江苏省教育厅官网转发。

8月 学校学生获第十三届全国周培源大学生力学竞赛三等奖2项、优秀奖8项。

2021年（第14届）中国大学生计算机设计大赛结果揭晓。学校学生作品获产品设计类二等奖1项、微课与教学辅助类二等奖1项、软件应用与开发类三等奖1项、MG动画类三等奖1项。

学校学生在第九届全国高校数字艺术设计大赛（未来设计师NCDA大赛）中获国赛一等奖1项、二等奖3项、三等奖6项、优秀奖1项，获省赛一等奖20项、二等奖22项、三等奖40项。

9月

4日 学校召开中共苏州科技大学委员会三届十一次全体会议。

5日 上午，学校在行政楼一楼报告厅召开中层干部大会，全体校领导、中层干部出席了会议，会议由学校党委书记张庆奎主持。

6日 学校迎来新学期线上教学第一天，全校279门课程按照课表准时开课，408个教学班级、16 100名学生云端听课，线上教学秩序井然。

7日 物理科学与技术学院张红芳副教授研究团队成果在线发表在能源领域*Nano Energy*杂志上。张红芳副教授为通信作者，学校为第一通信单位。

8日 学校领导王荣庆、陈焕娣、施亚东带队就部分校园维修改造项目及实验室安全工作进行检查指导。

8—9日 学校党委召开第五轮巡察情况反馈会，三个巡察组分别向商学院党委、教育学院党总支、文学院党委、社会发展与公共管理学院党委、电子与信息工程学院党委、机械工程学院党委、马克思主义学院党委、离退休党工委、研究生部、学科建设办公室反馈巡察情况。

9日 学校网络安全第三季度工作会议在行政楼四楼会议室召开，副校长崔志明及网络安全与信息化领导小组成员参加了会议，会议由崔志明主持。

10日 下午，学校庆祝2021年教师节暨表彰大会在行政楼一楼报告厅召开。全体在校校领导出席了大会，大会由校长姜朋明主持。

根据江苏省教育厅公布的2020年普通高校本、专科优秀毕业设计（论文）评选结果（苏教评函〔2021〕3号）文件，学校获一等奖1项、二等奖 1 项、三等奖 9 项、优秀团队毕业设计（论文）1 项。

15 日 校领导张庆奎、王荣庆、吴健荣、张新亚一行来到高新区，就学校深化全面合作与高新区领导座谈。高新区党工委书记、虎丘区委书记毛伟，高新区党工委副书记、政法委书记陆振华参加了座谈。

16 日 下午，学校举行 2021 年新入职辅导员培训会，学校党委副书记王荣庆参加了活动。

下午，学校在行政楼五楼第二会议室召开学科建设推进会。会议由学校学科建设领导小组副组长、副校长吴健荣主持。

22 日 下午，学校党委理论学习中心组专题学习（扩大）会暨党史学习教育领导干部读书班第三次集体学习会在行政楼一楼视频会议室召开，会议由党委书记张庆奎主持。

学校在石湖校区开展学生返校疫情防控应急演练。学校领导姜朋明、王荣庆、张新亚，苏州市教育局调研员汪涛，苏州市教育局高等教育与职业教育处副处长周蔚，高新区教育局副局长陆纯，狮山横塘街道办事处主任王骏等莅临现场观摩、指导。

23 日 上午，学校党委副书记王荣庆一行前往新兵男兵和女兵训练基地，与学校 2021 年秋季入伍大学生新兵们进行了座谈交流，欢送新兵们光荣入伍。

下午，由商务部主办、学校承办的“2020 级援外环工专业硕士项目”开学典礼在石湖校区环境科学与工程学院 A2 报告厅以线上方式举行。商务部培训中心援外项目管理一处处长哈雨、学校副校长崔志明出席了开学典礼。

24—26 日 学校电子与信息工程学院学生获由江苏省人工智能学会、华为公司联合举办的 2021 年 DIGIX 全球校园 AI 算法精英大赛总冠军。

25 日 “2021 生态智慧与城乡生态实践研究前沿”同济—苏科大讲堂在学校建筑与城市规划学院成功举办。

26—29 日 中国工程教育专业认证协会认证专家组对学校测绘工程专业进行了入校考查。校长姜朋明、副校长沈耀良参加了考查见面会和反馈会。

27 日 学校为满足返校条件的第一批返校生、原留校学生及全体教职工开展免费集中核酸检测。

28 日 学校第四届教代会执委会第十次会议在行政楼五楼第二会议室召开。会议由第四届教代会执行委员会主任、学校党委副书记、副校长田晓明主持。

29 日 下午，学校党委书记张庆奎、校长姜朋明、副校长张新亚在石湖校区检查南区学生宿舍和东区风雨操场工程项目进展情况。

副校长张新亚带队分别在江枫校区、石湖校区检查后勤暑期维修改造工程完成情况，指导新学期开学后勤准备工作。

30 日 上午，学校纪委第三届第十四次全体（扩大）会在行政楼五楼第二会议室举行。会议由党委常委、纪委书记、监察专员施亚东主持。

根据江苏省教育厅发布的《省教育厅关于公布2021年度立项省高校优秀科技创新团队的通知》（苏教科〔2021〕1号），由学校郭春显教授领衔的“表界面优化构筑水处理耦合系统创新团队”获批立项。

2021年度苏州市“最美劳动者”名单公布，学校蔡新江、周华琳、胡芳馨、彭飞等4位老师获评2021年度苏州市“最美劳动者”。

9月　学校获第十七届“挑战杯”全国大学生课外学术科技作品竞赛“黑科技”专项赛特等奖1项、二等奖1项。

根据中国学位与研究生教育学会发布的《学会2020年面上课题立项通知》（学会文〔2021〕120号）文件，学校共获批6项面上课题，立项数位居省内高校第三位。

学校材料科学与工程学院郭春显教授团队的最新研究成果发表在生化传感领域知名期刊 *Biosensors and Bioelectronics* 上，郭春显教授为通信作者，学校为第一通信单位。

上海市人民政府颁发了2020年度上海市科学技术奖，由同济大学牵头、苏州科技大学黄勇教授团队等参与的“高氨氮废水厌氧氨氧化脱氮关键技术创新与应用”项目获得科技发明一等奖。

根据江苏省教育厅公布的“十四五”期间首批江苏教育对外开放质量提升工程项目评定结果，学校获批立项建设重点项目2项。

10月

5日　中国共产党党员、中国工程院院士、上海建工集团原总工程师、学校杰出校友叶可明同志，因病医治无效，在上海逝世，享年84岁。学校深切缅怀。

8—11日　住建部高等教育土木工程专业评估专家组对学校土木工程专业进行了入校考查。校长姜朋明、副校长沈耀良参加了考查见面会和反馈会。

12日　下午，由商务部主办、学校承办的“发展中国家循环经济与可持续发展技术培训班”开班典礼在石湖校区环境科学与工程学院A2报告厅以线上方式举行。副校长崔志明出席了开班典礼。

12—15日　“建行杯”第七届中国国际“互联网+”大学生创新创业大赛全国总决赛在南昌大学举行，学校获得国赛一金一银一铜的好成绩。

14日　下午，民进苏州科技大学总支部召开全体党员大会，会议选举产生了新一届委员会主委、副主委及委员。民进江苏省委副主委、民进苏州市委主委钱振明，民进苏州市委组织处处长许红，学校党委副书记、副校长田晓明出席了会议。

16日　学校2021级5 300余名本科新生和1 100余名研究生报到入学，校长姜朋明、党委副书记王荣庆、副校长沈耀良来到迎新现场与新生们亲切交流，问候参加迎新工作的师生们。

18 日 学校纪念陶行知诞辰 130 周年暨师德专题教育体验活动在师陶园举行，党委副书记王荣庆、副校长沈耀良出席了活动。

学校召开财政专项资金使用工作会，校长姜朋明参加了会议。

19 日 上午，由学校长三角人居环境碳中和发展研究院与启迪设计集团股份有限公司联合举办的“建设领域双碳技术全过程创新应用中心”成立暨揭牌仪式在启迪设计集团举行。长三角人居环境碳中和发展研究院院长杨新海出席了仪式。

20 日 下午，学校第四季度意识形态工作分析研判会议在行政楼一楼视频会议室召开，会议由党委书记张庆奎主持。

下午，学校党委理论学习中心组专题学习（扩大）会暨党史学习教育领导干部读书班第四次集体学习会在行政楼一楼视频会议室召开，会议由党委书记张庆奎主持。

下午，江苏省委教育工委工作组莅临学校实地察看“同心・同行”统战同心教育实践基地建设情况。学校党委副书记、副校长田晓明参加了活动。

学校开展新入职专任教师教学能力专项培训，会议特邀知名学者、马克思主义理论研究和建设工程首席专家华东师范大学杜成宪教授等人做报告，副校长沈耀良出席了培训会。

21 日 下午，苏州市档案馆副馆长虞爱国一行 4 人莅临学校，对学校档案工作开展现场评价。学校党委副书记、副校长田晓明参加了汇报会。

下午，副校长沈耀良带队深入学校各个校区进行线下教学准备工作检查。

25 日 根据江苏省人力资源和社会保障厅发布的《关于公布 2021 年度江苏省大学生优秀创业项目和省级创业示范基地备案名单的通知》（苏人社函〔2021〕410 号）文件，学校 3 个项目被评选为 2021 年度省级大学生优秀创业项目。

25—27 日 中国工程教育专业认证协会交通运输类专业认证专家组对学校交通工程专业进行了专业认证考查（线上）。校长姜朋明、副校长沈耀良参加了考查见面会和反馈会。

27 日 上午，校长姜朋明、副校长沈耀良一行来到江苏省结构工程重点实验室检查指导工作。

下午，学校邀请教育部实验室建设与实验教学指导委员会委员、江南大学赵建新教授，学校教学督导邱业先教授及纪委办公室、保卫处等部门同志组成检查组，对学校实验室安全管理及危险化学品开展专项检查工作。

27 日 下午，苏州校友会在苏州明・美术馆举办“校友之家”揭牌仪式，校长姜朋明、副校长吴健荣受邀参加。

28 日　下午，校长姜朋明一行赴资产经营有限公司走访调研并召开了座谈会。

29—31 日　学校商学院承办的第十二届中国创新与企业成长学术会议在学校举办，党委副书记、副校长田晓明教授出席线上开幕式并致欢迎辞。

30 日　上午，学校在石湖校区体育馆举行 2021 级新生开学典礼。全体在校校领导出席了开学典礼。典礼分本科生和研究生两场举行，分别由党委副书记王荣庆和副校长吴健荣主持。校长姜朋明致辞，为新生们带来了别开生面的“开学第一课”。

31 日　下午，江苏省百校联动“两在两同促就业，校企协同建新功”暨学校 2022 届毕业生土建环设校园招聘会在江枫校区举办。学校党委副书记王荣庆来到招聘会现场，对接用人单位，指导毕业生求职应聘。

10 月　学校材料科学与工程学院绿色印刷纳米光子工程技术中心研究团队的成果发表在国际化学顶级期刊《德国应用化学》（*Angewandte Chemie International Edition*）上，这是学校首次以第一作者及第一通信单位在该杂志发表文章。

11 月

1 日　下午，由商务部主办、学校承办的“发展中国家循环经济与可持续发展技术培训班”结业典礼在石湖校区环境科学与工程学院 A2 报告厅以线上方式举行。副校长崔志明出席了结业典礼。

根据江苏省教育厅印发的《省教育厅关于公布首批省级一流本科课程认定结果的通知》（苏教高函〔2021〕9 号）文件，学校 22 门课程入选省级一流课程，其中，线上课程 7 门、线下课程 6 门、线上线下混合式课程 4 门、社会实践课程 1 门、虚拟仿真课程 4 门。

根据江苏省高等教育学会公布的 2021 年江苏省高等学校重点教材立项建设名单，学校 6 部教材获批重点教材立项建设项目，其中，修订教材 3 部、新编教材 3 部。

2 日　学校师德师风和党史学习教育专题讲座在行政楼一楼报告厅举办。学校特邀上海交通大学杨立教授来校做报告，学校党委副书记、副校长田晓明出席了讲座。

2—5 日　受教育部高等教育教学评估中心委托，江苏省教育评估院组织的师范类专业认证专家组一行 5 人，对学校数学与应用数学师范专业第二级认证进行现场考查。校长姜朋明、副校长沈耀良出席了专业认证现场考查会和意见反馈会。

学校承办的 2021 年江苏省师德师风建设研讨培训班在学校举办，副校长施琴芬出席了开班仪式。

3 日　上午，苏州市委副书记、代市长吴庆文来学校调研思想政治工作。市委常委、宣传部部长金洁，副市长曹后灵，市政府秘书长陈羔参加了调研。学校党委书记张庆奎，党委副书记、校长姜朋明，党委副书记、副校长田晓明陪同调研。

由江苏省教育厅主办、江苏省高校招生就业指导服务中心承办、学校协办的江苏省第六届高校就业创业指导教师教学技能大赛决赛在江枫校区建筑系馆举办。

太仓市科技局局长万芬奇一行来校洽谈校地合作事宜，洽谈会由副校长施琴芬主持。

4 日　上午，学校第三届党委第六轮巡察工作动员部署会在行政楼一楼视频会议室召开。党委书记张庆奎，党委副书记、副校长田晓明，党委常委、纪委书记施亚东，党委常委、组织部部长宫向阳等出席了会议。被巡察单位党组织主要负责人、党政办主任、巡察组全体成员、巡察办工作人员参加了会议。会议由施亚东主持。

5 日　上午，江苏省委教育工委党史学习教育第三巡回指导组组长、南京财经大学原党委书记陈章龙，指导组副组长、江苏联合职业技术学院原院长晏仲超及指导组成员来学校指导党史学习教育工作。学校党史学习教育领导小组成员参加了汇报会，会议由党史学习教育领导小组组长、党委书记张庆奎主持。

6 日　学校建筑与城市规划学院校友联谊会成立大会暨首届江枫论坛在学校江枫校区建筑系馆举办。副校长张新亚，校级老领导张国平、杨新海出席了成立大会。

7 日　学校学生团队获第七届中国大学生程序设计竞赛铜奖，这是学校在该项赛事上首次获奖。

9 日　下午，学校召开本科教学质量工作专题会议，会议由副校长沈耀良主持。

学校与中亿丰建设集团股份有限公司举行人才合作交流会暨江苏省优秀研究生工作站揭牌仪式。副校长吴健荣，中亿丰董事长邹建刚、总裁刘剑、党委书记张浩出席了揭牌仪式。

副校长施琴芬率队赴材料科学姑苏实验室开展专题调研。

江苏乾宝生物科技有限公司“乾宝”消毒液捐赠仪式在行政楼四楼会议室举行，副校长张新亚参加了捐赠仪式。

根据江苏省高等教育学会发布的《关于公布 2021 年江苏省高等教育教改研究立项课题评选结果的通知》（苏高教会〔2021〕42 号）文件，学校获批立项 7 项课题，其中，重中之重课题 1 项、重点课题 1 项、一般课题 5 项。

10 日　上午，学校在行政楼一楼报告厅召开中层干部换届动员大会。校领导，党委委员、纪委委员，中层干部，市级以上党代表、人大代表和政协委员，各民主党派主要负责人参加了会议。会议由党委书记张庆奎主持。

11 日 上午，苏州科技大学第二十一届运动会在石湖校区运动场盛大开幕。全体在校校领导出席了开幕式，开幕式由副校长沈耀良主持。

根据国务院学位委员会正式发布的《关于下达 2020 年审核增列的博士、硕士学位授权点名单的通知》（学位〔2021〕14 号）文件，学校获批增列心理学 1 个硕士学位授权一级学科，获批增列翻译、电子信息、机械、材料与化工、工商管理和工程管理 6 个硕士专业学位授权类别。

根据教育部发布的《关于公布首批新文科研究与改革实践项目的通知》（教高厅函〔2021〕31 号）文件，由学校艺术学院薛娟教授主持的“艺术设计类新文科专业‘德艺传创’跨界人才培养改革研究与实践”项目获批立项。

12 日 下午，2021 年“伴随种子计划”资助育人项目启动仪式在学校举行。学校党委副书记王荣庆、中国邮政集团有限公司苏州市分公司副总经理毛勇参加了启动仪式。

学校学生获“2021RoboCom 机器人开发者大赛——人工智能编程设计竞赛”全国二等奖。

13 日 上午，“苏州科技大学附属彩香实验中学”增名揭牌仪式在苏州市彩香实验中学校举行。学校党委书记张庆奎、副校长吴健荣，苏州市副市长曹后灵，苏州市政府副秘书长马九根，苏州市教育局局长周志芳出席了活动。

15 日 学校信仰公开课示范课《当青春遇见乡村振兴》在常熟市蒋巷村开讲，党委副书记王荣庆聆听了公开课。

根据科技部公布的国家重点研发计划“合成生物学”重点专项 2021 年立项名单，学校材料科学与工程学院郭春显教授作为课题负责人申报的“高能糖电池设计与合成”获立项资助。

16 日 学校召开继续教育工作专题会，会议由副校长沈耀良主持。

17 日 苏州科技大学第三届党委第六轮巡察三个巡察组分别进驻艺术学院党委、数学科学学院党委、物理科学与技术学院党委、化学与生命科学学院党委、材料科学与工程学院党总支，并在被巡察单位召开了巡察工作动员会。

学校第六次学生代表大会在行政楼一楼报告厅开幕，党委副书记王荣庆出席了开幕式。

下午，学校组织召开了本科教学工作师生座谈会，来自全校各教学单位的 38 名师生代表和教务处相关人员参加了座谈会。副校长沈耀良出席座谈会并讲话。

18 日 下午，学校在行政楼一楼视频会议室召开党委理论学习中心组专题学习（扩大）会，结合党史学习教育，深入学习贯彻党的十九届六中全会精神，学习贯彻《中国共产党普通高等学校基层组织工作条例》，围绕“学党史、开新局”开展研讨。会议由党委书记张庆奎主持。

科睿唯安发布了2021年度全球“高被引科学家”名单，全球共有6 602位来自70多个国家和地区的科学家入榜。学校材料科学与工程学院院长李长明教授入选交叉学科领域榜单。

根据江苏省教育系统关心下一代工作委员会公布的《关于表彰全省教育系统关心下一代先进集体、先进个人的决定》（苏教关委〔2021〕19号）文件，建筑与城市规划学院关心下一代工作委员会荣获“先进集体”称号，学校关心下一代工作委员会常务副主任张国平荣获荣誉奖，数学科学学院程智龙荣获“先进个人”荣誉称号。

19日　教育部、人力资源和社会保障部召开2022届全国普通高校毕业生就业创业工作网络视频会议，学校在行政楼一楼报告厅设立分会场，校长姜朋明、党委副书记王荣庆参加了会议。

2021年“百企走进苏科大”产学研对接会线上、线下同步推进，线下会议在学校石湖校区图书馆一楼报告厅举行，校长姜朋明出席大会并致辞，会议由副校长施琴芬主持。

下午，江苏科技大学副校长王加友一行6人来校调研，调研会由校长姜朋明主持。

20—21日　由江苏省理学1类研究生教育指导委员会主办、江苏省工业与应用数学学会和江苏省高校数学学科联盟协办、学校承办的2021年江苏省研究生“大数据统计与金融创新”学术创新论坛在学校举办。副校长吴健荣出席论坛并讲话。

22日　根据江苏省学位委员会、江苏省教育厅公布的2021年江苏省优秀博士硕士学位论文评选结果，学校共有4篇硕士学位论文入选，其中，1篇获评江苏省优秀学术学位硕士学位论文、3篇获评江苏省优秀专业学位硕士学位论文。

24日　下午，学校第三次研究生代表大会在石湖校区行政楼一楼报告厅开幕。党委副书记王荣庆出席了会议。

26日　根据江苏省教育厅、江苏省财政厅联合下发的《关于公布2020年度全省学生资助绩效评价结果的通知》（苏教助函〔2021〕19号）文件，学校学生资助绩效评价工作荣获绩效评价“优秀”等级。

26—28日　由中国系统工程学会模糊数学与模糊系统专业委员会主办、学校承办的中国系统工程学会模糊数学与模糊系统第二十届学术会议在学校举办。副校长吴健荣出席会议并致欢迎辞。

27日　苏州电视台新闻综合频道“聚焦省党代会”栏目采访学校党委书记张庆奎。

28日　学校学生团队获第46届国际大学生程序设计竞赛铜奖。

30日—12月2日　学校分别召开了期中教学检查情况学院反馈会和部门反馈会。副校长沈耀良参加了反馈会。

11月　校长姜朋明深入一线进行随堂听课，走访师范生实习基地。

根据苏州市民族宗教事务局《关于命名2021年度苏州市民族团结进

步创建示范基地的决定》（苏市民总〔2021〕102号）文件，学校新疆少数民族学生发展中心被命名为2021年度“苏州市民族团结进步创建示范基地”。

由学校化学与生命科学学院李春生教授、孙嫣教授领衔的“高效微纳米储能材料与产业化推进实验室”在新型钒酸盐和钼酸盐材料领域取得一系列突破性成果。李春生教授、孙嫣教授均为通信联系人或第一作者，学校为第一通信单位。

学校材料科学与工程学院李长明院士、郭春显教授团队的最新研究成果发表在功能材料领域知名期刊《先进功能材料》（*Advanced Functional Materials*）上，李长明院士、郭春显教授为通信作者，谷雨博士、学生范存霞和郝喜娟硕士为共同第一作者，学校为第一通信单位。

物理学领域最具影响力的顶级期刊《物理评论快报》（*Physical Review Letters*）刊发了学校物理科学与技术学院姜昱丞副教授的研究成果。姜昱丞为第一作者兼通信作者，学校为第一完成单位。

根据江苏省科技厅公布的2021年度省科技计划立项项目名单，学校共有20个项目获批立项，批准总经费420万元。

12月

2—4日 2021年城镇给水排水新技术交流会暨江苏省给水排水学术交流年会在扬州召开，大会公布了第三届“瑞杰特杯”江苏省大学生给水排水创新创业与实践竞赛评审结果，学校环境科学与工程学院学生荣获论文类一等奖1项、二等奖1项和创意类三等奖1项。

3日 根据江苏省教育厅发布的《关于公布第二批江苏省大学生职业生涯教育基地名单的通知》（苏教办学函〔2021〕30号）文件，学校获评“江苏省大学生职业生涯教育基地”。

根据江苏省教育科技工会公布的第四批江苏省教科系统示范性劳模和工匠人才创新工作室评审结果，学校环境科学与工程学院“李大鹏劳模创新工作室”成功入选。

江苏省教育考试院在南京召开了全省2021年硕士研究生招生考试安全暨考务工作会议，会议对2020年全省优秀研究生招生单位进行了表彰，学校再次被授予“江苏省研究生优秀招生单位”荣誉称号。

4—5日 学校举行2021年优秀青年学者论坛，党委副书记、副校长田晓明出席论坛开幕式并致辞。

5日 学校学生在2021年第七届全国大学生物理实验竞赛中获全国二等奖1项、三等奖4项，物理科学与技术学院王军、王帆老师被评为“优秀指导教师”。

7 日　学校第四季度网络安全工作会议在行政楼四楼会议室召开，网络安全与信息化领导小组成员参加了会议，会议由副校长崔志明主持。

苏州工业园区教育局苏州科技大学校园专场教师招聘会在学校举办。

8 日　学校在行政楼一楼报告厅召开学习贯彻党的十九届六中全会精神省委宣讲团报告会。报告会由江苏省委宣讲团成员、苏州大学马克思主义学院院长田芝健教授主讲。校领导及校党委理论学习中心组全体成员参加报告会。报告会由党委书记张庆奎主持。

学校顺利完成区级人大代表选举工作。学校 33 514 名选民分别在石湖校区、江枫校区和天平校区共同参加虎丘区第十二届人大代表换届选举。选举大会由第 82 选区选举工作领导小组组长、学校党委副书记、副校长田晓明主持。

盐城师范学院党委副书记于建江一行来学校调研，总会计师陈焕娣参加了调研。

10 日　根据江苏省委教育工委、江苏省教育厅公布的第十一届江苏省大学生年度人物和高校辅导员年度人物暨 2021 年“最美大学生”“最美高校辅导员”推选结果，学校化学与生命科学学院辅导员顾姗姗获评第十一届“江苏省高校辅导员年度人物”称号，化学与生命科学学院生物工程专业 2017 级本科生冀小草同学获得第十一届“江苏省大学生年度人物”入围奖。

根据江苏省红十字会、江苏省文明办、江苏省教育厅、江苏省卫健委、共青团江苏省委等单位共同发布的《关于 2021 年全省高校红十字会“博爱青春”暑期志愿服务项目实施情况的通报》（苏红〔2021〕48 号）文件，学校文学院“‘守护星’——关爱自闭症儿童”暑期社会实践活动获评江苏省支持一类项目，文学院孙佳明老师获评“优秀指导老师”，张清清同学获评“优秀大学生志愿者”。

10—12 日　第十四届全国大学生创新创业年会在西北工业大学举行，学校商学院创业推介项目“食行姑苏”和物理科学与技术学院的学术论文《基于钽酸钾（$KTaO_3$）衬底的硒化钨（WSe_2）/二维电子气异质结在室温下的巨大光电导率》成功入选，并在年会现场进行交流。

11 日　根据江苏省教育厅发布的《省教育厅关于公布首批江苏省课程思政示范高校和示范专业名单的通知》（苏教高函〔2021〕13 号）文件，学校城乡规划专业获批省级课程思政示范专业。

12 日　由学校艺术学院主办的首届“新文科建设背景下设计学类专业建设高峰论坛（2021）”召开，学校党委副书记、副校长田晓明出席开幕式并致辞。

学校举办“勿忘国耻　砥砺前行”国家公祭日主题团日活动。

13 日　学校组织开展了“熠熠星光　榜样力量”2021 大学生年度人物评选活动，10 名同学荣获学校“2021 大学生年度人物”荣誉称号。

15 日　庆祝中国共产党成立 100 周年“恰是百年风华”主题艺术作品展暨《她·叙》当代女性艺术家邀请展在学校石湖校区图书馆九楼艺术展区开展。党委副书记王荣庆出席了开幕式。

16 日　下午，《苏州科技大学学报（社会科学版）》2021 年度编委会会议在学报编辑部会议室召开，会议由党委书记、社会科学版编委会主任张庆奎主持。

“苏州科技大学校友之家”揭牌仪式在苏州宏凡信息科技有限公司举行。学校党委书记张庆奎、党委副书记王荣庆、副校长吴健荣受邀参加。

17 日　中央统战部和各民主党派中央、全国工商联联合开展的“各民主党派、工商联、无党派人士为全面建成小康社会作贡献”评选表彰活动结果揭晓，学校城市发展智库（高级研究院）副院长宋青教授获评“先进个人”。

18—19 日　由中国教育技术协会教育游戏专业委员会主办，学校艺术学院和教育学院共同承办的“游戏化学习与未来教育学术会议暨中国教育技术协会教育游戏专业委员会 2021 在线年会”成功召开。学校党委副书记、副校长田晓明出席开幕式并致辞。

20—21 日　学校开展了“情暖冬至”系列主题活动。党委副书记王荣庆参加了冬至夜当天举办的“冬至阳生迎春日，百年奋进启新篇”主题团日活动。

21 日　江苏省人民政府教育督导委员会办公室督查专家组一行 4 人对学校学士学位授予质量进行实地督查。校长姜朋明、副校长沈耀良出席了督查工作介绍会和反馈会。

根据团中央发布的《关于 2021 年全国大中专学生志愿者暑期“三下乡”社会实践活动总结通报结果》和《2021 年大中专学生“三下乡”暑期社会实践“千校千项”成果遴选活动结果》，学校李敏老师获评全国优秀个人，学校获评全国优秀调研报告 2 篇、获评全国十强团队 1 项、获评“千校千项”优秀团队案例 3 项。

22 日　学校组织开展青年教职工职业生涯规划培训，党委副书记、副校长田晓明做题为《回眸来时路：一名大学教师成长的心路历程》的主题讲座。

22—24 日　学校党委召开第六轮巡察情况反馈会，三个巡察组分别向艺术学院党委、数学科学学院党委、物理科学与技术学院党委、化学与生命科学学院党委、材料科学与工程学院党总支反馈巡察情况。

23 日　下午，学校在行政楼一楼视频会议室举办“传承红色基因，强化使命担当”专、兼职纪检监察干部专题培训会。纪委书记、派驻监察专员施亚东出席了培训会。

25—27 日　学校顺利完成 2022 年全国硕士研究生招生考试（初试）组考工作。

26 日　根据江苏省教育厅公布的 2021 年首届江苏省高校艺术教师基本功展示获奖名单，学校共有 6 位教师获奖，其中，获个人全能一等奖 3 项、个人最佳单项奖 7 项、个人全能三等奖 3 项，学校获优秀组织奖。

27 日　下午，学校 2020—2021 学年“青春向党　奋进笃行”优秀学生表彰大会在石湖校区图书馆报告厅举行。党委副书记王荣庆，副校长吴健荣、沈耀良出席大会并颁奖。

28 日　由学校长三角人居环境碳中和发展研究院与悉地（苏州）勘察设计顾问有限公司联合成立的“基础设施领域双碳技术创新应用中心”揭牌仪式在悉地（苏州）勘察设计顾问有限公司举行。苏州市住房和城乡建设局副局长葛昕等相关领导，悉地（苏州）勘察设计顾问有限公司、苏州市政交通设计总院相关领导，长三角人居环境碳中和发展研究院院长杨新海，学校建筑与城市规划学院副院长王勇及研究院相关成员代表出席了成立揭牌仪式。

29 日 学校在石湖校区举行地震模拟振动台实验室项目奠基仪式。党委书记张庆奎、校长姜朋明、总会计师陈焕娣、副校长张新亚参加了奠基仪式。仪式由张新亚主持。

下午，学校党委书记张庆奎以“全面把握党的十九届六中全会精神”为题，向大学生讲授了一堂信仰公开课。

30 日 根据江苏省发展和改革委员会发布的《关于认定 2021 年江苏省工程研究中心的通知》（苏发改高技发〔2021〕1368 号）文件，学校组织申报的“江苏省建筑碳中和技术工程研究中心”获批立项建设。

根据江苏省民族宗教事务委员会公布的全省第二批红石榴家园创建活动获评名单，学校入选全省第二批红石榴家园。

学校校报作品在 2020 年度江苏省高校校报好新闻评选中获一等奖 1 项、三等奖 5 项。

12 月 根据苏州市精神文明建设指导委员会发布的《关于命名 2018—2020 年度苏州市文明行业、文明单位、文明村镇、文明社区、文明校园的决定》（苏文委〔2021〕8 号）文件，学校获苏州市“文明校园”称号。

副校长沈耀良带队先后前往材料科学与工程学院、环境科学与工程学院和数学科学学院调研学院的本科教学工作。

机构设置、机构负责人及有关人员名单

苏州科技大学机构设置

苏州科技大学党政管理部门设置

苏州科技大学党政管理部门设置一览表

序号	部门名称	科级机构名称	备注
1	党委办公室、校长办公室、保密办公室	综合科、文秘科、信息科、保密科、档案馆	
2	党委组织部、党委统战部、党校、机关党工委	综合科、组织科、干部科	
3	党委宣传部、法制办公室	理论教育科、文化建设科、新闻宣传科	
4	纪委机关、党委巡察办公室	综合科	
5	党委教师工作部、人事处、教师发展中心	人事科、劳资科、师资科、人力资源开发中心、师德建设与教师发展科	人事档案室挂靠
6	教务处、高教研究所、教育评估处、师范学院	学籍管理科、教学改革与研究科、教学运行与教材管理科、实践教学管理科、综合与信息管理科、质量评估科、师范科	创新创业指导中心挂靠
7	党委学生工作部、学生工作处	思想政治教育科、学生事务与发展中心、招生办公室、学生就业服务与职业发展中心、学生资助管理中心	心理健康教育中心挂靠
8	财务处	综合科、核算科、计划科、管理科、委派科	

续表

序号	部门名称	科级机构名称	备注
9	科技产业处	综合及平台管理科、科技管理科、产学研管理科	2011 协同创新管理办公室挂靠
10	人文社科处	科研管理科、社会服务科	
11	研究生院、学科建设办公室	综合科、研究生招生办公室、培养与学位管理科、学科建设管理科	
12	国际合作交流处、港澳台事务办公室、国际教育学院	综合科、留学生科、党政办公室、教学管理办公室、学生工作办公室	
13	发展规划处、审计处	发展与合作科、规划与管理科、综合审计科	
14	党委保卫部、人民武装部、保卫处	综合科、治安科、消防管理科、国防教育科	
15	资产与后勤管理处、招投标管理办公室	综合科、资产管理科、招标采购科、设备与实验室管理及安全科、房产与修缮管理科	
16	基建处	综合管理科、工程管理科、计划管理科	
17	工会	综合办公室	
18	团委	组织宣传科、科创实践科	公共艺术中心挂靠
19	离退休工作处	综合办公室、离休科、退休科	
20	继续教育处、继续教育学院	综合科、教学管理科、培训科、自学考试科	
21	后勤服务总公司		校医院、医疗保险与健康管理办公室、公共卫生管理办公室挂靠
22	天平学院	党政办公室、教务处、学生工作处	
23	资产经营有限公司		

（统计截止时间：2022 年 3 月）

苏州科技大学教辅单位设置

苏州科技大学教辅单位设置一览表

序号	单位名称	科级机构名称	备注
1	图书馆	党政办公室	
2	信息化建设与管理中心		
3	学报编辑部		
4	分析测试中心		

（统计截止时间：2022 年 3 月）

苏州科技大学校领导名单

党 委 书 记：张庆奎

校　　　长：姜朋明

党委副书记：姜朋明　　王荣庆　　田晓明

副　校　长：田晓明　　崔志明　　吴健荣

　　　　　　沈耀良　　张新亚　　施琴芬

总 会 计 师：陈焕娣

纪委书记、监察专员：施亚东

中共苏州科技大学党委常委、党委委员名单

党委常委

张庆奎	姜朋明	王荣庆	田晓明	崔志明	吴健荣
沈耀良	陈焕娣	施亚东	张新亚	宫向阳	

党委委员（按姓氏笔画排序）

马晓燕	王　坚	王永芳	王荣庆	韦洪涛	田晓明
付保川	朱明珠	刘　凡	孙红军	芮　忠	李　华
李　勇	吴泉英	吴健荣	何湘江	沈耀良	张庆奎
张新亚	陆道平	陈焕娣	郑　群	施亚东	姜朋明
宫向阳	夏　健	崔志明	董巍峰		

中共苏州科技大学
纪律检查委员会委员名单

纪委书记（监察专员）

施亚东

纪委副书记

刘　芳

纪委委员（按姓氏笔画排序）

马少华　王建平　王建明　刘　芳　江忠华　何　清
孟蓓琪　施亚东　顾　坚

苏州科技大学学术委员会委员及各组织人员名单

苏州科技大学学术委员会委员名单

主任委员：姜朋明
副主任委员：田晓明　吴健荣　施琴芬　李　勇
秘书长：孙国华
委　　员：

丁海平	王　勇	王世文	王本立	王东田	王伟林
王慧利	韦洪涛	卢金斌	田晓明	付保川	朱从坤
朱其新	朱昭华	伍立峰	刘　波	阮堂明	孙国华
牟永生	纪丽莲	苏章海	杜景龙	李　勇	吴健荣
何湘江	余见旭	辛宏伟	沈耀良	宋　青	张　兴
张　芳	张　毅	陆道平	范凌云	赵书杰	赵宝成
赵赟韵	郝万君	段　姝	施琴芬	姜朋明	祝　平
姚金雷	徐天舒	奚雪峰	郭永福	郭春显	郭富强
唐柏鉴	凌郁之	陶艳兰	黄志刚	黄祖平	董延茂
温　波					

苏州科技大学学术委员会常务委员会委员名单

姜朋明　田晓明　吴健荣　施琴芬　李　勇　孙国华

苏州科技大学学术委员会专门委员会委员名单

学科建设委员会

主　任：陈永平
副主任：孙国华
委　员：

王　勇	王本立	韦洪涛	付保川	朱其新	伍立峰
吴健荣	余见旭	沈耀良	赵宝成	段　姝	郭富强
凌郁之	黄志刚	黄祖平	董延茂	温　波	

教师聘任委员会

主　任：田晓明
副主任：何湘江
委　员：丁海平　朱昭华　伍立峰　苏章海　杜景龙　张　兴
郝万君　姚金雷　凌郁之

教学委员会

主　任：沈耀良
副主任：唐柏鉴
委　员：王　勇　王世文　王慧利　韦洪涛　朱从坤　朱其新
余见旭　辛宏伟　徐天舒　奚雪峰　陶艳兰　黄志刚
黄祖平

科学研究委员会

主　任：施琴芬
副主任：范凌云　宋　青
委　员：卢金斌　付保川　刘　波　阮堂明　牟永生　张　芳
赵赟韵　祝　平　郭永福　郭春显

学术道德委员会

主　任：吴健荣
副主任：王东田
委　员：王伟林　纪丽莲　张　毅　陆道平　赵书杰　赵宝成
郭富强

学术伦理审查委员会

主　任：吴健荣
副主任：王东田
委　员：王伟林　王慧利　韦洪涛　纪丽莲　宋　青　张　毅
范凌云　赵书杰　郭富强

苏州科技大学学术委员会学院（部）学术分委员会主任名单

建筑与城市规划学院学术分委员会主任：赵晓龙
环境科学与工程学院学术分委员会主任：李大鹏
土木工程学院学术分委员会主任：赵宝成
电子与信息工程学院学术分委员会主任：胡伏原
商学院学术分委员会主任：段　姝
文学院学术分委员会主任：凌郁之

社会发展与公共管理学院学术分委员会主任：陈思伟
马克思主义学院学术分委员会主任：温　波
教育学院学术分委员会主任：金生鈜
数学科学学院学术分委员会主任：黄志刚
物理科学与技术学院学术分委员会主任：姚金雷
化学与生命科学学院学术分委员会主任：李良智
材料科学与工程学院学术分委员会主任：郭春显
艺术学院学术分委员会主任：莫军华
外国语学院学术分委员会主任：王　妍
音乐学院学术分委员会主任：陈　林
机械工程学院学术分委员会主任：朱其新
地理科学与测绘工程学院学术分委员会主任：杜景龙
体育部学术分委员会主任：余见旭

（统计截止时间：2022 年 5 月）

苏州科技大学中层干部名单

党委办公室、校长办公室、保密办公室

主　任：朱明珠
副主任：程　勇　　张　媛　　叶晓琳

党委组织部、党委统战部、党校、机关党工委

党委组织部、党委统战部

部　长：宫向阳
副部长：任晓明（兼）　　曹　岩（正处级）　　夏新广　　徐治初

党校

校　长：王荣庆（兼）
常务副校长：宫向阳
副校长：李　萍　　2021年9月免

机关党工委

书　记：任晓明
代理书记：曹　岩　　2021年9月免

党委宣传部

部　长：李　萍　　2021年9月免
代理部长：宫向阳　　2021年9月任
副部长：浦净净　　刘　文

纪委（监察专员办）

纪委副书记、纪委办公室主任：刘　芳
纪委办公室副主任：吴益民

监督检查处处长：王仲春（副处级）
审查调查处处长：张　铮（副处级）

教务处、高教研究所、教师教学发展中心

处长、所长、主任：唐柏鉴
副处长：邢夫敏　　刘志强　　孙静芳

研究生部、学科建设办公室

主　任：王东田
学科建设办公室副主任：王开永（兼）
研究生部副主任：孙国华

科技产业处

副处长：范凌云（主持工作）
副处长：叶　进　　于立刚

人文社科处

处　长：陆道平
副处长：程郁琨

党委教师工作部、人事处

部长、处长：何湘江
副部长、副处长：宋红英　　姚之彦　　陈　丰

党委学生工作部、学生工作处

部长、处长：董巍峰
副部长、副处长：李　璟　　张承祖　　范晴岚

国际合作交流处、港澳台事务办公室、国际教育学院（含党总支）

处长、主任、院长、书记：吴惠芳
副处长、副主任、副院长、副书记：梅平平
副处长、副主任：钱　佳

继续教育处、继续教育学院

处长、院长：夏　阳
副处长、副院长：刘双魁　　江一平

发展规划处、审计处

处　长：叶金平
副处长：杨福金　　钱永兴

财务处

处　长：王永芳
副处长：金曦弘　　周　瑾

资产与后勤管理处、招投标管理办公室

处长、主任：孙士俊
副处长：肖金球　　章　磊
副处长、副主任：林　海

基建处

处　长：谢学军
副处长：董现珠　　党　灏

党委保卫部、人民武装部、保卫处

部长、处长：朱永涛
副部长、副处长：樊臻纯　　陈金建

离退休党工委、离退休工作处

书记、处长：席学军
副书记、副处长：周鲸波　　丁卫国

工会

主　席：马晓燕
副主席：尤来菊　　2021 年 1 月免

团委

书　记：章　鸣

图书馆（含党总支）

书　记：李依群（主持行政工作）　　2021 年 1 月任
馆　长：王建平　　2021 年 1 月免
副馆长：赵霖平　　顾永时

信息化建设与管理中心

主　任：芮　忠
副主任、总工程师：张道军（正处级）

学报编辑部

主　任：汪诗明
副主任：朱苏南

天平学院（含党委）

书　记：郑　群
院　长：孙红军
副书记兼副院长：孙　景
副院长：王建芳　　葛学敏

敬文书院（含直属党支部）

书　记：崔雪丽
院　长：董兴法
副院长：张　婧

后勤服务总公司（含党总支）

书　记：许金林
总经理：关江南（正处级）
副总经理：岳　红（副处级）　　马明中（副处级）

医疗卫生服务中心

主　任：马明中（副处级）

资产经营有限公司（含党工委）

总经理、副书记（主持工作）：周　溢（副处级）

分析测试中心

主　任：肖金球（副处级）

城乡一体化研究中心（人文社科重点研究基地）

常务副院长：袁中金

苏州国家历史文化名城保护研究院

副院长：王　勇（主持工作）

城市发展智库（高级研究院）

副院长：宋　青（正处级）

建筑与城市规划学院（含党委）

书　记：王雨村
院　长：夏　健
副书记兼副院长：李　敏
副院长：朱建达　　胡　莹　　王　勇

环境科学与工程学院（含党委）

书　记：费忠民
院　长：李　勇
副书记兼副院长：任云高
副院长：黄天寅　　潘　杨　　李大鹏

土木工程学院（含党委）

书　记：刘　凡（主持行政工作）　　2021 年 9 月任
院　长：毛小勇　　2021 年 9 月免
副书记兼副院长：刘建峰
副院长：田石柱　　2021 年 1 月免
副院长：赵宝成　　范存新

电子与信息工程学院（含党委）

书　记：张兄武
院　长：付保川
副书记兼副院长：杨波涛
副院长：胡伏原　　孙云飞

商学院（含党委）

书　记：江忠华
院　长：段　姝
副书记兼副院长：和　洁
副院长：朱松华　　杨传明

文学院（含党委）

书　记：何　清
院　长：凌郁之
副书记兼副院长：瞿晓庆
副院长：路海洋　　孙　虎

社会发展与公共管理学院（含党委）

书　记：孟庆艳
院　长：王本立
副书记兼副院长：张笑川
副院长：唐利平

马克思主义学院（含党委）

书　记：隋爱红
院　长：温　波
副书记兼副院长：肖　建
副院长：陈建明　王　腾

教育学院（含党总支）

书　记：刘　强
院　长：韦洪涛
副书记兼副院长：徐　瑾
副院长：邵爱国

数学科学学院（含党委）

书　记：王开永
院　长：黄志刚
副书记兼副院长：胡世怡
副院长：陈　洋　孙桂荣

物理科学与技术学院（含党委）

书　记：吴泉英
院　长：马春兰
副书记兼副院长：卢长彤
副院长：郝　翔　王　军

化学与生命科学学院（含党委）

书　记：丛春秋

院　长：李良智
副书记兼副院长：张记江
副院长：秦粉菊　　张钱丽

材料科学与工程学院（含党总支）

书　记：肖科学
院　长：李长明
常务副院长：郭春显
副书记兼副院长：李永丹
副院长：刘成宝　　杨晓刚

艺术学院（含党委）

书　记：严大银
副院长：陈卫东
副书记兼副院长：季海君
副院长：伍立峰　　崔冀文

外国语学院（含党委）

书　记：顾　坚
院　长：郭富强
副书记兼副院长：周　茹
副院长：汪利和　　2021 年 1 月免
副院长：綦　亮

音乐学院（含党总支）

书　记：王　坚
院　长：黄祖平
副书记兼副院长：陈　林
副院长：俞　飞　　陈　菁

机械工程学院（含党委）

书　记：毛永宏
院　长：朱其新
副书记兼副院长：伯　洁

副院长：曹自洋

地理科学与测绘工程学院（含党委）

书　记：张　菡
院　长：杜景龙
副书记兼副院长：彭　科
副院长：杨朝辉　　陈德超

体育部（含党总支）

书　记：周　刚
主　任：余见旭
副主任：吴谋林

（时间截至 2021 年 12 月 31 日）

苏州科技大学工会委员会及各分工会主席人员名单

苏州科技大学工会委员会委员名单

主　席：马晓燕

委　员：王　华　刘　智　刘卫春　严海兵　杨传明
张秀伟　陈　琰　陈广平　金　琎　赵　丹
赵　曦　赵赟韵　姜月茹　姚江峰

苏州科技大学各分工会主席名单

建筑与城市规划学院工会主席：秦　虹
环境科学与工程学院工会主席：杨　洁
土木工程学院工会主席：姚江峰
电子与信息工程学院工会主席：刘　智
商学院工会主席：杨传明
文学院工会主席：冯红宇
社会发展与公共管理学院工会主席：王丰海
马克思主义学院工会主席：韩俊丽
教育学院工会主席：孙长安
数学科学学院工会主席：沈菁华
物理科学与技术学院工会主席：张晓渝
化学与生命科学学院工会主席：金　琎
材料科学与工程学院工会主席：李宛飞
艺术学院工会主席：刘蓓蓓
外国语学院工会主席：刘　芳
音乐学院工会主席：赵赟韵
机械工程学院工会主席：赵　曦
地理科学与测绘工程学院工会主席：史守正

体育部工会主席：王生贵
机关党群工会主席：陈　琰
机关行政工会主席：朱　可
图书馆工会主席：严海兵
后勤工会主席：陈元保

苏州科技大学共青团干部名单

（院〈部〉团委书记以上）

苏州科技大学团委名单

书　记：章　鸣
副书记：刘大闯　周思颖

苏州科技大学各学院团委书记名单

建筑与城市规划学院团委书记：滕　飞
环境科学与工程学院团委书记：陈一重
土木工程学院团委书记：陈　玮
电子与信息工程学院团委书记：严　生
商学院团委书记：顾银君
文学院团委书记：孙佳明
社会发展与公共管理学院团委书记：张士威
马克思主义学院团委书记：张素娴
教育学院团委书记：张　洁
数学科学学院团委书记：程智龙
物理科学与技术学院团委书记：吴　娱
化学与生命科学学院团委书记：顾姗姗
材料科学与工程学院团委书记：王文娟
艺术学院团委书记：陈　超
外国语学院团委书记：陈碧榭
音乐学院团委书记：姚　桦
机械工程学院团委书记：陆丹薇
地理科学与测绘工程学院团委书记：钱　蜜
国际教育学院团委书记：董川永
敬文书院团委书记：于明礼
天平学院团委书记：刘亚男

苏州科技大学教职工担任各级人大代表、政协委员、民主党派和团体主要负责人名单

省、市、区人大代表

第十三届江苏省人大代表：潘　涛
第十六届苏州市人大常委：宋　青
第十六届苏州市人大代表：吴红耘　凌郁之
第十一届虎丘区人大常委：潘　涛
第十一届虎丘区人大代表：丁国蓉　孙红军

全国、省、市、区政协委员

全国第十三届政协委员：宋　青
第十二届江苏省政协委员：王筱梅
第十四届苏州市政协常委：施琴芬　姜正平　殷　新
第十四届苏州市政协委员：丁海平　王世文　王艳芬　叶亚新　伍立峰　李翠梅　沈　骅　侯爱敏　姜　莉　徐国定　黄志刚　董兴法　宫向阳
第八届虎丘区政协常委：黄明华
第八届虎丘区政协委员：马三剑　曲延全　陈亢利　邵爱华

民主党派和团体主要负责人及市级以上委员

民革苏州市委常委：凌郁之
民革苏州市委监委委员、民革校基层委员会主委：殷　新
民盟苏州市委副主委、校基层委员会主委：李翠梅
民建中央委员、民建苏州市委副主委、民建江苏省委监督委员会副主任：宋　青
民建苏州市委监委委员：姜正平
民进苏州市委委员、民进校总支主委：姜　莉

农工党苏州市委常委、农工党校支部主委：王本立
致公党苏州市委副主委、致公党校支部主委：黄志刚
九三学社江苏省委委员：王筱梅
九三学社苏州市委委员、九三学社校基层委员会副主委：李良智
九三学社苏州市委委员、九三学社校基层委员会副主委兼秘书长：侯爱敏
九三学社苏州市监委委员：叶亚新
九三学社校基层委员会主委：丁海平
苏州市无党派知识分子联谊会副会长：潘　涛
苏州市归国华侨联合会委员、校归国华侨联合会主席：王　坚
苏州市台属联谊会副会长、校台属联谊会主席：袁　铭
苏州科技大学党外知识分子联谊会会长：郭春显
苏州科技大学欧美同学会（留学人员联谊会）会长：祝　平

苏州科技大学有关人员在校外学术机构任职名单

苏州科技大学有关人员在校外学术机构任职名单一览表

（据2021年不完全统计，按院部排列，以姓氏笔画为序）

姓　名	机构名称及职务
建筑与城市规划学院	
王　勇	中国城郊经济研究会第七届理事会常务理事
	中国城市科学研究会生态城市研究专业委员会委员
	江苏省地理学会常务理事
	江苏省城市规划研究会城镇化与空间战略研究专业委员会委员
	江苏省城市规划研究会历史保护专业委员会委员
	苏州海外联谊会第四届理事
	中国建筑学会建筑文化学术委员会委员
	中国城市科学研究会总师专业委员会委员
王秀慧	江苏省土木建筑学会建筑创作专业委员会（建筑师学会）女建筑师分会委员
王孟永	江苏省土木建筑学会建筑创作专业委员会（建筑师学会）青年建筑师分会委员
邓雪湲	中国城市科学研究会绿色建筑与节能专业委员会会员、生态城市与规划学委会会员
冯　歆	英国谢菲尔德大学城市研究与规划学院学术委员会委员
朱　颖	苏州市林学会秘书长
	江苏省林学会理事
刘长春	江苏省土木建筑学会建筑创作专业委员会（建筑师学会）委员（理事）
刘志强	中国风景园林学会教育工作委员会常务委员

续表

姓　名	机构名称及职务
关国兵	苏州市文物保护鉴定专业委员会文物保护鉴定专家
孙旻恺	中国风景园林学会园林康养与园艺疗法专业委员会委员
	长崎大学客座研究员
杨新海	住建部城镇化专家委员会委员
	教育部高等学校建筑类专业教学指导委员会城乡规划专业教学指导分委员会委员
	中国城市规划学会常务理事
	江苏省人民政府督学
	江苏省土木建筑学会常务理事
	江苏省城市规划研究会常务理事
	苏州市土木建筑学会理事长
	苏州市城市规划协会副会长
	《城市规划学刊》《现代城市研究》《城乡规划》编委
邱德华	中国城市规划学会理事
	江苏省土木建筑学会建筑创作专业委员会（建筑师学会）委员（理事）
	苏州市土木建筑学会常务理事、秘书长
张　兴	黑龙江省科技经济顾问委员会委员
	黑龙江省微生物学会副会长
	黑龙江省仿生与生物制造学会副会长
张　芳	江苏省土木建筑学会建筑创作专业委员会（建筑师学会）青年建筑师分会委员、城市设计专委会委员
张　曦	江苏省土木建筑学会建筑创作专业委员会（建筑师学会）女建筑师分会委员
张振龙	中国地理学会城市地理专业委员会委员
范凌云	中国城市规划学会城乡治理与政策研究学术委员会委员
	中国城市规划学会乡村规划与建设学术委员会委员
	中国生态城市研究专业委员会委员
	中国城市科学研究会健康城市专业委员会委员

续表

姓　名	机构名称及职务
罗　超	江苏省城市规划研究会历史保护专业委员会秘书长、城市更新专业委员会委员、产业园区与创新空间规划专业委员会委员
周　曦	江苏省土木建筑学会建筑创作专业委员会（建筑师学会）青年建筑师分会委员
赵晓龙	教育部高等学校建筑类专业教学指导委员会风景园林专业教学指导分委员会委员
	中国建筑学会环境行为学术委员会第一届委员会常务委员、园林景观分会理事
	江苏省土木建筑学会第九届理事会城市设计专业委员会委员
	《风景园林》《低温建筑技术》《景观设计》《世界人居》编辑委员会委员
胡　莹	中国建筑学会地下空间学术委员会理事
	江苏省土木建筑学会建筑创作专业委员会（建筑师学会）女建筑师分会委员、中国建筑节能协会绿色医院专业委员会委员
	中国建筑学会环境行为学术委员会委员
袁中金	住建部村镇建设专家委员会委员
夏　健	中国城市科学研究会历史文化名城委员会委员
	中国建筑学会建筑教育分会理事、立体城市与复合建筑专业委员会委员
	江苏省城市规划研究会历史保护专业委员会常务副主任委员、城市设计专业委员会委员
	江苏省土木建筑学会城市设计专业委员会委员、建筑创作专业委员会（建筑师学会）副会长
	苏州市土木建筑学会理事
	苏州市规划协会常务理事
	联合国教科文组织亚太地区世界遗产培训与研究中心（苏州）古建筑保护联盟执行委员
	苏州世界遗产与古建筑保护研究会常务理事
	《华中建筑》《中国名城》编委
徐永利	江苏省城市规划研究会历史保护专业委员会委员
	江苏省土木建筑学会建筑创作专业委员会（建筑师学会）委员（理事）
楚超超	江苏省土木建筑学会建筑创作专业委员会（建筑师学会）女建筑师分会委员

续表

姓　名	机构名称及职务
环境科学与工程学院	
马三剑	中华环保联合会理事
	江苏省生物技术协会常务理事
王学东	《农业环境科学学报》编委
	国家自然科学基金委函审专家
	温州市环境科学学会副秘书长
王学华	江苏省环保产业协会理事
	江苏省环境科学学会环评分会理事
	苏州市科学技术协会理事
王慧利	国家基金委同行评议专家
	浙江省杰出青年基金会评审专家
	北京、江西、山东、湖南自然科学基金评审专家
孙志高	江苏省工程热物理学会理事
	江苏省能源学会理事
李　勇	江苏省突发环境事件应急专家库、苏州市财政局评标专家库、苏州市突发环境事件应急专家库专家
	苏州市环境科学学会副理事长
	苏州市环境保护产业协会副会长
李大鹏	住建部高等教育给排水科学与工程专业评估委员会委员
	国家自然科学基金委函审专家
	《环境科学》《农业环境科学学报》审稿人
李翠梅	中国土木工程学会建筑学会理事
	中国水利学会会员
	苏州市自然资源与国土空间规划公众咨询专家委员
	苏州市资源环境司法专家委员
	苏州市水生态学会副理事长
	江苏省给排水专业委员会委员
张占恩	江苏省环境监测协会理事

续表

姓　名	机构名称及职务
陈亢利	中国照明学会室外照明专业委员会委员
陈重军	《工业水处理》青年编委
	苏州环保产业协会专家委员会委员
施维林	中国循环经济协会土壤修复战略创新联盟监事长、场地土壤与地下水专家委员会主任委员
	长三角土壤与地下水修复专家联盟常务副理事长兼秘书长
	中国循环经济协会土壤修复标准工作小组组长
	国家自然科学基金委网评专家
	江苏省环境科学学会土壤与地下水修复专家委员会委员
	苏州市土壤修复工作委员会首席专家
	苏州市储备土地污染土壤修复专家组组长
	无锡市储备土地污染土壤修复专家
	常州市环保局、镇江市环保局土壤修复专家
	《苏州科技大学学报（自然科学版）》编委
	《环境工程学报》审稿人
徐乐中	江苏省排水协会理事
	苏州市建设局设计专家库成员
郭永福	中国土木工程学会水工业分会给水排水委员会委员
	苏州市给排水协会会员
	科技部科技专家库、苏州市科学技术局科技专家库、苏州市市政行业专家库专家
	《工业水处理》期刊编委
	RSC Advances, *New Journal of Chemistry*, *Research on Chemical Intermediates*, *Desalination and Water Treatment*, *Journal of Environmental Chemical Engineering* 等杂志审稿人
唐　毅	苏州市测绘学会理事
黄天寅	教育部高等学校给排水科学与工程专业教学指导委员会委员
	苏州市水利学会常务理事

续表

姓　名	机构名称及职务
潘　杨	苏州市环境科学学会理事
	江苏省突发环境事件应急专家库、苏州市突发环境事件应急专家库专家
	《环境工程学报》《环境化学》通讯审稿人
	无锡市公共实训基地现代环保业专家组专家
土木工程学院	
丁海平	中国地震学会会员
	江苏省地震学会地震工程专业委员会副主任委员
	《地震工程与工程振动》编委
方有珍	中国建筑金属结构协会钢结构专家委员会委员
田石柱	土木工程学会桥梁与结构分会土木工程结构试验技术委员会副主任
	国际结构振动控制学会中国结构振动控制分会理事
	中国建筑学会结构抗震实验分会委员
	中国振动工程学会结构抗震专业委员会委员
张　尚	江苏省土木建筑学会建筑经济与房地产专业委员会副主任委员
张　毅	中国数学力学物理学高新技术交叉研究学会常务理事兼数学力学专业委员会主任
	中国力学学会分析力学专业组副组长
	江苏省力学学会常务理事
	苏州市力学学会理事长
邵永健	中国钢结构协会钢-混凝土组合结构分会理事
	全国建筑物鉴定与加固标准技术委员会委员
	江苏省地震学会地震工程专业委员会委员
赵宝成	中国轻型钢结构委员会委员
	中国建筑金属结构协会检测鉴定加固改造分会委员
	中国土木工程学会防灾减灾工程分会委员
	江苏省地震学会地震工程专业委员会委员
	苏州市土木建筑学会理事、副秘书长
	《工程抗震与加固改造》《工程与应用学报》《苏州科技大学学报（工程技术版）》编委

续表

姓　名	机构名称及职务
顾　强	全国轻钢结构委员会委员
	中国钢结构协会专家委员会委员
	住建部金属结构应用专家委员会委员
凌志彬	江苏省土木建筑学会第十届理事会竹木结构专业委员会委员
	江苏省复合材料学会结构复合材料专业委员会委员
蒋明镜	国家自然科学基金委员会工程与材料科学部第七届专家咨询委员会成员
	国际土力学与岩土工程协会 TC105 委员会（宏微观岩土力学）副主席
	中国岩石力学与工程学会海洋工程地质灾害防控分会第一届理事会副理事长
	中国水利学会岩土力学专业委员会副主任
	中国岩石力学与工程学会工程安全与防护分会常务理事
	中国土木工程学会土力学及岩土工程分会非饱和土与特殊土专业委员会副主任
	中国岩石力学与工程学会岩体物理数学模拟专业委员会委员
	武汉大学水工岩石力学教育部重点实验室学术委员
	四川大学岩土工程省重点实验室学术委员
	天津市交通运输委员会专家委员会委员
	天津市人民政府学位委员会专业学位教育指导委员会委员
	International Symposium on Geomechanics and Geotechnics: From Micro to Macro（IS-Shanghai2010）学术委员会主席
	国际颗粒材料微观力学专业委员会委员
	《水资源与水工程学报》《岩土力学》《山东大学学报》《岩石力学与岩土工程学报》编委
	《岩土工程学报》《岩石力学与岩土工程学报（英文版）》常务编委
	《岩石力学与工程学报》英文版特约荣誉编委
	《同济大学学报（自然科学版）》特约编委
	Granular Matter 终身编委
	Transportation Geotechnics 编委
	Granular Matter 特邀主编
	Frontiers of Architecture and Civil Engineering in China 编委

续表

姓　名	机构名称及职务
电子与信息工程学院	
石　頡	中国电工技术学会高级会员
	中国电机工程学会会员
付保川	全国高等学校建筑电气与智能化专业教学指导分委员会副主任
	中国自动化学会建筑机器人专业委员会副主任
	江苏省人工智能学会理事
	苏州市计算机学会副理事长
	苏州市人工智能学会副理事长
	《苏州科技大学学报（工程技术版）》编审委员
任建平	中国计算机学会会员
	江苏省计算机学会网络与分布式计算专业委员会委员
	苏州市中文信息处理学会理事
华　泽	江苏省计算机学会高级会员
	MathType 中国高级会员
李　泽	江苏省自动化学会控制理论及应用专业委员会委员
	IEEE senior member
	江苏省自动化学会会员
肖金球	苏州市电子学会常务理事
吴宏杰	中国计算机学会青年计算机科技论坛（CCF YOCSEF）苏州分论坛学术委员
	苏州市人工智能学会监事
	苏州市中文信息学会理事
吴征天	IEEE senior member
	CAA 中国建筑机器人专业委员会委员
	CSIAM 区块链专业委员会委员
	CCF 计算经济专业组执行委员
	《中国科学基金》责任编辑
	Cyber-Physical Systems editorial board
	Journal of Complex Engineering Systems youth editorial board
	Advances in Pattern Recognition and Soft Computing Research under the publisher Elsevier Science Direct（*KeAi*）editorial board
	Computer Modeling in Engineering & Sciences guest editor
	International Journal of Simulation and Process Modelling guest editor

续表

姓　名	机构名称及职务
陆　悠	中国计算机学会网络与数据通信专业委员会委员
	江苏省计算机学会云计算专委会委员
	中国计算机学会青年计算机科技论坛（CCF YOCSEF）苏州分论坛学术委员
陈珍萍	IEEE senior member
	CAA 中国建筑机器人专业委员会委员
胡伏原	中国体视学学会常务理事
	中国计算机学会计算机视觉专业委员会委员
	中国图象图形学学会成像探测与感知专业委员会委员
	江苏省计算机学会理事
	江苏省人工智能学会监事
	计算机学会苏州分部执委
	苏州市人工智能学会理事
	《计算机工程》《液晶与显示》青年编委
	《苏州科技大学学报（自然科学版）》编委
夏振平	国际信息显示学会会员
	中国医药教育协会智能医学专业委员会智能眼科学组委员
	中国图象图形学学会会员
	中国电子学会会员
奚雪峰	中国计算机学会高级会员
	中国计算机学会青年计算机科技论坛（CCF YOCSEF）苏州分论坛学术委员
	江苏省人工智能学会自然语言处理专业委员会秘书长
	江苏省计算机学会计算机软件专业委员会委员
	苏州市计算机学会理事
	苏州市人工智能学会理事
郭胜辉	江苏省自动化学会青年工作委员会委员
	中国自动化学会会员
	中国自动化学会数据驱动控制、学习与优化专业委员会委员
	江苏省自动化学会会员

续表

姓　名	机构名称及职务
崔志明	中国计算机学会开放系统专业委员会委员
	苏州市科学技术协会副主席
	苏州市计算机学会副理事长
	《微电子学与计算机》编委
董兴法	苏州市电子学会副理事长
傅启明	苏州市人工智能学会副秘书长
	中国计算机学会会员
潘欣裕	中国计算机学会会员
	中国计算机学会青年计算机科技论坛（CCF YOCSEF）苏州分论坛 AC 委员
	苏州人工智能学会会员
戴　欢	中国计算机学会青年计算机科技论坛（CCF YOCSEF）苏州分论坛副主席
	江苏省计算机学会嵌入式系统与物联网专业委员会秘书长
	中国计算机学会苏州分部秘书长
商学院	
王世文	苏州市金融学会副会长
	苏州企业发展研究会副会长
	江苏省资本市场研究会理事
	苏州市专家咨询团成员
	江苏省科协科技智库专家
	苏报智库成员
陈来生	苏州市旅游文化促进会会长
	苏州市专家咨询团副团长
段　姝	苏州市审计学会副会长
	江苏高级会计师评审委员
徐天舒	苏州市工信局企业评价专家库成员
	南京大学长江产业经济研究院特约研究员
	苏州市统计学会理事
	苏州市科技局企业评价专家库成员
	苏州市政府政策研究室特约研究员

续表

姓　名	机构名称及职务
文学院	
丁国祥	民盟苏州市委高教工作委员会副主任
王海远	中国屈原学会理事
	江苏儒学会常务理事
冯红宇	苏州市欧美同学会理事
阮堂明	中国李白研究会常务理事
	中国唐代文学会理事
	天津市教育招生考试院命题专家
金　红	江苏省地域文化研究会理事
	江苏省昆剧研究会理事
	江苏省中国现代文学学会理事
	苏州市文艺评论家协会理事
	苏州专家咨询团专家
	苏州市高雅艺术评审委员会专家
徐　文	中国英语诗歌研究会理事
	江苏省比较文学学会理事
凌郁之	民革江苏省委理论研究与学习委员会委员
	苏州市社科联理事
	江苏省民革文化艺术工作者联谊会副会长
路海洋	中国骈文学会常务理事
	苏州市诗词协会副秘书长
鲍开恺	江苏省教育学会语文课程与教学论研究中心理事
社会发展与公共管理学院	
王本立	江苏省历史学会常务理事
	苏州市历史学会常务理事
	《英国研究》编委

续表

姓　名	机构名称及职务
王艳芬	江苏省东南亚理事会理事
朱爱华	苏州市社会工作者协会副会长兼纪律委员会主任
李　超	全国外国法制史研究会理事
	中国法学会比较法学研究会理事
汪诗明	中国亚太学会大洋洲研究分会会长
	中国亚太学会常务理事
	《中国大百科全书（第三版）》学科编委
	江苏省世界史研究会常务理事
张宗华	江苏省世界史研究会理事
	俄罗斯《雅罗斯拉夫尔国立师范大学学报》编辑
张笑川	中国社会史学会理事
	苏州历史文化研究会理事
陆道平	苏州社科联常务理事
陈建兰	苏州市久久社工服务中心理事长
陈思伟	西南大学希腊史研究中心兼职研究员
	中国世界古代中世纪研究会古代史专业委员会理事
赵　伟	江苏省中国近现代史学会理事
	江苏省太平天国史学会理事
祝曙光	中国日本史学会常务理事兼近代史专业委员会会长
	江苏省世界史学会副会长
	苏州市历史学会副会长
	复旦大学韩国研究中心兼职研究员
姚　海	江苏省历史学会副会长
	《世界历史》编委
袁成亮	江苏省作家协会会员
	苏州市文艺评论家协会理事
	苏州市书画研究会理事

续表

姓　名	机构名称及职务
陶艳兰	苏州市妇女联合会“吴地芬芳”巾帼公益联盟专家库成员
	中国社会学会家庭社会学专业委员会第四届理事会理事
解国良	中国苏联东欧史研究会理事
马克思主义学院	
王　腾	江苏省伦理学会常务理事
王建明	中国伦理学会环境伦理学专业委员会副理事长
	中国自然辩证法研究会工程哲学专业委员会理事、环境哲学专业委员会理事
	江苏省自然辩证法研究会副理事长
陆　畅	江苏省儒学学会理事
温　波	中国马哲史学会马恩哲学思想研究分会常务理事
	中国历史唯物主义学会理事
	江苏省儒学会副会长
	苏州意识形态研究中心副主任
	苏州新时代文明实践研究院副院长
	苏州市和合文化研究会副会长
	苏州科技大学和合文化研究院院长
教育学院	
韦洪涛	江苏省心理学会理事
	江苏省心理学会教学工作委员会副主任委员
	苏州市心理学会副理事长
艾振刚	江苏省心理学会社区心理学专业委员会秘书长
	苏州市心理学会理事
田晓明	教育部高等学校心理学类专业教学指导委员会委员
	中国心理学会理事、工业心理学专业委员会副主任
	江苏省心理学会副理事长

续表

姓　名	机构名称及职务
杨翠蓉	苏州市心理学会监事
	江苏省社会工作协会心理健康工作委员会理事
	江苏省心理学会质性心理学专业委员会委员、发展与教育心理专业委员会委员、认知神经科学专业委员会副主任委员
吴　琼	苏州市心理学会理事
张　明	中国心理学会理事
	中国心理学会教学工作委员会主任
	中国心理学会普通心理和实验心理专业委员会副主任
	Neuroscience and Biomedical Engineering 与《心理科学》《应用心理学》《心理研究》等学术期刊编委
金生鈜	中国伦理学教育伦理学分会常务理事
	中国教育学会教育学研究会教育哲学分会副理事长
贾凤芹	苏州市心理学会会员
	江苏省心理学会社区心理学专业委员会委员
数学科学学院	
王开永	江苏省学位与研究生教育学会指导教师专业委员会委员
	江苏省概率统计学会第七届常务理事
	苏州市现场统计研究会第六届理监事会副理事长
李玮玲	苏州市教育学会中学数学分会成员
吴健荣	全国分析数学及其应用学术委员会委员
	教育部大学数学课程教学指导委员会委员
	中国系统工程学会模糊数学与模糊系统专业委员会（国际模糊系统协会中国分会）第十届常务理事
	江苏省运筹学会首届常务理事
陈　洋	中国现场统计研究会大数据统计分会理事
国　起	全国现代分析及其应用学会学术委员会委员
	全国泛函分析学会空间理论组常务理事

续表

姓　名	机构名称及职务
徐常青	中国高等教育学会教育数学专业委员会第四届常务理事
	江苏省运筹学会理事
	上海大学张量与矩阵理论国际研究中心学术委员会成员
黄志刚	江苏省工业与应用数学学会理事
	江苏省高等数学研究会常务理事
	苏州市数学会副理事长
程　瑶	江苏省计算数学学会理事
物理科学与技术学院	
马春兰	江苏省理学Ⅰ类研究生教育指导委员会委员
	教育部高等学校物理学类专业教学指导委员会华东地区工作委员会委员
	教育部高等学校大学物理课程教学指导委员会文科类物理课程工作委员会委员
	江苏省物理学会第十五届理事会理事
	江苏省材料学会第一届理事会常务理事
	江苏省物理学会新能源物理专业委员会委员
王　军	苏州市激光与光学工程学会理事
李　阳	江苏省材料学会副秘书长
吴泉英	江苏省光学学会常务理事
	苏州市激光与光学工程学会副理事长
	苏州博士联合会副理事长
吴银忠	江苏省物理学会电磁与静电专业委员会理事
	江苏省物理学会电介质物理与材料专业委员会理事
张晓渝	全国高等学校热学课程教学研究会常务理事
赵　蒙	中国仪器仪表学会传感器分会第六届理事会理事
	中国电子学会敏感电子学分会气湿敏传感技术专业委员会委员
郝　翔	苏州市物理学会副理事
程新利	江苏省仪器仪表学会理事
樊　斌	苏州市物理学会理事

续表

姓　名	机构名称及职务
化学与生命科学学院	
李良智	苏州市生物学会副理事长
	苏州市化学化工学会副理事长
张钱丽	苏州市化学化工学会理事
陈佳佳	苏州市生物学会理事
秦粉菊	江苏省高校生物学学科联盟理事
董延茂	江苏高校化学工程与技术学科联盟理事
	苏州市化学化工学会副理事长、学术委员会委员
戴国梁	苏州市化学化工学会理事
材料科学与工程学院	
马汝广	*Advanced Powder Materials* 青年编委
王筱梅	中国化学会有机固体专业委员会委员
叶常青	中国化学会会员
	《信息记录材料》编委
	全国光学功能薄膜材料标准化技术委员会委员
刘　波	中国物理学会固体缺陷专业委员会第六届委员
	中国电子学会高级会员
刘成宝	中国机械工程学会材料分会第九届委员会委员
	苏州市化学化工学会理事
	江苏省硅酸盐学会青年工作委员会委员
	新加坡维泽专家库（VE）材料科学专家委员会委员
	中国化工学会化工新材料专业委员会委员
	《机械工程材料》编委
李长明	*Materials Reports*：*Energy* 主编
	国际薄膜学会会士
	Joule、*Nanoscale* 编委
	长三角高校先进材料创新联盟理事

续表

姓　名	机构名称及职务
李佐习	中国化学会会员
李宛飞	中国化学会会员
杨晓刚	中国化学会会员
	美国化学会会员
	《当代化工研究》编委
汪昌红	江苏省材料学会会员
沈杨彬	国家开放大学铸造学院兴业学习中心客座教授
陈　丰	江苏省硅酸盐学会理事
	中国硅酸盐学会会员
	中国化学会会员
陈　博	中国材料研究学会会员
陈　婷	《陶瓷学报》特聘审稿专家
陈志刚	中国机械工程学会材料分会理事
	江苏省化学化工学会常务理事
	《理化检验（物理分册）》编委会副主任委员
胡　敬	中国电子学会会员
胡俊蝶	*Nanoscale Horizons* community board member
郭春显	*Materials Reports*：*Energy* 副主编
	长三角高校先进材料创新联盟理事
	中国化学会会员
	Nanoscale Horizons community board member
	江苏省材料学会会员
	中国产学研合作促进会会员
艺术学院	
丁国蓉	高校影视教育学会会员
杨　秋	中国高教学会影视专业委员会会员
	中国高等院校影视学会会员

续表

姓　名	机构名称及职务
陈卫东	中国教育技术协会教育游戏专业委员会副理事长
	中国人工智能学会智能教育技术专业委员会常务委员
	全国高等院校计算机基础教育研究会数字创意专业委员会高级专家委员
	博物馆数字孪生感知技术江苏省文化与旅游重点实验室学术委员会主任委员
	上海外国语大学多语种智慧教育重点实验室学术委员会委员
邵　斌	中国广告学术委员会委员
莫军华	苏州市美术家协会艺术设计专业委员会主任
	苏州平面设计师协会学术委员
曾　义	苏州科技局专家库兼职专家
外国语学院	
王　云	中国英汉语比较研究会二语习得研究专业委员会理事
	中国认知神经语言学研究会理事
王　妍	中国比较文明学学会理事
	江苏省翻译协会理事
王　劼	教育部考试中心英语命题组成员（签订保密协议）
	（江苏省教育考试院）全国英语等级考试（PETS）江苏省口试主考官
支永碧	江苏省外国语言学研究会理事
	中国英汉语比较研究会话语研究专业委员会理事
张生祥	中国译协对外话语体系研究委员会委员
	中国翻译认知研究会常务理事
	江苏省翻译协会对外传播话语体系研究专业委员会副主任委员
罗　媛	全国英国文学学会理事
	江苏省外国文学学会理事
周　一	中国对外贸易经济合作企业协会商务英语专业工作委员会理事
赵　诚	中国英汉语比较研究会专门用途英语专业委员会理事
	中国高教学会外国文学分会高级会员
柯　英	中国外国文学学会英语文学研究分会理事

续表

姓　名	机构名称及职务
祝　平	全国美国文学研究会理事
祝　平	中国外国文学学会比较文学与跨文化研究分会常任理事
祝　平	江苏省翻译协会副会长
綦　亮	中国高校外语学科发展联盟理事
綦　亮	江苏省比较文学学会理事
音乐学院	
马佳佳	苏州市声乐学会会员
王　莹	中国民族管弦乐学会古筝专业委员会会员
王　莹	河南省音乐家协会古筝专业委员会理事
王爱国	江苏省音乐家协会会员
毛　玥	中国民族管弦乐学会会员
毛　玥	中国民族管弦乐学会古琴专业委员会理事
卞秀峰	中国音乐家协会会员
卞秀峰	中国民族管弦乐学会扬琴专业委员会理事
邓　韬	江苏省音乐家协会会员
邓　韬	苏州市音乐家协会管弦乐分会副会长
史　琳	中国高等音乐教育学会会员
史　琳	江苏省声乐学会理事
史　琳	苏州市爱乐青少年艺术团合唱团艺术总监
冯智全	世界民族音乐学会理事
冯智全	苏州市吴地音乐研究会理事
吕　琳	中国音乐家协会会员
吕　琳	苏州市声乐学会理事
吕　琳	苏州冯梦龙山歌研究会理事
朱　杰	苏州市音乐家协会会员
朱小屏	苏州市音乐家协会会员
刘也愚	中国音乐家协会会员

续表

姓　名	机构名称及职务
江　燕	江苏省音乐家协会会员
	江苏省苏州声乐协会副会长
冷　静	江苏省钢琴学会会员
	苏州市钢琴学会会员、理事
张　燕	中国音乐家协会会员
	中国音乐家协会高校音乐联盟钢琴委员会委员
	上海音乐家协会会员
	江苏省音乐家协会会员
	苏州市钢琴学会理事
陈　林	中国高校作曲理论学会委员
赵赟韵	中国教育学会音乐教育专业委员会会员
	江苏省音乐家协会会员
	上海音乐学院社会艺术水平等级考试考官
胡奇章	上海音乐学院社会艺术水平等级考试苏州地区考官
胡瑛礁	江苏省弦乐协会会员
	苏州市音乐家协会会员
	苏州市民族管弦乐学会理事
俞　飞	中国音乐家协会会员
	中国竹笛学会常务理事
	江苏省竹笛学会副会长
	美国加州国乐团竹笛教授、客席指挥
	苏州市笛箫文化研究会会长
	苏州市民族管弦乐学会副会长兼竹笛专业委员会会长
徐启浩	朱宗庆打击乐团队成员
	江苏省打击乐协会常务理事
	国际打击乐教育协会理事

续表

姓　名	机构名称及职务
黄承箱	中国音乐家协会会员
	江苏省数码音乐学会副主任
	苏州市音乐家协会理事
	苏州市计算机音乐学会会长
黄祖平	中国音乐家协会高校音乐联盟合唱委员会副秘书长
	中国音乐家协会会员
	苏州市合唱协会理事
	吴地音乐研究会副会长
	《当代音乐》编委
	苏州市民族管弦乐学会副会长
龚　瑛	中国传统音乐学会会员
	中国民族管弦乐学会会员
	苏州市民族管弦乐学会副会长
	上海音乐家协会琵琶专业委员会会员
机械工程学院	
卢金斌	中国机械工程学会高级会员
朱其新	苏州市机械工程学会副理事长
	中国自动化学会标准化工作委员会委员
	中国自动化学会环境感知与保护自动化专业委员会委员
	中国指挥与控制学会云控制与决策专业委员会委员
	中国系统仿真学会智能物联系统建模与仿真专业委员会委员
	中国系统仿真学会机器人系统仿真专业委员会委员
	国际水中机器人联盟常务委员
	中国机械工业教育协会机械电子工程专业教学指导委员会委员
	中国教育发展战略学会人工智能与机器人教育专业委员会理事
	江苏省机械职业教育行业指导委员会工程应用专业委员会委员
	《机械设计与制造工程》理事会理事
	Recent Advances in Electrical and Electronic Engineering 编委

续表

姓　名	机构名称及职务
齐芳娟	中国焊接学会焊接结构及力学专业委员会委员
李　华	中国机械工业教育协会机械设计制造及其自动化专业教学指导委员会委员
	中国机械工程学会特种加工分会超声加工技术委员会委员
	中国机械工程学会生产工程分会磨粒加工技术委员会委员
	中国机械工程学会生产工程分会光整加工技术委员会委员
	中国机械工程学会高级会员
沈晔湖	中国计算机学会高级会员
	中国自动化学会会员
	国际计算机学会（ACM）会员
郝　汀	中国材料与试验团体标准委员会（CSTM）/材料基因组领域标准化工作技术委员会委员
	安徽省超导回旋加速器标准化技术委员会委员
曹自洋	中国机械工程学会高级会员
蒋全胜	电气和电子工程师协会（IEEE）会员
	中国自动化学会会员
	全国高校机械工程测试技术研究会在线检测分会理事
谢　鸥	江苏省人工智能学会机器人专业委员会委员
	中国仿真学会会员
地理科学与测绘工程学院	
王兆华	苏州市地学会常务理事、副秘书长
史守正	江苏省地理学会青年工作委员会委员
年福华	江苏省地理学会理事
	全国游憩环境专家智库专家
	苏州市发展和改革委员会重大项目稽查专家
	苏州市文化研究中心专家库专家
严　勇	江苏省测绘地理信息学会青年工作委员会委员
苏　群	苏州市湿地保护专家委员会副主任

续表

姓　名	机构名称及职务
杜景龙	中国测绘学会教育工作委员会委员
	江苏省高校地理学学科联盟第一届理事会常务理事
李　黎	中国气象学会会员
	中国卫星导航定位协会会员
	教育部学位中心学位论文优秀论文通讯评议专家
杨朝辉	中国测绘学会教育工作委员会委员
	江苏省遥感与地理信息系统学会理事
	江苏省湿地保护专家库专家
	苏州市林学会监事
连达军	中国测绘地理信息学会教育委员会委员
	中国测绘地理信息学会第十一届理事会矿山测量专业委员会委员
	第七届全国交通工程测量学术研究会理事
张　序	中国地理信息产业协会精准农林业工作委员会副主任
	江苏省测绘地理信息学会理事
	第三批江苏省首席科技传播专家
	苏州市测绘学会副秘书长
张晓芳	第四届苏州市天文学会理事
	苏州民盟青年委员会委员
陈泰生	国际数字地球学会中国国家委员会虚拟地理环境专业委员会委员
陈德超	苏州市环境科学学会专家委员会成员
	苏州市计量测试学会智库专家
尚正永	江苏省地理学会人文地理专业委员会副主任委员
单鹏飞	中国地理学会丹霞地貌工作组（专业委员会）委员
侯爱敏	苏州市地学会常务理事、副理事长
	苏州市第十四届青联常委
徐小波	中国地震学会大地测量与地震动力学专业委员会委员
体育部	
汤际澜	苏州市体育科学学会理事

苏州科技大学校友会理事会及分会主要负责人名单

一、苏州科技大学校友会理事会成员名单

会　　长：张庆奎　　姜朋明
常务副会长：吴健荣
副 会 长：王荣庆　　田晓明　　崔志明　　沈耀良　　陈焕娣　　施亚东
　　　　　张新亚　　施琴芬　　汪妹玲　　张　驰　　杨　辉　　王　雄
秘 书 长：杨福金
副秘书长：张　真　　熊　壮　　廖启鹏　　蒋妮姗　　赵　瑾　　凌　飞
　　　　　蒋诚钢　　刘晨阳（校友）　孙　憬（校友）　颜　晶（校友）
　　　　　袁继峰（校友）

二、苏州科技大学各地方校友会

北京校友会	会　长：李　忠 秘书长：黄书玉
上海校友会	会　长：周雪海 秘书长：胡剑波
天津校友会	会　长：程中南 秘书长：韩　铭
重庆校友会	会　长：尹政雯 秘书长：向艳红
广东校友会	会　长：武　刚 秘书长：罗伟锋
河南校友会	会　长：唐兴铨 秘书长：宋耕田
吉林校友会	会　长：汪东军 秘书长：孙绍君
云南校友会	会　长：郭勇麟

	秘书长：李渝书
福建校友会	会　长：顾文凯
	秘书长：黄爱珠
四川校友会	会　长：罗　刚
	秘书长：肖慈斌
新疆校友会	会　长：孙学军
	秘书长：郝文燕
山西校友会	会　长：路　亮
	秘书长：唐正彪
陕西校友会	会　长：王铁铭
	秘书长：张剑瑞
广西校友会	会　长：陈秋明
	秘书长：梁小铭
湖南校友会	会　长：曹继文
	秘书长：马宏伟
江西校友会	会　长：樊志刚
	秘书长：熊　静
山东校友会	会　长：陈希国
	秘书长：尚中锋
贵州校友会	会　长：徐　强
	秘书长：吴　毅
浙江校友会	会　长：李红星
	秘书长：李国辉
厦门校友会	会　长：高　梅
	秘书长：张溪明
青岛校友会	会　长：曹培才
	秘书长：王世斌
桂林校友会	会　长：杨开颜
	秘书长：黄晨辉
北海校友会	会　长：陈美虞
	秘书长：王　强
柳州校友会	会　长：黄明栋
	秘书长：孙长军
玉林校友会	会　长：邓一平
	秘书长：吕　俊
湖州校友会	会　长：沈庆松
	秘书长：张国华
新余校友会	会　长：黄海平
	秘书长：卢伟斌

常州校友会	会　长：缪冬生
	秘书长：刘　毅
金坛校友会	会　长：张铎平
	秘书长：夏　明
南通校友会	会　长：顾　平
	秘书长：杨向杰
徐州校友会	会　长：彭长钢
	秘书长：叶荣清
南京校友会	会　长：徐延峰
	秘书长：张　琪
淮安校友会	会　长：沈　冰
	秘书长：陈　辉
无锡校友会	会　长：孙清林
	秘书长：杨　军
江阴校友会	会　长：王亚军
	秘书长：周小峰
镇江校友会	会　长：韩忠祥
	秘书长：翟陈明
连云港校友会	会　长：刘世山
	秘书长：路学军
泰州校友会	会　长：陈德文
	秘书长：李爱强
苏州校友会	会　长：杨　辉
	秘书长：袁继峰
苏州老年校友会	会　长：金洪贤
	秘书长：顾小镛
张家港校友会	会　长：张　舟
	秘书长：周正策
太仓校友会	会　长：陈海峰
	秘书长：曾淑静
常熟校友会	会　长：丁　雷
	秘书长：宗永峰
昆山校友会	会　长：王建平
加拿大校友会	会　长：廖海学

院（部）简介

建筑与城市规划学院

一、学院概况

建筑与城市规划学院设有建筑系、城乡规划系、风景园林系等 3 个教学单位，拥有 1 个省级实验教学示范中心、1 个省级技术工程研究中心、2 个市重点实验室和工程中心。学院有教职工（含“双肩挑”人员）128 人，其中，教授 18 人、副教授 30 人、博士 67 人。教师队伍中有国家级特聘专家 1 人，享受国务院政府特殊津贴的专家 1 人，住建部专家委员会专家 3 人，江苏省“333 高层次人才培养工程”培养对象 3 人，“江苏省青蓝工程”中青年学术带头人 4 人，优秀青年骨干教师 8 人，优秀教学团队 1 支，江苏“双创博士”9 人。

学院拥有建筑学、城乡规划学、风景园林学等 3 个一级学科硕士点，以及建筑学、城市规划学、风景园林学、建筑与土木工程领域工程等 4 个专业学位硕士点。以城乡规划学、建筑学为主要支撑的“城乡规划与管理学”学科群被列入江苏高校优势学科一期建设项目；城乡规划学被列入江苏高校优势学科二、三期建设项目；建筑学与风景园林学是“十四五”江苏省重点（培育）学科。目前，学院有在校全日制本科生 1 138 名，硕士研究生 452 名。

二、教学工作

1. 本科生教学工作

学院现有建筑学、城乡规划学、风景园林学等 3 个本科专业，均为国家一流本科专业建设点。学院是江苏省高等教育人才培养模式创新实验基地；建筑学、城乡规划学专业通过了国家高等教育专业评估，其中，建筑学专业具有建筑学学士学位授予权。2021 年，学院获批江苏省一流本科课程 2 门、江苏省课程思政示范课程 1 门；获批住建部住房和城乡建设领域学科专业“十四五”规划教材建设项目 2 项、江苏省重点教材建设项目 1 项、江苏省教改研究课题 2 项、江苏省虚拟教研室项目 1 项；获批中国建设教育协会教改立项 10 项。

2021 年，学院获江苏省教学成果一等奖、二等奖各 1 项；完成江苏省教改课题 1 项、中国建设教育协会教改课题 2 项；获首届江苏省教师教学创新大赛特等奖 1 项、江苏省微课竞赛二等奖 2 项；出版教材 1 部；发表教研论文 17 篇；9 门示范课程全部结题，其中，4 门课程被评为优秀等等。学院获校课程思政微课竞赛一等奖 1 项、二等奖 2 项。

2021 年，学院获江苏省普通高校本科优秀毕业设计团队奖 1 项、三等奖 2 项；获批本科生创新训练各级项目 11 项。各专业学生获各类学科专业竞赛奖项 40 多项，其中，属学校Ⅰ级赛事的获奖 2 项、Ⅱ级赛事的获奖 50 多项。

2. 研究生教学工作

2021 年，学院完成江苏省研究生教改项目 2 项（其中，重点项目 1 项），获批中国学位与研究生教育学会面上课题 1 项、校课程思政示范课程 2 门、教学案例建设 1 个；研究生获批江苏省创新科研项目、江苏省创新实践项目各 11 项。学院获批 1 个江苏省研究生工作站和 1 名江苏省产业教授，4 个江苏省研究生工作站通过期满验收，12 个江苏省研究生工作站和 5 名产业教授完成年度考核。1 篇论文获评江苏省优秀硕士学位论文，7 篇论文获评校优秀硕士学位论文，获国家级学会二级学会或省级学会以上奖励 28 项；6 名研究生获国家奖学金。2021 年，学院招收研究生 158 名，其中，学术型硕士 45 名、专业型硕士 113 名。

三、科学研究与学术交流

1. 科研项目及成果

全年新增国家自然科学基金项目 2 项、省部级项目 2 项、市厅级项目 9 项，科研到账总经费 1 097 万元。共发表学术论文 93 篇，其中，一类权威核心期刊 2 篇、一类核心期刊 10 篇、二类核心期刊 16 篇、三类核心期刊 19 篇、四类核心期刊 5 篇；SCI 检索论文 10 篇，含一、二区 7 篇；SSCI 一、二区检索论文 3 篇；其他中文核心期刊论文 20 篇，其中，建筑类第四轮学科评估补充期刊 17 篇。出版学术著作 4 部。获江苏省科学技术进步奖 1 项、国家优秀城乡规划设计奖 2 项、江苏省优秀国土空间规划（城乡规划）奖 2 项；获发明专利授权 2 项。与苏州市人民政府联合成立了“长三角人居环境碳中和发展研究院”。

2. 国内外学术交流情况

联合主办 2021 第三届中国文化遗产保护国际会议；承办中国自然资源学会首届国土空间规划青年论坛；承办“2021 生态智慧与城乡生态实践研究前沿”同济—苏科大讲堂；与日本长崎大学水产环境学部和加利福尼亚大学伯克利分校共同举办“中日美设计夏令营”，3 名老师和 5 名本科生参加。全年共组织 16 场学术报告及各类报告会、交流会。

四、重大事项

（1）3 月，风景园林学专业被确定为国家级一流本科专业建设点。

（2）5 月，建筑学专业本科及研究生教育顺利通过全国高等学校建筑学专业教育评估委员会专家复评估。

（3）5 月，学院学生荣获第十七届“挑战杯”全国大学生课外学术科技作品竞赛红色专项全国一等奖。

（4）7 月，学院与苏州市人民政府联合成立“长三角人居环境碳中和发展研究院”。

（5）6 月、10 月、11 月，学院学生在全国风景园林设计竞赛、WUPENiCity 城市设计学生作业国际竞赛与城市可持续调研报告国际竞赛、“建筑创作奖—城市设计专项”优秀作品评选、全国高等院校大学生乡村规划竞赛中获得佳绩。

环境科学与工程学院

一、学院概况

环境科学与工程学院设有环境工程系、环境科学系、市政工程系、建筑环境与能源应用工程系等4个教学单位和1个环境科学与工程学院中心实验室。学院现有环境工程、环境科学、给排水科学与工程、建筑环境与能源应用工程等4个本科专业，在校全日制本科生1 393人。学院拥有环境科学与工程一级学科硕士点，市政工程和供热、供燃气、通风及空调工程2个二级学科硕士点，在校硕士研究生552人，其中，留学生28人。土木与环境工程为江苏高校优势学科一期工程立项建设学科，环境功能材料与技术为江苏高校优势学科二期工程立项建设学科，环境科学与工程为江苏高校优势学科三期工程立项建设学科，环境工程为江苏省重点学科；环境工程、给排水科学与工程、环境科学专业为国家级一流本科专业建设点，其中，环境工程与给排水科学与工程通过工程教育认证；环境工程专业为国家级特色专业建设点，被教育部确定为第二批卓越工程师教育培训计划试点专业，环境科学与工程为江苏省重点专业（类），环境工程和环境科学专业为江苏省特色专业；建筑环境与能源应用工程为江苏省一流本科专业建设点。

学院现有专任教师91人，其中，教授25人、副教授33人、博士76人。教师中有国家杰出青年科学基金获得者、全国高校专业指导委员会委员、住建部专业评估委员会委员、江苏省“333高层次人才培养工程”第二层次人才等在国内学界享有一定声誉的专家学者。

二、教学工作

1. 本科生教学工作

2021年，学院教师共发表13篇教研教改文章；获批教育部产学研项目2项，校级教研教改项目3项；“水污染控制工程”申报江苏省首批思政示范课程并成功入选；新增2021年度校级示范学院建设点，新增3个校级思政示范建设专业及11门校级思政示范建设课程。学院立项21门思政示范建设课程。

2. 研究生教学工作

2021年，学院招收硕士研究生212人，另录取自费留学生15名；本年度共毕业研究生114名，发表核心期刊文章（第一作者）130篇；毕业国际硕士研究生42名；学院研究生1篇论文获评江苏省优秀硕士论文，9篇论文获评校级优秀论文。学位论文盲审通过率为96%；江苏省学位论文抽检合格率为100%；获批研究生创新课题25项、企业研究生工作站1个、产业教授1人。

三、科学研究与学术交流

1. 科研项目及成果

本年度，学院组织教师积极申报各级政府各类科研项目和企事业单位委托项目 102 项。学院科研纵向经费总量为 504 万元，横向科研经费 1 005 万元，总计 1 509 万元。获批 4 项国家自然科学基金（含 1 个国家自然科学基金理论物理专项）。潘杨教授获江苏省重点研发计划（社会发展）项目 1 项，钱飞跃、王学东老师分别获江苏省自然科学基金面上项目 1 项，孔哲老师获江苏省自然科学基金项目（青年项目）1 项。

本年度，黄勇教授参与的“高氨氮废水厌氧氨氧化脱氮关键技术创新与应用”获上海市技术发明奖一等奖；李勇教授参与的“环湖污染控制湿地构建与修复技术及其应用”获云南省科技进步二等奖；黄天寅教授主持的“基于厌氧发酵装置及发酵产酸调控方法的资源化利用技术”获中国发明协会二等奖。学院教师共发表高等级期刊论文 296 篇，其中，SCI 收录 163 篇；获专利授权 27 项，其中，发明专利 22 项；获软件著作权 2 项。

2. 国内外学术交流情况

本年度邀请中国科学技术大学盛国平、李文卫教授，同济大学王志伟教授，北京建筑大学郝晓地教授，上海交通大学连之伟、张礼知教授，南京理工大学沈锦优教授等国内外诸多专家来院进行学术交流。成功主办第五届水处理与循环利用会议，共有来自全国水处理行业高校和科研院所的 1 200 多位代表参加了会议，《扬子晚报》、新浪网、中国网等主流媒体均对会议做了报道。本年度，新增江苏省分离净化材料与技术工程研究中心、苏州市学科重点实验室、苏州市海绵城市技术重点实验室等科研平台，为持续提升学院相关科学研究与社会服务能力奠定了基础。

四、重大事项

（1）4 月，由中国环境科学学会指导，中国环境科学学会水处理与回用专业委员会、苏州科技大学、清华苏州环境创新研究院、环境模拟与污染控制国家重点联合实验室联合主办的第五届全国水处理与循环利用学术会议在苏州成功召开。

（2）5 月，在“创能杯”首届江苏省大学生节能减排社会实践与科技竞赛中，学院张星星、李佳佳等参与（指导老师：吴鹏）的项目获特等奖，谈颖、丁硕硕等参与（指导教师：刘锋、钱飞跃）的项目和李澳、朱飞宇等参与（指导教师：王俊淇、刘润东）的项目分别获二等奖，另有 3 件作品获三等奖。学校获“优秀组织奖”。

（3）6 月，学院与苏州市生态环境局“政校协同”，共建环境类专业大思政课。

（4）7 月，环境工程专业通过 2020 年工程教育认证中期审核。

（5）10 月，学院党委理论学习中心组专题学习会在学院二楼会议室召开。学校党委书记张庆奎参加巡学旁听，会议由学院党委书记费忠民主持。

土木工程学院

一、学院概况

土木工程学院设有建筑工程系、工程管理系、道路桥梁与交通工程系、工程力学系、材料工程教研室、土木工程实验中心等 6 个教学单位。拥有江苏省高校结构工程重点实验室、江苏省生态道路技术产业化工程研究中心等 2 个省级研究平台，及国家级大学生实践教育基地、江苏省高校土木工程实践教育中心、江苏省高等学校力学实验教学示范中心等实践教育平台。学院设有土木工程、工程管理、工程力学、交通工程、无机非金属材料工程等 5 个本科专业；拥有土木工程学科一级学科硕士学位授予权，结构工程、防灾减灾工程及防护工程、岩土工程、桥梁与隧道工程等 4 个二级学科硕士学位授予权，土木水利类别土木工程领域专业硕士学位授予权，及工程管理硕士（MEM）专业学位授予权。

学院现有教职工 155 人，专任教师 123 人，其中，教授 26 人、副教授 49 人，博士生导师 10 人、硕士生导师 60 余人，67%的教师具有博士学位。学院有“全国优秀教师”1 人，国家和省部级“有突出贡献的中青年专家”2 人，享受国务院政府特殊津贴者 2 人，国家杰出青年科学基金获得者 1 人，入选国家百千万人才工程者 1 人，江苏省高校土木工程专业“教学名师”1 人，江苏省“六大人才高峰”6 人，江苏省“333 高层次人才培养工程”培养对象第二层次 1 人、第三层次 9 人，江苏省“青蓝工程”培养对象 16 人，江苏省特聘教授 1 人。“钢结构团队”获省级优秀科技创新团队和优秀教学团队称号，“混凝土与组合结构团队”获江苏省高校“青蓝工程”优秀教学团队称号。

二、教学工作

1. 本科生教学工作

2021 年，土木工程专业获批校课程思政示范专业，3 门课程获批校课程思政示范课程，3 门课程获批校课程思政特色课程建设项目，1 项课题获批校课程思政专项教改课题。

本年度，学院组织教师申报各类教研教改项目、课程建设项目。获批 2021 年江苏省高等教育教改研究立项课题重中之重项目 1 项、重点项目 1 项，江苏省高等学校重点教材立项建设 1 部。组织教师参加江苏省高校教师教学创新大赛、学校微课和微课程比赛等讲课竞赛，获得省级一等奖 1 项、校级一等奖 1 项。

学生获包括第七届中国国际“互联网+”大学生创新创业大赛金奖、第三届国际混凝土龙舟邀请赛一等奖在内的省级以上奖项 48 项。获批大学生创新创业训练计划项目国创项目 2 项、省创项目 5 项、校创项目 4 项、院创项目 8 项。

2. 研究生教学工作

2021 年，学院共招收硕士研究生 192 人，其中，学术型硕士研究生 37 人、全日制硕士专业学位研究生 155 人。2021 年，毕业硕士研究生 129 人。新增学术学位硕士生导师 7 人、专业学位校内硕士生导师 8 人，遴选硕士研究生指导教师副导师 13 人。

25 项项目获批江苏省研究生科研立项，6 位同学获得国家奖学金。江苏省研究生教育教学改革研究与实践课题结题 1 项，苏州科技大学研究生教育教学改革与研究项目结题 2 项。获批中国学位与研究生教育学会研究生教学改革项目 1 项。研究生与企业研究生工作站合作顺利，中亿丰优秀研究生工作站、中建四局六公司工作站顺利挂牌，开展研究生培养工作。

三、科学研究与学术交流

1. 科研项目及成果

学院获准各级各类科研课题 23 项，其中，国家自然科学基金项目 5 项（面上项目 2 项、青年基金 3 项）、江苏省科研基金青年项目 1 项、国家级重点实验室开放课题 1 项、省部级项目 1 项、市厅级项目 12 项、其他项目 4 项、横向课题 138 项。获校外科研经费 881. 51 万元（纵向 282. 63 万元、横向 598. 88 万元）。完成省部级科研项目会议验收 1 项。

学院教师公开发表学术论文 262 篇，其中，SCI 检索论文 70 篇、EI 检索论文 14 篇、北大中文核心期刊论文 68 篇；出版学术性专著 5 部、行业标准 8 部。获批专利等知识产权成果 9 项，其中，发明专利 3 项、实用新型专利 6 项，获软件著作权 2 项。

学院获得 2021 年度江苏省科技进步一等奖 1 项、江苏省工程师学会科学技术奖工程成果二等奖 1 项、江苏省岩石力学与工程学会科学技术奖二等奖 1 项、江苏省地下空间学会科学技术奖三等奖 1 项、江苏省岩石力学与工程学会科学技术奖三等奖 1 项。

2. 国内外学术交流情况

中国工程院院士、国家最高科学技术奖获得者钱七虎来校做题为《地下空间开发利用与碳达峰和碳中和》的学术报告。校长姜朋明、江苏省人防办主任戴跃强、苏州市人防办主任陈正峰、苏州市轨道交通集团有限公司董事长金铭等出席了报告会。

四、重大事项

（1）严格遵守学校疫情防控要求，压紧落实疫情防控责任，完成了本科生、研究生的日常教学安排，以及毕业设计（论文）、就业指导、研究生招生等工作。2021 届毕业生平稳离校，疫情防控期间学院各项工作正常运行。

（2）工程管理专业获批国家级一流本科专业建设点。

（3）土木工程专业通过住建部土木工程专业认证。

（4）交通工程专业通过中国工程教育专业认证协会交通运输类专业认证。

（5）孙敏老师指导的作品获第七届中国国际“互联网+”大学生创新创业大赛金奖。

（6）学院获批工程管理硕士学位授予权。

电子与信息工程学院

一、学院概况

电子与信息工程学院下设电子工程系、计算机工程系、电气工程系、电子信息与智能化实验中心等 4 个教学机构，党政办公室、教学管理办公室、学生工作办公室等 3 个行政机构，学生创新训练中心（SIT）和学生职业能力发展中心（SPD）等 2 个学生能力培养中心，以及 1 个产学研合作办公室。现有江苏省高校建筑智慧节能重点实验室、苏州市移动网络技术与应用实验室、苏州市虚拟现实（VR）重点实验室和苏州市智慧城市研究院等省市级科研平台；江苏省电子信息示范实验中心、江苏省工程实践教育中心等 2 个省级教学平台。学院现有电子信息工程、通信工程、计算机科学与技术、电气工程及其自动化、建筑电气与智能化、人工智能、区块链工程等 7 个本科专业，其中，建筑电气与智能化为国家一流本科专业，电子信息工程、计算机科学与技术、电气工程及其自动化为江苏省一流本科专业。学院拥有计算机科学与技术一级学科学术型硕士学位点和电子信息类专业学位硕士点。

学院现有在校本科生 1 810 人，研究生 220 人（含光学工程）。现有教职工 113 人，其中，专业教师 85 人，教授 12 人、副教授 40 人，高级职称占比 46%；具有博士学位者 57 人，占专任教师总数的 67%。学院现有享受国务院政府特殊津贴者 1 人、江苏省有突出贡献的中青年专家 1 人、江苏省优青 1 人、江苏省“333 高层次人才培养工程”培养对象 5 人、江苏省高校“青蓝工程”中青年学术带头人 4 人、江苏省高校“青蓝工程”优秀青年骨干教师 4 人、江苏省“六大人才高峰” 6 人；1 人获得江苏省优秀青年基金，3 人入选校“优青培育工程”，2 人获校青年教师标兵称号，1 人获优秀青年骨干教师称号；1 人担任高等学校专业指导委员会副主任委员，3 人兼任省、市专业学会副理事长等职，1 人担任全国普通高校毕业生就业创业指导委员会委员。

二、教学工作

2021 年，学院有 5 个本科专业，共招生 371 人，分别为电子信息工程、通信工程、计算机科学与技术、电气工程及其自动化、建筑电气与智能化。2 个学科共招收硕士研究生 85 人，分别为计算机科学与技术一级学科（包括三个研究方向：机器学习与大数据分析、机器视觉与虚拟现实、物联网与智能系统）招生 18 人，土木水利领域建筑智能化技术方向招生 67 人。

2021 年，学院新增 1 个区块链新专业，电气工程及其自动化专业、计算机科学与技术专业获批江苏省一流本科专业建设点；提交专业综合评估报告 2 份（电子信息工程专业、通信工程专业)；建筑电气与智能化专业获批校课程思政示范专业。教学研究方面，学院教师获江苏省教学成果奖一等奖 1 项、二等奖 1 项；获批教育部产学合作协同育人项目 16 项；获电子信息类教指委教改项目 1 项；1 部教材立项江苏省重点教材；出版江苏省重点教材 1 部；获批江苏省一流本科课程 2 门；获校级教改项目 2 项、课程思政示范课程建设项目 6 项、课程思政专项建设项目 1 项；发表教改论文 15 篇。获全国高校电子信息类专业课程实验教学案例设计竞赛二等奖 1 项；获电子信息类教指委讲课竞赛三等奖 3 项；获江苏省优秀毕业设计三等奖 1 项、江苏省团队优秀毕业设计 1 个；获学校微课比赛一等奖 1 项、二等奖 2 项。2021 年，学院继续招收计算机科学与技术、电气工程及其自动化两个专业的学历教育学生，合计 193 人。

2021 年，学院与新加坡共和理工学院的 RP-SUST 线上/线下相结合的交流项目涉及 5 个专业，共 16 人。第二期联合项目由学院主导，新加坡共和理工学院参与项目管理和进度把控。

2021 年，学院共参加了 15 个类别的学科竞赛，覆盖全院所有专业，获奖总数 136 项，包括国家级奖项 47 项（其中一等奖 6 项、二等奖 18 项)，省级奖项 89 项（其中特等奖 1 项、一等奖 23 项)，大学生创新创业训练计划项目 22 项（其中国家级项目 4 项、省级项目 4 项)。

本年度，学院共获得省级科研立项 11 项；新增 2 个研究生工作站，目前共有 9 个研究生工作站，与国贸酝领合作的江苏省研究生工作站被评为优秀研究生工作站；研究生参与发表论文 70 余篇，其中 SCI 论文 10 篇；3 篇学位论文被评为苏州科技大学 2020 年优秀硕士学位论文。

三、科学研究与学术交流

学院全年科研到账经费共计 2 034 万元。获批国家级项目 5 项，其中，国家重点研发计划课题 1 项、国家自然科学基金面上项目 1 项、青年基金项目 3 项；获省部级项目 4 项，其中，200 万元以上横向项目 1 项。纵向项目获资助资金 1 483 万元；横向项目立项 74 项，到账经费 550 万元。学院师生共发表学术论文 138 篇，其中，SCI 论文 55 篇（一区论文 5 篇)；授权发明专利 16 项，授权实用新型专利 4 项。获软件著作权 27 项；专利转化 5. 1 万元；学院获中国商业联合会二等奖 1 项，获江苏省住建厅成果奖二等奖 1 项，获江苏省教育厅成果奖二等奖 1 项、三等奖 3 项，通过省级科技成果鉴定 1 项。

2021 年，学院组织科研论坛及行业顶级专家论坛 10 余次，共邀请 20 多位国内外知名专家学者和电子信息领域专家来学院讲学。

四、重大事项

（1）新增电子信息类专业学位硕士点。

（2）电气工程及其自动化专业、计算机科学与技术专业获批江苏省一流本科专业。

（3）获批 1 个区块链工程新专业。

（4）人工智能新专业首届招生。

（5）获批国家重点研发计划课题 1 项。

商 学 院

一、学院概况

商学院现有教职工 87 人，其中专任教师 70 人，45 岁及以下的中青年教师占比 72%，2021 年度晋升正高职称者 1 人、副高职称者 6 人，高级职称师资占比从 2020 年的 42.6% 上升至 2021 年的 47.8%。在教师续航能力建设方面，1 人获评江苏省“双创博士”，1 人被推荐为江苏省“333 工程”第三层次培养对象（中青年学术技术带头人），1 人获评江苏省“青蓝工程”优秀青年骨干教师。学院目前有 6 名在站博士后。

在专业建设方面，2021 年度，学院启动了 BGA 国际商科认证工作，2 个本科专业被认定为江苏省一流本科专业，2 门课程被认定为江苏省一流本科课程。在人才培养方面，2021 年，商学院共获批创新创业训练计划项目 23 项，其中国家级项目 4 项、省级项目 4 项、校级项目 9 项。学院创业推介项目“食行姑苏”入选全国大学生创新创业年会“最佳优秀创业项目”（全国仅 10 项），这也是学校学生创业项目首次走上国家创新创业项目舞台。物流管理 1812 班获评江苏省先进班集体。

在服务社会方面，学院先后签订了江苏省人社厅高级研修项目、苏州市金融办地方风险防范培训班、泰州市海陵区统战培训班、专转本培训班等社会服务项目协议。

2021 年是学院“十四五”事业发展规划开局之年，对照发展规划的关键指标，总体完成情况良好。在 2021 年度 18 个二级学院考核中，商学院党建与学院管理工作位列第 1，学生工作位列第 2，科研工作位列第 2，教学工作位列第 6。

二、教学工作

1. 本科生教学工作

2021 年，学院汇编完成了包括 208 门课的学院课程思政教学体会，5 门校课程思政示范课程成功结项，新增 5 门课程思政示范课程项目、3 门课程思政特色课程项目、2 门校课程思政专项。工商管理、金融工程 2 个专业入选江苏省一流本科专业建设点。旅游管理专业顺利通过江苏省本科综合评估。获评校级创新创业基地 1 个，成功申报央地共建项目“数智化新商科共享综合实验平台”。学院教师全年发表教研论文 9 篇，出版教材 4 部；2 门课程获批省级一流课程，并推荐申报国家一流课程；获批 4 项教育部产学研项目；获校微课比赛一等奖 1 项、二等奖 1 项。学院学生全年参加学科竞赛并获省级以上奖励 25 项，共获批创新创业项目 23 项，其中国家级项目 4 项、省级项目 4 项。

2. 研究生教学工作

2021 年，学院招收硕士研究生 50 人，其中管理科学与工程学硕士 23 人，金融专业学位硕士 27 人。全年新增硕士生导师 5 名。本年度立项中国学位与研究生教育学会课题 1 项，完成江苏省研究生教改课题 1 项，1 个研究生工作站通过期满考核。1 本教材获校研究生教材建设项目立项，1 门课程获校研究生课程思政示范课程立项，金融专硕案例库建设项目获校级立项，1 篇学位论文被推荐参加江苏省优秀硕士论文评选。

学生获江苏省研究生科研创新项目立项 3 项、实践创新项目立项 2 项。教师参加全国金融专硕教指委案例大赛，3 篇教学案例获评全国金融教指委优秀案例，并纳入中国金融专业学位案例中心。本年度学生获得江苏省“互联网+”大学生创新创业大赛三等奖 1 项，在“数维杯”全国大学生数学建模竞赛、亚太地区全国大学生数学建模竞赛中获得二等奖 1 项、三等奖 2 项。荣获江苏省研究生“数据驱动的管理科学与创新管理”学术创新论坛优秀论文特等奖 1 项、优秀奖 1 项，江苏省研究生“新发展格局下的管理创新”学术创新论坛一等奖 1 项，全国大学生电子商务“创新、创意及创业”挑战赛三等奖 1 项，外研社“国才杯”英语演讲省级复赛江苏赛区三等奖 1 项，“挑战杯”全国大学生课外学术科技作品竞赛江苏省赛二等奖 1 项，江苏省研究生“大数据统计与金融创新”学术创新论坛三等奖 1 项。

三、科学研究与学术交流

1. 科研项目及成果

2021 年度，学院获批国家级项目 4 项、省部级项目 4 项，科研项目经费达到 508. 79 万元；发表期刊论文 79 篇，其中，SCI 期刊论文 7 篇、SSCI 期刊论文 8 篇、EI 期刊论文 3 篇、CSSCI 期刊论文 24 篇、北大核心期刊论文 12 篇，出版著作 4 部；提交政府研究报告 21 篇，其中 9 篇获得市级及以上领导批示。

2. 国内外学术交流情况

2021 年度，学院承办了全国性学术会议——第十二届中国创新与企业成长学术会议，通过“中国教育在线”等多个网络平台进行云端交流和现场直播，累计吸引各界专家、学者 1 万余人。定期邀请全国高校专家学者面向商学院研究生及全体教师，开设多场学术报告会。

四、重大事项

（1）10 月 29—31 日，学院承办第十二届中国创新与企业成长学术会议。

（2）学院创业推介项目“食行姑苏”入选全国大学生创新创业年会“最佳优秀创业项目”（全国仅 10 项）。

（3）启动 BGA 国际商科认证工作。

文 学 院

一、学院概况

文学院设汉语言文学、广播电视学和汉语国际教育等 3 个教学系，现有 4 个本科专业、1 个教育专业硕士（学科语文）专业、1 个汉语言文学（“3+2”）专业。2021 年，学院有教职工 55 人，其中教授 12 人、副教授 13 人，硕士生导师 15 人，具有博士学位者 34 人。学院现有 4 个研究所，2 个教学平台（应用文科综合实训中心、教师教育实训与测评中心）。

二、教学工作

1. 本科生教学工作

汉语言文学专业申报国家一流专业和江苏省一流专业；申报成功江苏省一流课程 3 门（“中国传统文化”“大众文化：理论与实践”“回到文本，走出迷宫：跟薛志霞读《红楼梦》”）。

广播电视学专业通过专业评估。全院推进“2018 人才培养方案”落地，完成全部专业课程思政培养方案、教学大纲和课程简介的编制。立项建设“中地财政”课程改革项目 6 项、通识任选课项目 17 项、“本科质量工程”项目 3 项。“新文科改革与实践项目”（联合淮阴师范学院申报）获得立项。完成 1 部重点教材的编写工作（陈祝琴《古代汉语新编》），发表 5 篇教研论文；2 项校级课程思政建设项目、5 项院级课程思政项目获得立项，5 篇课程思政优秀论文入选“校级课程思政文集”。胡海宝、艾志杰、徐文 3 位老师获校教师教学创新大赛、微课比赛二等奖；王见楠老师获江苏省教育厅第三届微课教学大赛二等奖。

学院完善督导工作制度，成立文学院创新创业教育工作组和学科竞赛工作组。5 位老师获得“双创教师培训证书”，“双创”课题结项 10 项，新立项 14 项，完成“互联网+”项目 1 项，参加学科竞赛 31 项；成功举办第三届全国语言文字应用能力大赛选拔赛。

2. 研究生教学工作

学院按计划完成研究生招生工作，2021 级学科教学（语文）教育硕士录取 16 名研究生。有序开展研究生培养，2019 级 11 名研究生全部顺利毕业。新增苏州市第一中学为研究生工作站；新增立达中学为教育实践基地；新增实践创新训练课题 3 项。组织 2021 级学生参加“首届苏州乡村骨干带头人培育站（中学语文）实践研修班”；邀请张长松教授、黄娟副教授为研究生开展专题讲座。有计划组织研究生系列学术沙龙。

加强导师管理，推进导师科研。学院新增导师 4 名，发表语文基础教育论文 3 篇；申报苏州市教育科学“十四五”规划课题2项；顺利完成研究生实践教学自查报告。

三、科学研究与学术交流

1. 科研工作项目及成果

推进江南文学与文化研究学科平台、学术团队建设，教师承担“江南文化研究丛书”第一辑10部专著的撰写工作。金红老师成功申报2021年度苏州市非物质文化遗产研究基地1个。袁鳞、刘勇博士成功获评江苏省“双创博士”，陈小燕老师获评姑苏宣传文化重点人才（提名奖）。

加大高水平科研项目申报的组织力度。获批国家社科基金后期资助课题1项、教育部人文社科基金课题2项。积极推进高水平学术论文的发表。出版学术专著4部，参撰学术专著2部，发表CSSCI期刊论文10篇、北图核心论文3篇。

2. 国内外学术交流情况

学院邀请苏州大学博士生导师罗时进教授指导“江南文化研究丛书”第一辑系列专著的选题；邀请浙江大学博士生导师苏宏斌教授、《社会科学》杂志总编胡键教授等来学院讲学；邀请著名昆曲学者周秦、赵天为及著名昆曲表演艺术家俞玖林、唐荣、周雪峰、吕佳等来校讲学。学院教师全年共参加各类学术会议（含线上）16人次。

四、重大事项

（1）学院荣获全国“七五”普法工作先进单位称号。

（2）深入修订完善学院“十四五”事业发展规划。

（3）广播电视学专业通过专业评估。

（4）获批国家社科基金后期资助课题1项、教育部人文社科基金课题2项。

（5）“中国传统文化”“大众文化：理论与实践”“回到文本，走出迷宫：跟薛志霞读《红楼梦》”获批江苏省一流课程。

（6）新增广播电视学专升本函授，并实现了当年招生。

（7）“传承国粹经典，增强文化自信”信仰公开课示范课获评2021年“信仰公开课”省级示范课。

（8）两位博士成功获评江苏省“双创博士”。

（9）成功申报2021年度苏州市非物质文化遗产研究基地。

社会发展与公共管理学院

一、学院概况

社会发展与公共管理学院现有历史学（师范）、社会工作、劳动与社会保障等3个本科专业，世界史和中国史等2个一级学科硕士学位授权点。学院共有教职工56人，其中教授11人、副教授11人，博士生导师1人，专职硕士生导师23人，具有博士学位的教师占教师总人数的80.48%。学院现有铁道部青年科技拔尖人才1人、江苏省"333高层次人才培养工程"培养对象1人、江苏省普通高校"青蓝工程"中青年学术带头人1人、江苏省普通高校"青蓝工程"优秀青年骨干教师1人、江苏省"双创博士"4人、江苏省社会工作领军人才2人。学院现有在校全日制本科生774人，研究生86人。

历史学（师范）专业曾先后入选江苏省特色专业、重点专业、品牌专业、一流专业，并成功入选2020年度国家级一流本科专业建设点；社会工作专业为江苏省一流本科专业建设点、校级特色专业。世界史学科连续被遴选为江苏省"十一五""十二五""十三五""十四五"重点学科，并在第四次全国学科评估中被评为C类。另有江苏高校国际问题研究中心（亚太国家现代化与国际问题研究中心）、江苏省社会工作专业人才培训基地、江苏省研究生工作站、苏州市社会工作发展研究院、校级协同创新中心（江南文化保护与传承协同创新中心）、校级本科教学团队（世界史）、校级实践教育中心（社会工作与社会创新实践教育中心）、校企合作科研机构（科创劳动经济与人力资源研究中心）等专业和科研平台。

二、教学工作

1. 本科生教学工作

持续深入开展课程思政教研与教学工作。学院获批立项校级课程思政教学改革与研究项目1项；有3门课程入选校级课程思政示范课程或特色课程，5门课程被列为院级课程思政示范课程。学院全体老师将课程思政理念、方法技术润物细无声地融入日常课程教学和实践中。

"双一流"建设取得突破性进展。历史学专业对标国家一流专业建设标准，高质量有序推进。社会工作专业经过精心准备、深入打磨，成功获得2021年度江苏省一流专业建设点资格。在一流课程建设中，"中国社会史"和"中国传统文化"两门课程被遴选为江苏省一流线下课程和线上课程，为学院其他课程的建设树立了良好的榜样。

教风、学风、研风一体化发展，加强本科生创新创业教育和学科竞赛培养。教务和学工协同推进，建立社会发展与公共管理学院创新创业教育工作组和学科竞赛工作组，加强对创新创业项目的指导。在2021年申报的大学生创新创业项目中，2项获批江苏省创新创业重点项目立项，2项获批江苏省创新创业一般项目立项，4项获批江苏省创新创业校级项目立项。

加强日常教学管理，以本为本，提升教学质量。继续严格落实学院本科教学督导制度，祝曙光教授和丁宪浩教授持续为学院本科教学督导，定期开展学院教学督导工作。进一步加强对2021届毕业论文的写作过程、指导教师、答辩流程、成绩评定等工作的管理，严把质量关，稳步提升毕业论文质量。本届毕业生中，历史专业赵伟老师和社会工作专业唐利平老师分别指导的2篇毕业论文获得江苏省优秀毕业论文三等奖。毕业论文获奖数目在全校名列前茅。

2. 研究生教学工作

学院进一步加强对研究生创新能力的培养，举办具有学科特色的研究生学术论坛和研究生读书会，在研究生中营造良好的学术科研氛围。组织研究生踊跃申报2021年度省级研究生培养创新工程项目，获批省级项目4项。精心组织并严格评审2021年度研究生国家奖学金和其他各类奖学金，其中2名学生获得研究生国家奖学金。完成共建研究生工作站签约并继续开展研究生工作站建设，苏州市档案馆研究生工作站获批江苏省研究生工作站。

三、科学研究与学术交流

2021年，学院积极申报国家社科基金项目，申报一般项目8项，其中，世界史3项、中国史3项、劳动与社会保障2项，申报国家社科基金后期资助项目1项。本年度，学院教师获批主持国家社科基金一般项目1项，主持国家社科基金后期资助项目1项，另有1项国家社科基金青年项目顺利结项。此外，学院教师获得教育部人文社科青年项目1项、校级项目2项。在学术活动方面，学院共举办学术讲座9场，涉及历史学、社会学、管理学等学科。

四、重大事项

（1）历史学（师范）专业获批国家级一流本科专业建设点。

（2）社会工作专业获批省级一流本科专业建设点。

（3）世界史学科通过江苏省“十三五”重点学科验收并获批江苏省“十四五”重点学科。

（4）苏州市档案馆研究生工作站获批江苏省研究生工作站。

（5）在江苏省率先成立校政社联合的苏州市社会工作发展研究院并完成多项重要任务。

（6）本科生党支部获评教育部全国样板党支部。

（7）学院申报的“从‘学理探索’到‘真理感悟’——‘四史’教育为高质量党建赋能”项目获评江苏省2019—2020年度高校党建创新三等奖。

马克思主义学院

一、学院概况

马克思主义学院拥有政治系和马克思主义基本原理、马克思主义中国化、中国近现代史纲要、思想道德修养与法律基础、形势与政策、研究生思想政治理论课等教研部，现有哲学一级学科硕士点 1 个。学院现有教职工 61 人，其中专职思想政治理论课教师 56 人，学院有教授 8 人、副教授 21 人，具有博士学位的教师 36 人。学院专任教师队伍中有国家社科基金函评专家 2 人、江苏省思想政治理论课教学指导委员会委员 1 人、全国思想政治理论课优秀教师 1 人、江苏省思想政治理论课优秀教师 3 人、江苏省“青蓝工程”中青年学术带头人 1 人、江苏省“青蓝工程”优秀青年骨干教师 2 人、江苏省高校思想政治教育工作者先进个人 2 人。

二、教学工作

1. 本科生教学工作

2021 年，马克思主义学院有 1 个本科专业［思想政治教育（师范）］招生 82 人，本科生共计 281 人。人才培养模式持续改进，成效逐步显现。随着江苏省师范专业二级认证的开展，马克思主义学院调整了本科人才培养方案，使人才培养更加符合基于产出的教育理念，更加关注培养目标、毕业要求、课程目标三个达成度的提升。努力提升人才培养质量，加强第三方评测，注重社会需求，加大对师范生技能的培养。2021 年，学院 1 人获得江苏省师范生技能大赛三等奖，1 项项目获批国家级大学生创新创业项目，2 项项目获批省级大学生创新创业项目，5 人次获得全国大学生英语竞赛二等奖。

专业建设与课程建设持续推进。思想政治教育（师范）本科专业被列为学校一流本科专业。“毛泽东思想和中国特色社会主义理论体系概论”课程被遴选为校一流课程，“马克思主义哲学”“伦理学原理”“思想道德修养与法律基础”被确立为院一流课程。本年度，教师发表教研论文 3 篇。

2. 研究生教学工作

（1）教学改革。2021 年，学院有计划、分步骤、分方向地推行课堂教学改革，解决研究生教学中较为突出的“不敢说”“不会说”“无法说”的问题。打破传统课堂教学模式，转向学术研究型课堂教学模式，课程教学摆脱了传统的课堂布局，采用圆桌会议模式，使每位研究生得以实现面对面学术交流，便于问题的深入讨论，实现了课堂的学术互动性，有效地推进课堂教学由“知识讲授型”向“学术研究型”转换。2021 年，获批苏州科技大学在线开放优质课程建设项目 1 项，梁琳老师获第二届江苏省高校研究生思想政治理论课教学比赛二等奖。

（2）实施全程跟踪管理。2021 年，学院重视以“班级”为单位的学风建设，强调以“学术研究”为重心，以“研究生人才培养指标体系”为目标，努力提升三个班级和全体研究生的集体感和归属感。在论文质量的把控上，学院强调导师第一责任人的学术指导地位，强化学位论文中期考核环节对论文写作质量的把关和指导，强化专业基础课程和核心课程的教学，抻开哲学硕士研究生学术研究的宽度和长度。

（3）完善质量监控制度。学院在严格贯彻落实研究生院对研究生培养质量要求的基础上，建立健全符合哲学学科自身属性的质量监控制度。在教学环节，建立了包括计划、实施和检查反馈三个阶段的过程监控体系。通过学校抽查、领导（同行）听课、中期教学检查等手段，针对存在的问题，及时处理和整改。在开题、预答辩和答辩环节，邀请外校知名专家与学科方向导师一起，把好研究生学位论文的选题关、学术关、写作关。

（4）提升研究生培养质量。2021 年，学院强化研究生学术训练环节，尤其是学术研究习惯、学术表达能力、学术问题意识、学术写作能力、学术经典阅读能力。为保证硕士学位论文的质量，学院强化从开题、中期检查到预答辩全过程的质量监控，在此过程中，学院和导师全过程跟踪指导，效果显著。学院还不断强化对研究生学术研究能力的培养，2021 年学院获得江苏省研究生创新工程项目立项 4 项、苏州科技大学研究生创新工程项目立项 4 项。1 名研究生撰写的学术论文获得 2021 年江苏省研究生马克思主义理论学术创新论坛三等奖，1 名研究生撰写的学术论文获得 2021 年江苏省研究生“数字与人文”学术创新论坛一等奖。

三、科学研究与学术交流

1. 科研项目及成果

2021 年度，学院完成国家社科基金项目 3 项，其中，重点项目 1 项、优秀等级 1 项、国家项目立项 1 项，另有在研国家项目 8 项、教育部人文社会科学研究项目 3 项、苏州市社会科学基金（应用对策类）重大项目 1 项，撰写各类项目研究报告 15 篇，出版学术专著 4 部，发表论文 24 篇，其中，A & HCI 一类核心期刊论文 2 篇、CSSCI 期刊论文 5 篇、北大中文核心期刊论文 5 篇，获评江苏省高校哲学社会科学研究成果三等奖 1 项。

2. 国内外学术交流情况

学院以国家社科基金项目申报工作为契机，围绕项目选题、研究思路、文本写作等方面，多次召开专题汇报与交流会议。在疫情背景下，为了进一步拓宽年轻教师的学术视野，加强对学科方向的理解和认识，充分利用线上学术讲座资源，推荐青年教师参加国内外顶级学者的学术讲座先后共 12 场次。

四、重大事项

（1）9 月，与北京讯众通信技术股份有限公司共建苏州科技大学研究生工作站。

（2）11 月，获批首届苏州科技大学在线开放优质课程建设项目 1 项。

（3）11 月，完成哲学一级学科硕士学位授权点质量建设年度报告。

教育学院

一、学院概况

教育学院设有心理系、学前教育系、教师教育系、心理与行为科学研究中心及心理与行为研究中心等教学和研究机构。心理与行为科学研究中心于2020年获批江苏高校哲学社会科学重点研究基地。目前，学院拥有心理学一级学科硕士学位授权点、教育硕士专业学位授权点，拥有应用心理学和学前教育（师范）两个本科专业。2021年，应用心理学专业获批国家一流专业建设点、江苏高校品牌专业建设点。学院积极加强与国（境）外高校的交流与合作，与美国、日本、丹麦、中国台湾等国家和地区的多所高校建立了校际合作关系，开展学生交流、教师互访和科研合作等活动。

学院现有教职工52人，其中专任教师43人。在专任教师中，有正高职称者8人，有副高职称者15人；博士33人，占比近77%；有教育部高等学校心理学教学指导委员会委员1人，有江苏省有突出贡献中青年专家、江苏省“333工程”高层次人才、“青蓝工程”中青年学术带头人、“双创博士”等人才十余人。学院现有本科生、研究生共计600余名。

二、教学工作

1. 本科生教学工作

学院现有应用心理学和学前教育（师范）2个本科专业。学院秉承“明德守正、博学笃行”的院训，强化“制度建院、学术立院、人才强院、特色兴院”的办学宗旨，以教师教育与心理服务为特色，着眼学生全面发展的教育理念和教学态度，重视对学生理论知识、实践技能和创新能力的培养，积极探索学科与专业建设及人才培养方式的改革，为长三角地区的社会经济发展培养高级专门人才。截至2021年年底，学院共培养本科生702人。

学院积极开展专业建设和教学研究，2021年度，应用心理学专业获批校级课程思政示范专业；“管理心理学”获评省级线下一流课程；学院教师参编国家级规划教材2部，发表省级教改论文5篇，获批省级教改项目1项、校级教改项目2项，获批校级课程思政示范课程建设项目5项。

学院积极组织学生参加各级各类大学生创新创业项目及学科竞赛，新增5项省级大学生创新创业训练计划项目，其中省级重点创新项目2项、省级一般创新项目2项、省级一般创业实践项目1项；在第七届中国国际“互联网+”大学生创新创业大赛校内选拔赛中获二等奖1项、三等奖4项；获第十届江苏省师范生教学基本功大赛三等奖3项。

2. 研究生教学工作

2021 年，学院成功获批心理学一级学科硕士学位授权点和国家一流本科专业建设点。学院研究生获批江苏省研究生实践创新计划项目 3 项，研究生作为第一作者共发表论文 5 篇，2020 级心理健康教育硕士研究生龚小霞在第五届江苏省教育硕士实践创新能力大赛中获二等奖。

三、科学研究与学术交流

1. 科研项目及成果

学院充分利用心理学、教育学、管理学、神经科学和环境科学的交叉优势，积极动员专任教师申报课题，全力组织专家辅导与论证课题；获得国家自然科学基金项目 2 项，教育部人文社科项目 2 项，国家社科后期资助项目 1 项，江苏省社科项目 1 项，江苏省高校哲学社会科学一般项目 2 项、横向项目多项，立项经费达 117 万元。学院教师共出版专著 2 本，发表期刊论文 48 篇（为 2020 年的 2.1 倍），其中高质量期刊（SSCI/SCI/CSSCI/CSCD）论文 32 篇（为 2020 年的 2.9 倍）、EI 论文 1 篇。在 32 篇高质量论文中，17 篇为 SSCI/SCI 论文，15 篇为 CSSCI 论文；学院教师以第一作者或通信作者身份发表高质量论文 25 篇，其中，12 篇为 SSCI/SCI 论文，13 篇为 CSSCI 论文。

2021 年，学院获江苏省第五届教育科学优秀成果奖二等奖 1 项、第十二届江苏省高校哲学社会科学优秀成果奖三等奖 1 项。

2. 国内外学术交流情况

学院依托“心理与行为科学研究中心”和“城市发展智库”两个江苏高校哲学社会科学重点研究基地，定期开展院级学术论坛，举办了 12 次睿博论坛主题沙龙，进一步增强学院专任教师的科研动力提升其活跃度，促进了学科间的交叉与融合。专任教师积极参加各类线下、线上学术会议与研讨，10 余名教师参加了国际、国内有影响力的学术会议。

四、重大事项

（1）心理学学科获批一级学科硕士学位授权点。

（2）应用心理学专业入选国家级一流本科专业建设点。

（3）2020 级心理健康教育硕士研究生龚小霞在第五届江苏省教育硕士实践创新能力大赛中获二等奖。

（4）倪琳烨获江苏省“三下乡”暑期社会实践“先进个人”荣誉称号。万琦、莫家忆分别获江苏省高校“优秀毕业生”和江苏省“优秀学生干部”荣誉称号。

（5）学前教育 1811 班获江苏省“先进班集体”荣誉称号。

数学科学学院

一、学院概况

数学科学学院下设数学系、信息与计算科学系、统计系、大学数学部等 4 个系（部）。学院设有数学一级学科硕士点、学科教学（数学）硕士点，数学为“十三五”省重点（培育）学科、“十四五”省重点学科。拥有数学与应用数学（师范）、信息与计算科学、统计学等 3 个本科专业。其中，数学与应用数学（师范）专业为省一流专业、国家一流专业建设点，信息与计算科学专业为“十二五”江苏省高等学校重点专业类建设项目。

学院现有在编教职员工 72 人，含专任教师 65 人，其中教授 14 人、副教授 26 人，具有博士学位教师 42 人，硕士生导师 32 人（含其他学院和外校）。学院拥有一支包括教育部新世纪优秀人才支持计划入选者、江苏省有突出贡献中青年专家、江苏省“优青”、江苏省“333 高层次人才培养工程”培养对象、江苏省“青蓝工程”中青年学术带头人、江苏省“双创”人才在内的教学科研队伍。学院现有全日制在校本科生 1 064 人，硕士研究生 82 人。

二、教学工作

1. 本科生教学工作

2021 年，学院持续推进专业建设。数学与应用数学（师范）专业获批国家一流专业建设点，并获评江苏省品牌专业。统计学专业顺利通过本科新专业认证评估和新专业学位授予评估。顺利完成数学与应用数学（师范）专业的师范认证评估专家进校工作。

“线性代数”和“概率论与数理统计”2 门课程获批江苏省一流课程，其中“线性代数”被推荐参评国家一流课程。获批校教改项目 2 项、校课程思政示范课 1 项、课程思政特色课程 1 项。学院教师共发表各类教研教改论文 11 篇，获首届江苏省高校大学数学课程教学创新竞赛二等奖 1 项。

学院学生获 2021 美国大学生数学建模竞赛（MCM/ICM）特等奖提名奖 1 项、一等奖 1 项、二等奖 2 项、三等奖 2 项；获全国大学生计算机设计大赛二等奖 1 项、第十二届全国大学生数学竞赛三等奖 1 项，在第十三届全国大学生数学竞赛中获江苏赛区一等奖 17 项、二等奖 27 项、三等奖 35 项；获江苏省普通高等学校第十八届高等数学竞赛一等奖 17 项、二等奖 21 项、三等奖 45 项；获全国大学生数学建模竞赛江苏赛区省级一等奖 1 项、二等奖 1 项、三等奖 4 项；获第十届江苏省高等师范院校师范生教学基本功大赛三等奖 2 项；获大学生创新创业训练计划项目省级重点项目 1 项、一般项目 1 项。

2. 研究生教学工作

2021 年，学院加强产学研联合培养，积极开展研究生教学研究与教学改革，组织师生申报和参加各类研究生创新项目、教改项目和课程建设项目。新增苏州市工业园区东延路实验学校和苏州市吴江中学校 2 个教育硕士实践基地；获批校研究生教材建设项目 1 项、在线课程建设项目 1 项、研究生教学案例建设项目 1 项，完成江苏省研究生教改项目 1 项；研究生主持立项“江苏省研究生科研创新计划”项目 4 项；完成江苏省研究生科研创新计划项目结题 5 项。承办 2021 年江苏省研究生“大数据统计与金融创新”学术创新论坛。

学院组织全校研究生参加了教育部学位与研究生教育发展中心主办的 2021 年“华为杯”第十七届中国研究生数学建模竞赛，获全国三等奖 2 项；组织研究生参加了 2021 年江苏省研究生数学建模竞赛，获三等奖 2 项。

三、科学研究与学术交流

2021 年，全院共发表论文 67 篇，其中被 SSCI、SCI、EI 收录论文 34 篇。2021 年，学院获批 2 项国家自然科学基金项目、1 项江苏省自然科学基金项目。

四、重大事项

（1）数学与应用数学（师范）专业获批国家一流专业建设点，获江苏省品牌专业。

（2）“线性代数”和“概率论与数理统计”获批江苏省一流课程。

（3）完成数学与应用数学专业的师范类专业认证专家进校现场考查工作。

（4）学院组织学生参加第十三届全国大学生数学竞赛，17 人获一等奖，21 人获二等奖，45 人获三等奖。应用物理专业 1812 班的沈嘉昕同学以全省第十名的成绩进入决赛。

（5）承办 2021 年江苏省研究生“大数据统计与金融创新”学术创新论坛。

物理科学与技术学院

一、学院概况

物理科学与技术学院下设物理系、应用物理系、光电信息系、大学物理教研室、物理实验中心、固态物理与材料研究中心、江苏省级实验教学示范中心、江苏省重点实验室和苏州市重点实验室等。拥有光学工程、物理学2个一级学科硕士点，其中，光学工程为江苏省“十三五”重点学科。拥有物理学、应用物理学、光电信息科学与工程等3个本科专业，其中，应用物理学为校重点专业。

学院现有教职员工64人，含专任教师45人，其中，有正高职称者12人、有副高职称者21人，硕士生导师36人（含其他学院和外校）。拥有一支包括江苏省“双创”人才、江苏省“333高层次人才培养工程”入选者、江苏省普通高校“青蓝工程”中青年学术带头人、江苏省“六大人才高峰”高层次人才在内的教学科研队伍。学院现有在校全日制本科生516人、硕士研究生117人。

二、教学工作

1. 本科生教学工作

2021年，学院应用物理学专业获批江苏省一流本科专业建设点，并被江苏省推荐申报国家级一流本科专业建设点。新专业光电信息科学与工程首次开始招收本科生，并按照江苏省学位委员会的要求，完成了学士学位授权专业增列审核工作。物理（师范）专业认证的申请材料已获学校批准并被提交至江苏省教育评估院。课程建设实现突破，“数学物理方法”课程通过江苏省在线开放课程建设，获批江苏省首批省级一流本科课程（线上课程）。

学院持续开展课程思政建设工作，“电磁学”等3门课程获批校级课程思政示范课程，1门课程获批校级课程思政特色课程，1个项目获批校级课程思政专项项目。应用物理学专业顺利完成课程思政示范专业的中期检查，2020年各项校级项目顺利结题。获批江苏省高等教育教学改革研究课题1项、教育部产学研协同育人项目4项、校级教研教改项目1项。学院吴淑毅老师在学校2021年微课和微课程教学比赛中获二等奖。

积极实践科普社会服务工作，通过线上线下多种渠道开展科普公益活动，如全国科普日活动。完成线上科普直播4次、线下科普开放活动5次。实验中心自建多媒体平台“苏科大物理实验”获苏州市年度科普自媒体称号。师生参加全国物理科普大会，科普作品获三等奖2项。

学院本科生获“互联网+”大学生创新创业大赛全国银奖1项、江苏省二等奖1项，获“挑战杯”大学生课外科技作品竞赛江苏赛区二等奖 2 项、三等奖 3 项。2018 级应用物理学专业周泽等同学发表的论文入选 2021 年第十四届全国大学生创新创业年会。学生获全国大学生物理实验竞赛全国二等奖 1 项、三等奖 4 项，全国物理演示仪器评比一等奖 1 项、二等奖 2 项，获江苏省大学生物理及实验科技作品创新竞赛一等奖 2 项、二等奖 3 项、三等奖 6 项、优秀组织奖若干。1 名本科生获江苏省大学生数学竞赛一等奖并入围全国决赛，1 名本科生获全国徐芝纶力学优秀学生奖。学生获批 10 项大学生创新训练计划项目，其中国家级 1 项、省级 3 项。

2. 研究生教学工作

（1）本年度，学院广泛开展研究生学术科技活动，营造积极向上的学术氛围和学术环境，提升了研究生的创新能力。学院承办了 2021 年江苏省理学 1 类的研究生“表面增强拉曼散射理论与技术”暑期学校，来自海内外 42 个高校院所的 103 名学员参加了学习，线上观看量约达 8 万人次，公众号推文被阅读量达 3 088 次，提高了学校和学科的影响力。

（2）学院研究生参加高端学术会议“江苏省国际光电科学与前沿技术论坛”，获优秀组织奖，物理学专业研究生的口头报告获评一等奖。

（3）学院长期重视对研究生学术创新能力的培养，多位研究生在 SCI 二区以上期刊发表高水平论文，其中，学院研究生以第一作者在国际能源顶级期刊《纳米能源》（*Nano Energy*）发表学术论文；学院研究生 2021 年获批 7 项省级研究生创新计划工程项目，1 项物理作品获江苏省一等奖。

（4）学院组织申报研究生工作站和产业教授，其中，1 人获批 2021 年江苏省研究生导师类产业教授（兼职）。

（5）学院积极参与申报电子信息类专硕工作。光学工程通过了江苏省“十三五”重点学科的验收，参加了全国第五轮学科评估，并获批“十四五”江苏省重点学科。

三、科学研究与学术交流

（1）学院重视科研平台和科研团队的建设，为教师的科研活动创造坚实的软件与硬件环境。学院依托 1 个省级科研平台和 3 个市级科研平台建立了 4 支科研团队（先进光学系统设计、制造与检测团队，固态物理材料研究团队，磁电热功能材料与量子材料物性调控团队，光电调控器件及系统团队），明确了团队负责人，制定了科研团队管理制度。

（2）学院定期举办青年教师学术沙龙，既丰富了青年教师的科研交流，又促进了不同团队的交叉合作。组织了多场高水平的科研学术交流，邀请国家杰出青年科学基金获得者李亮教授、蔡阳健教授、游建强教授、万贤纲教授等为学院师生做前沿科学研究的学术报告。

（3）学院鼓励教师发表高质量论文，积极配合学校完成较高水平的科研项目申报工作。2021 年，全院共发表高质量论文 126 篇，申请发明和实用新型专利 14 项，其中，学院教师以第一作者兼通信作者、苏州科技大学为第一完成单位的文章发表在国际顶级物理期刊 *Physical Review Letters* 上，并被主编推荐入选亮点文章；1 人获评江苏省教育厅“青蓝工程”优秀青年骨干教师。获批国家自然科学基金项目 1 项、江苏省高等学校自然科学研究重大项目 1 项、苏州市农业科技创新项目 1 项、苏州市前瞻性应用基础研究项目 1 项。

四、重大事项

（1）应用物理学专业获批省级一流本科专业建设点，并被推荐申报国家级一流本科专业建设点。

（2）本科新专业光电信息科学与工程开始招生。

（3）“数学物理方法”课程获批江苏省首批省级一流本科课程（线上课程）。

（4）“十三五”江苏省高等学校重点教材《数学物理方法》由高等教育出版社出版。

（5）本科生施智明等同学获第七届中国国际“互联网+”大学生创新创业大赛全国银奖。

（6）姜昱丞副教授在物理学国际顶级期刊《物理评论快报》（*Physical Review Letters*）上发表学术论文。

（7）张红芳副教授指导研究生朱孟德在《纳米能源》（*Nano Energy*）上发表学术论文。

（8）由马春兰老师主持的江苏省研究生教育教学改革研究与实践课题（重点课题）“探索提高数理化基础学科研究生的科学素养、创新思维、科学研究能力的途径和实践”（JGZZ19_008）结题，被评为“优秀”。

（9）马春兰老师参与的江苏省研究生教育教学改革研究与实践课题（重大课题）“促进高水平大学建设的江苏省数理化基础学科布局与优势学科协同发展机制研究”（JGZD19_004）结题，被评为“优秀”。

（10）马春兰老师主持江苏省研究生暑期学校项目“表面增强拉曼散射理论与技术”，参与直播听课的师生人数约达 8 万人次，公众号推文被阅读量达 3 088 次。

化学与生命科学学院

一、学院概况

化学与生命科学学院前身为苏州铁道师范学院化学系、生物系与苏州城建环保学院应用化学教研室，学院始建于1981年。1984年招收生物教育本科生；1985年招收化学教育本科生；2000年招收应用化学本科生；2004年招收生物技术本科生；2006年获得应用化学硕士学位授予权；2007年由化学化工系、生物系和基础实验中心化学实验室组建成立化学与生物工程学院，并招收材料化学本科生；2011年招收功能材料本科生，获批化学工程与技术、材料科学与工程两个一级学科硕士点；2013年更名为“化学生物与材料工程学院”。2020年，化学生物与材料工程学院更名为“化学与生命科学学院”，功能材料专业划归材料科学与工程学院。

学院现有化学（师范）、应用化学、生物技术、生物工程、材料化学、生物科学（师范）等6个本科专业，并拥有化学工程与技术一级学科硕士点，下设化学工艺与应用化学两个方向（学硕）。2021年，化学与生命科学学院和材料科学与工程学院一起获批材料与化工专业学位点。

学院现有教职工93人，含专任教师68人，其中教授15人、副教授25人。拥有正高级实验师1人，高级实验师9人，具有博士学位的教职工60人，专任教师拥有博士学位的比例达到88%。教师队伍中有曾享受国务院政府特殊津贴者2人、省级有突出贡献的中青年专家1人、江苏省优秀教育工作者1人、入选铁道部青年科技拔尖人才1人、江苏省高校新世纪学科带头人1人、江苏省“六大人才高峰”高层次人才3人、江苏省“青蓝工程”中青年学术带头人6人、江苏省“双创博士”3人、苏州市优秀教育工作者2人、苏州市跨世纪人才培养对象1人、湖州市领军人才1人、苏州市紧缺人才4人。目前，学院有在校生1 595人，其中研究生156人。

二、教学工作

1. 本科生教学工作

2021年，学院积极组织申报江苏省一流课程3门，其中，“仪器分析A”成功立项，实现学院省级一流课程零的突破；积极组织教研教改，获批校级教学改革与研究项目2项。2021年，教师发表教研论文8篇。

学院成立“双创”工作组，聘请“双创”导师，成功申报学校“双创”主题创意区1项；组织50多个项目参加2021年“互联网+”江苏省创新创业大赛、生命科学创新创业大赛、“创青春”大学生创业大赛、大学生化工设计大赛、江苏省大学生化学化工实验竞赛、华东赛区化学实验创新设计竞赛等创新创业与学科竞赛，获“互联网+”江苏省创新创业大赛二等奖 1 项，大学生化工设计大赛全国二等奖 2 项、江苏省一等奖 1 项、江苏省二等奖 1 项，江苏省大学生化学化工实验竞赛特等奖 1 项、一等奖 1 项、二等奖 3 项、三等奖 1 项，华东赛区化学实验创新设计竞赛二等奖 1 项、三等奖 1 项，华东赛区化工实验竞赛一等奖 1 项。

2. 研究生教学工作

2021 年，学院深入贯彻落实全国研究生教育大会的（工作）会议精神，立足国际国内研究生教育发展态势，努力提升研究生培养质量。2021 年，学院学术学位研究生全部发表英文高水平文章，学院共计获批 5 项研究生科研与实践创新项目，2 位研究生获得研究生国家奖学金，新增产业教授 1 名。钱永老师主编的《分离工程》获批校优秀教材建设项目，研究生周敏同学的论文获评 2021 年江苏省优秀专业学位论文。

三、科学研究与学术交流

1. 科研项目及成果

2021 年度，学院获批国家自然科学基金青年项目 2 项、江苏省自然科学基金青年项目 3 项、江苏省教育厅项目 2 项、苏州市科技计划项目 1 项；2021 年度学院教师共计发表论文 93 篇，其中，Nature Index（自然指数）期刊 4 篇、JCR 期刊分区一区/二区论文 32 篇。获得授权国家发明专利 25 项。董延茂教授参与的“醋纤行业多污染物深度治理与资源化利用关键技术开发与应用”项目获中国石油和化学工业联合会科技进步二等奖，“醋纤生产过程污染物深度治理与资源化利用关键技术开发与应用”项目获江苏省科学技术一等奖。

2. 国内外学术交流情况

2021 年，学院邀请 7 名国内知名高校的国家杰出青年科学基金获得者做学术报告与指导交流，举办知识产权专题讲座 1 次；多名教师参加了 2021 年中国微生物学会学术年会、2021 年中国生物电磁学高峰论坛、中国化学会第 32 届学术年会青年（国际）论坛、中国化学会首届全国能源化学学术会议等国内高水平学术会议和产业创新会议。

四、重大事项

（1）10 月 26 日，国务院学位委员会下达了增列硕士学位点名单，由化学与生命科学学院和材料科学与工程学院联合申报的材料与化工专业学位点获得批准。

（2）10 月，学院董延茂教授参与的“醋纤行业多污染物深度治理与资源化利用关键技术开发与应用”项目获中国石油和化学工业联合会科技进步二等奖。

（3）11 月 9 日，江苏省教育厅发布了《关于公布首批省级一流本科课程认定结果的通知》，由学院曹丰老师主讲的“仪器分析”课程获批省级一流课程。

（4）11 月，学院举行了“育青工程”启动仪式暨青年教师师德专题报告会。

（5）12 月，学院辅导员顾姗姗老师获评第十一届“江苏省高校辅导员年度人物”，学院 2017 级生物工程专业本科生冀小草同学获得第十一届“江苏省大学生年度人物”入围奖。

材料科学与工程学院

一、学院概况

材料科学与工程学院是在2007年创建的材料科学与工程学科及2015年成立的材料科学与器件研究院的基础上建设的以研究为主型的学院，拥有江苏省“十四五”重点学科材料科学与工程一级学科硕士点、材料与化工专业硕士点及江苏省一流专业功能材料、新能源材料与器件2个本科专业。学院现有专任教师54人，全部具有博士学位，其中，国家级人才5人，省部级人才17人。2021年，1人获批江苏省“青蓝工程”优秀青年骨干教师，1人获批“青蓝工程”青年学术带头人和6人获批“双创博士”。

学院瞄准材料科学与工程前沿，紧密结合国家重大战略需求，积极响应“长三角一体化”国家战略和“科研率先融入苏州”举措，注重学科交叉，形成了新能源材料与器件、生化传感材料与技术、生态环境功能材料、半导体材料与器件等4个研究方向。现有江苏省环境功能材料重点实验室、江苏省生化传感与芯片技术工程实验室等科研平台，建设有大型原位制备表征联用系统、场发射透射式电子显微镜等大型精密分析测试仪器及相应辅助、配套设备4000余台（套），总价值9 000余万元。

二、教学工作

1. 本科生教学工作

2021年，学院坚持“以本为本”的思路，推动课程思政建设，提高师德师风建设积极性。肖科学等教师立项校级课程思政项目1项，梁作芹等教师结项校级课程思政示范课程1门，李长明等教师主讲的“材料科学导论”成功结课，郭春显等教师获得2项校级教研项目支持。在“互联网+”和“挑战杯”等赛事上成绩突出，叶常青等教师指导学生获得“互联网+”江苏省赛一等奖1项、国赛铜奖1项，“挑战杯”全国大学生课外学术科技作品竞赛“黑科技”专项赛特等奖1项。本科生发表SCI论文12篇。教研教改和本科生育人取得显著成果，陈丰等教师主持的“以工程教育为导向的本科实践型人才培养模式设计与优化”项目获得中国建设教育协会成果奖二等奖。本年度，学院教师发表教研论文15篇。

2. 研究生教学工作

学院联合苏州安靠电源有限公司和江苏省陶瓷研究所有限公司申报的江苏省研究生工作站建设顺利进行。学院组织完成了江苏省研究生科研与实践创新计划申报工作，获批3项。本年度，研究生共发表学术论文13篇，获授权国家发明专利6项。

三、科学研究与学术交流

学院一直坚持以科研促教学，教学与科研深度融合。大力推进科研项目申报工作，提升科研层次，培育高水平科研成果。2021 年，获批国家重点研发计划课题 1 项、子课题 1 项；获批国家自然科学基金项目 3 项；获批江苏省科技厅青年基金项目 2 项、面上项目 1 项；获批省市共建项目 1 项；获批横向项目 8 项。本年度，学院获授权专利 14 项，申请发明专利 42 项；学院教师发表科研论文 162 篇，SCI 收录论文数量占比为 90.62%。

增强科研载体，创新政产学研用合作机制。唐叔贤院士获聘“姑苏实验室战略咨询委员会委员”，“姑苏实验室唐叔贤院士专家工作室”成功入驻姑苏实验室；李长明院士获批苏州市外籍院士工作站。着力组建科研团队，形成科研创新合力。以学校为第一完成单位获批江苏省高等学校优秀科技创新团队 1 项；获江苏省高等学校科学技术研究成果奖 2 项。2021 年度，学院共举办材料学术沙龙 10 场，协办国际学术会议（第二届国际电化学能源系统大会）1 场。

四、重大事项

（1）由唐叔贤院士领衔的“按需零碳供能研究中心”正式成立和运行，开启了学院大团队建设的序幕，标志着学校和材料科学姑苏实验室的正式合作。

（2）李长明院士再次入选科睿唯安交叉学科高被引科学家，进一步扩大了学校材料学科的影响力。

（3）由学院郭春显教授领头、多位老师参与的国家重点研发计划课题获批，标志着学院在国家级重大重点项目方面实现突破。

（4）学院叶常青教授、李琳博士在化学顶级期刊 *Angewandte Chemie International Edition* 上发表论文，这是学校首次第一作者以及第一通信单位在该杂志发表文章。

（5）学院牵头获批了“十四五”首批高校海外高层次人才引进重点平台“苏州科技大学材料学科海外高层次引智平台”，这实现了学校在省级海外高层次人才引进平台方面的突破。

（6）学院获评 2021 年度学校安全工作先进单位，丁平老师获评优秀个人，这表明学院在实验室安全建设方面的工作推进成效显著。

艺术学院

一、学院概况

艺术学院迄今为止已有20多年的发展历史，现有教职工101人，其中，专任教师81人，具有博士学位者21人，约占专任教师总数的26%。学院有在校本科生1 284人，研究生241人。学院依托综合性大学学科与人才的整体优势，秉承“明德崇艺、笃志尚学”的院训，致力于培养专业技能与文化修养并重、艺术实践能力与理论研究水平协调发展的高素质复合型艺术专业人才。目前，艺术学院设有美术学（师范）、美术学（非师范）、视觉传达设计、环境设计、数字媒体艺术、动画等6个本科专业，其中，视觉传达设计是国家一流专业建设点、江苏省一流专业建设点、江苏省重点专业，环境设计是江苏省一流专业建设点、江苏省重点专业，美术学专业是江苏省一流专业建设点，美术学（师范）专业为“江苏省卓越教师培养计划项目”建设专业。学院现有美术领域和设计领域2个艺术硕士专业学位授权点。

二、教学工作

1. 本科生教学工作

学院积极组织省级一流专业申报，环境设计和美术学2个专业获评江苏省一流专业建设点。视觉传达设计、环境设计、数字媒体艺术等3个设计类专业顺利通过江苏省教育厅本科专业综合评估。积极推进美术学（师范）专业认证的培育工作，加强实训中心建设，已完成美术实训室、现代教育技术实训室等实训室的改造。

学院积极推进落实课程思政工作，获评校级示范课程2门、特色课程1门，25门课程获批院级立项。顺利完成美术学卓越艺术教师建设项目、数字媒体艺术“3+2”培养项目。获批教育部首批新文科教学研究项目1项、校级教研项目1项、校级课程思政教改专项项目1项、校级通识选修课立项4门。获得江苏省教学成果奖二等奖，实现以学院牵头的省级教学成果奖零的突破。学院教师获江苏省微课竞赛三等奖1项。

学院组织学生参与大学生创新创业项目申报和研究，2021年共申报与立项18项，其中，国家级创新训练项目1项、国家级创业训练项目2项、省级创新训练项目3项、省级创业实践和创业训练项目3项。积极参与学校“互联网+”大学生创新创业项目的培育与申报，获得校赛一等奖1项、二等奖1项、三等奖1项；在学科竞赛方面，学院学生获得省级以上奖项226项，其中国家级以上奖项121项。

2. 研究生教学工作

2021年度，学院组织参加全国专业学位水平评估，根据全国艺术专业学位研究生教育指导委员会下发的《艺术硕士专业学位研究生指导性培养方案（2020年修订版）》等文件的精神和具体要求，对艺术学院美术、艺术设计两个领域的艺术硕士专业学位研究生培养方案进行了修订。

2021年度，学院研究生招生一志愿全日制报名人数达到432人，增幅明显，报考人数继续保持上升趋势，共招收全日制研究生80人、非全日制研究生20人，全日制招生计划全部完成。学院研究生培养成果丰硕。研究生在各类专业比赛、展览和学科竞赛中获得省级及以上奖项共计294项，其中包括江苏省第七届“互联网+”创新创业大赛一等奖1项。1篇论文获评“江苏省优秀硕士论文”，获批省级研究生工作站1个。

三、科学研究与学术交流

2021年度，学院共立项国家级科研项目2项，其中国家社科基金艺术学项目一般项目1项，这是学院在国家社科基金立项方面的重大突破。2021年度，学院共发表高等级论文21篇；教师出版学术专著1部；艺术作品入选各级各类专业展览17件，其中，获奖8件；获专利2项。

四、重大事项

（1）4月19日，庆祝中国共产党成立100周年“恰是百年风华”苏州科技大学主题艺术作品展开幕，首展艺术学院师生优秀作品展开展。

（2）5月26日，苏州科技大学圆梦工作室成员到苏州市望湖村了解当地建设情况并参与完工仪式。

（3）6月18日，艺术学院师生以“红色印记”为主题，创作了“光辉党史纪念系列徽章”，献礼中国共产党成立100周年。

（4）6月26日，艺术学院潘道生教授依据仅有的历史资料“一张旧报纸”创作出一幅油画作品，展现了中华人民共和国成立后中共苏州第一次代表大会的历史盛况。

（5）学院与苏州创捷传媒展览股份有限公司合作成立江苏省研究生工作站。

（6）学院居由老师获批国家社科基金艺术科学规划面上项目，实现面上项目突破。

外国语学院

一、学院概况

外国语学院下设英语系、日语系、大学英语部等3个教学系（部），1个语言综合实训中心，设有国外智库涉华舆情分析研究中心、英语文学文化研究所、翻译研究所、语言教育研究所和日本文化研究所等科研平台。

学院现有教职工92人，其中，专任教师82人、行政教辅人员10人。专职教师中有教授11人、副教授33人、讲师38人，具有博士学位者29人，江苏省“333高层次人才工程”培养对象1人、江苏省高校“青蓝工程”中青年学术带头人和青年骨干教师7人、江苏省师德模范1人、江苏省“紫金文化人才培养工程”文化优青1人。师资队伍专业结构、年龄结构、职称结构和学缘结构合理。

外国语学院教学设备先进，拥有数字语言实验室、交互式多媒体实验室、同声传译室、精品录播室、商务谈判室及学生多功能活动室等各类专业实验室。实验室总面积达1 476.97平方米，构建起一套基于现代信息技术、网络技术的现代化语言实验教学平台。

学院图书、期刊资源丰富，图书资料持续更新。纸质图书资料方面：拥有中外文图书26万册以上、中文期刊63份（种）、外文期刊19份（种）；电子图书资料方面：拥有中文电子图书约16万册、中外文电子期刊86种、中外文电子数据库54个。丰富的馆藏满足了学院师生外语学习和科研的需要。

近40年来，学院始终注重人才培养质量。毕业生考取了北京大学、中国人民大学、北京师范大学、南京大学、复旦大学、上海交通大学、上海外国语大学、同济大学、吉林大学、香港大学，英国伦敦大学学院、爱丁堡大学、埃克塞特大学、约克大学，美国纽约大学，澳大利亚国立大学、悉尼大学，日本京都大学、东北大学等几十所国内外名校的硕士研究生。毕业生活跃在国内外教育、商贸、外交、新闻、行政、法律等领域。有些已成为我国驻外大使馆和领事馆参赞、大型国企（中国海洋石油集团有限公司等）和著名跨国企业（Google等）部门领导、国内外大学教授、省市英语学科带头人、教研员、教学明星、4星级省示范高中校长等。

二、教学工作

1. 本科生教学工作

2021年度，“大学英语”获批江苏省一流线上线下混合课程，英语专业顺利通过学校课程思政示范专业中期考核，所含3门课程顺利通过结项；“大学英语”校级课程思政特色课程通过结项并获“优秀”等第。成功申请4门校级课程思政示范课程和特色课程，获批 1 项校课程思政研究专项课题。

学院教师出版“十三五”江苏省高校重点教材 1 部；发表十多篇教改论文，其中，王琤在一类核心期刊《语言文字应用》上发表论文《汉语二语课堂纠错反馈机制研究》。王琤的“二语内隐学习认知神经机制研究”获 2021 年江苏省高校哲学社会科学重点项目。孔沛琳的“中华文化融入外语教学的实践研究——以赛氏经典作品教学为例”获 2021 年江苏省高校哲学社会科学项目；綦亮、郭富强的“面向地方产业需求，以职业核心素养为导向的英语人才培养模式建构与实践”获 2021 年校级教学改革与研究项目。

徐平、王贝获首届“外研社杯”全国高校日语专业课程思政教学设计大赛三等奖；王贝获江苏省太湖湾第 2 届日语教学（微课）大赛一等奖、苏州科技大学教师教学创新选拔赛二等奖；赵诚、孔沛琳获高教社微课大赛江苏省赛二等奖；刘芳、张知国获校微课比赛二等奖。学院有 17 人次获评第二届“外教社・词达人杯”全国大学生英语词汇能力大赛省赛特等奖指导教师；3 人次获评外研社“国才杯”全国阅读大赛省赛二、三等奖指导教师。

2. 研究生教学工作

2021 级研究生科研与实践创新计划立项 5 项，其中，1 项为省级项目学校资助，4 项为院级资助。以“文学团队”为创新平台，开设“青少年英语文学专题”，由资深英语文学领域的导师担任教师，极大地丰富了研究生的专业知识面，提高了他们的科研水平。定期进行沙龙读书交流。学院成立督导组，积极开展听课、查阅教案、（预）答辩、（预）开题、批改试卷等工作，年末由组长总结工作，提出意见和建议。

三、科学研究与学术交流

1. 科研项目及成果

2021 年度，学院获批国家社科基金一般项目 2 项、国家社科基金重大项目子课题 1 项、教育部人文社科基金项目 1 项。出版学术专著和译著 5 部；发表核心期刊论文 15 篇其中，一类核心期刊 2 篇、二类核心期刊 4 篇、三类核心期刊 9 篇。

2. 国内外学术交流情况

邀请上海外国语大学宋炳辉教授、湖南师范大学曾艳钰教授、西安外国语大学姜亚军教授、四川外国语大学董洪川教授、天津外国语大学田海龙教授、闽南师范大学张龙海教授、南开大学张文忠教授等知名专家学者采取线上线下相结合的方式来学院讲学，开展学术交流，增强了教师的科研热情和积极性，增进了与兄弟院校之间的互相了解。

四、重大事项

（1）“大学英语”入选江苏省一流本科课程，实现学院课程建设的新突破。

（2）获批翻译专业硕士学位点。根据《国务院学位委员会关于下达 2020 年审核增列的博士、硕士学位授权点名单的通知》（学位〔2021〕14 号），学院翻译硕士专业获批准，位列“新增硕士专业授权点名单”之中。

音乐学院

一、学院概况

音乐学院始建于1989年，由原苏州铁道师范学院音乐系发展而来，现拥有音乐学（师范）、流行音乐2个本科专业及艺术硕士（音乐领域）授权点。下设声乐、钢琴、器乐、音乐教育、流行音乐等5个系（部）。学院拥有音乐创作与研究中心、苏南地方音乐文化艺术研究所和音乐教育研究与发展中心等研究机构，拥有学生合唱团、管乐团、民族管弦乐团和舞蹈团等音乐社团。学院现有在校本科生和研究生近400人。

学院现有教职工42人，含专任教师34人，其中教授6人、副教授12人，拥有博士学位者11人，拥有硕士及以上学位者29人，硕士生导师14人，江苏省“333高层次人才培养工程”培养对象和江苏省高校“青蓝工程”中青年学术带头人各1人。

二、教学工作

1. 本科生教学工作

音乐学院现有音乐学（师范）、流行音乐（艺术学）2个本科专业，新专业——流行音乐（艺术学）2021年完成招生40人；成功获批音乐学（师范）省级一流专业。积极准备专业认证工作；进一步推进卓越教师计划项目建设（签订新的实践基地，建立协同培养机制等）。

2021年，学院获批省级教改项目1项、省级重点教材1部、省级教学成果二等奖1项、获批省级一流课程1门（“合唱与指挥Ⅰ”）；在中国大学MOOC（慕课）平台建设线上课程1门（“红色电影歌曲鉴赏”）。学院教师获第三届江苏省师范院校教师智慧教学大赛三等奖；获校级文化精品培育项目1项；获校级微课与微课程教学比赛二等奖1项。指导学生获批国家级大学生创新创业项目1项；结项省级大学生创新项目2项、校级创业项目1项。获批校级教改项目1项，结项教改项目2项；发表教研论文2篇。

2021年度，学院在学科竞赛方面取得优异成绩。获江苏省第五届紫金合唱艺术节高校A组（专业组）银奖；在2021首届江苏省高校艺术教师基本功展示中，2位教师获全能一等奖，3位教师获全能三等奖，多位教师获单项一等奖，实现获奖全覆盖；获第七届中国国际“互联网+”创新创业大赛省级三等奖1项（该项赛事中第一次）；获多伦多国际音乐展演一等奖17项、二等奖7项；获第十二届亚洲青少年钢琴艺术节上海赛区选拔赛（自由选曲组青年组）二等奖1项；获第九届国际声乐公开赛（苏州赛区）一等奖3项、二等奖6项；获第12届亚洲青少年钢琴艺术节一等奖1项；获2021亚洲音乐大赛二等奖1项；获2021肖邦纪念奖国际公开赛苏州赛区一等奖3项、二等奖4项、三等奖1项；获

2021 厦门国际钢琴公开赛（江苏选拔赛）三等奖 1 项；获 2021 国际弦乐公开赛三等奖 2 项；获 2021 第十四届上海国际青少年钢琴大赛二等奖 1 项。

2. 研究生教学工作

2021 年 9 月，学院迎来 18 名全日制研究生和 31 名非全日制研究生。2018 级研究生顺利完成线上毕业音乐会，16 名研究生全部通过线上毕业论文答辩，最终获得毕业证、学位证。

三、科学研究与学术交流

1. 科研项目及成果

2021 年，学院科研成果持续推进。学院教师发表论文 14 篇，其中，一类核心期刊 1 篇、三类核心期刊 3 篇、北大核心期刊 1 篇；出版学术专著 2 部；获批软件著作权 1 项；获省级与地市级声乐奖 2 项；获批教育部社科项目 2 项、江苏省社科项目 1 项、江苏省高校哲学社会科学项目 2 项。

2. 国内外学术交流情况

2021 年，学院以建党百年和党史学习教育为主线，积极开展艺术实践和对外交流活动。邀请上海音乐学院钱亦平教授来学院做题为《音乐分析的历史观察点》的专题讲座。黄祖平教授受邀赴上海音乐学院做题为《古拜都琳娜音乐中“字谜”结构思维研究》的专题讲座；刘育冶老师入围第十三届金钟奖美声组总决赛；刘育冶老师获 2021 年江苏省文艺大奖·美声组银奖（第二名）；学院合唱团参加“中国唐宋名篇朗诵音乐会”，与著名表演艺术家郑小瑛、濮存昕、张凯丽、乔榛、杨光、袁晨野等同台演出；举办献礼建党 100 周年系列音乐会之“江南琴韵”钢琴专场音乐会、“回荡在党旗下的旋律——庆祝建党 100 周年器乐专场音乐会”；与学校党委宣传部联合举办“辉煌百年路　奋进新征程”综合专场文艺演出（黄祖平教授原创歌曲《百年红船》首演）；参加学校主办的“学党史、强信念、跟党走”——庆祝建党 100 周年师生大合唱（王馨密博士原创作品《新的起点》校内首演）；举办“回荡在党旗下的旋律”声乐专场音乐会；等等。另外，举办师生专场音乐会 20 余场。

四、重大事项

（1）2 月，学院合唱团参加“中国唐宋名篇朗诵音乐会”，与著名表演艺术家郑小瑛、濮存昕、张凯丽、乔榛、杨光、袁晨野等同台演出。

（2）6 月，学院与学校党委宣传部联合举办“辉煌百年路　奋进新征程”综合专场文艺演出（黄祖平教授原创歌曲《百年红船》首演）。

（3）7 月，参加学校主办的“学党史、强信念、跟党走”——庆祝建党 100 周年师生大合唱（王馨密博士原创作品《新的起点》校内首演）。

（4）8 月，学院合唱团获江苏省第五届紫金合唱艺术节高校 A 组（专业组）银奖。

（5）11 月，“学习强国”平台刊播大型团体操表演《百年红船》。

（6）12 月，在 2021 首届江苏省高校艺术教师基本功展示活动中，2 位教师获全能一等奖，3 位教师获全能三等奖，实现获奖全覆盖。

机械工程学院

一、学院概况

机械工程学院前身为2008年5月成立的机电工程系，2013年1月更名为“机械工程学院”。学院设有机械制造及其自动化系、机械电子工程系、材料成型及控制工程系、机械设计及自动化系、机械工程实验实训教学中心、先进制造技术与装备研究所、数字化智能装备研究所等教学、科研机构。机械工程实验实训教学中心现有30个实验室和4个实训车间，1 585台（套）国有资产仪器设备，总值2 261万元。学院拥有省级实验教学与实践教育中心——机械工程综合训练中心、省市共建的苏州科技大学智能制造研究院、江苏省重点实验室——建筑智慧节能实验室（3个学院共建，研究方向：建筑设备系统运行与智能控制）、苏州市精密与高效加工技术重点实验室、江苏省卓越工程师（机械动力类）教育联盟成员等省、市级平台。

学院现有机械设计制造及其自动化、机械电子工程和材料成型及控制工程等3个本科专业。现有机械工程一级学科硕士点和机械专业硕士学位授权点，已经形成先进制造技术、机电系统控制、材料成型及控制工程、机械设计及理论4个主要研究方向。

学院现有在校本科生1 008人，研究生51人。现有教职工60人，其中，教授6人、副教授和高级工程师18人、讲师和实验师24人；具有博士学位的教师39人、在读博士2人；专任教师中大多数有国（境）外半年以上访学或研修经历。

二、教学工作

1. 本科生教学工作

推进专业建设和教研教改工作。2021年度，学院立项江苏省重点教材1部，结题校级教改项目4项，与江苏科技大学合作申报并立项省级教改重点项目1项，立项校级教改项目5项，立项教育部产学合作协同育人项目7项。教师发表教研教改论文8篇，出版本科教材1部，获得江苏省普通高校本、专科优秀毕业设计（论文）二等奖1项，获得校级微课教学比赛二等奖2项。

推进和实施课程思政。2021年度，学院结题校级课程思政示范课程1项，立项校级课程思政示范专业1个，立项校级课程思政相关课程5门，发表课程思政相关研究论文6篇。

2021年，学院学生共获得科研创新项目21项，其中，国家级项目1项、省级项目3项、校级项目6项、院级项目11项。学院学生共获得省级以上学科竞赛类奖励33项。

2. 研究生教学工作

2021年，学院申报的机械专业硕士学位授权点已正式获批。学院现有产业教授1人，研究生导师 18 人，研究生 51 人。1 人获得国家奖学金，3 人获批江苏省研究生创新项目。2021 年，学院新增硕士生导师 3 名。

三、科学研究与学术交流

1. 科研项目与成果

2021 年，学院新获批国家自然科学基金项目 3 项、江苏省自然科学基金项目 3 项、江苏省“双创博士”项目 1 项、江苏省高校自然科学基金项目 2 项、苏州市科技项目 1 项和苏州科技大学自然科学基金 3 项，学院全年到账科研经费 831 万元。学院教师获得授权发明专利 8 件、实用新型专利 4 件、软件著作权 8 件。学院教师在各类核心刊物上共发表论文 64 篇，其中，SCI 检索期刊论文 39 篇、EI 检索期刊论文 4 篇，学术论文水平和 SCI 检索论文数分别为建院以来最高和最多的一年。2021 年，学院教师获得中国商业联合会科技奖一等奖、河南省教育厅科技进步奖一等奖和江苏省机械工业科技进步奖二等奖各 1 项，苏州市优秀论文二等奖、三等奖各 1 项。

2. 国内外学术交流情况

学院积极开展对外学术交流，邀请校外专家近 30 人次来校讲学指导（线上和线下），全院教师 40 多人次以线上和线下方式参加国内外学术会议。

四、重大事项

（1）学院申报的机械专业硕士学位授权点正式获批。

（2）学院立项江苏省重点教材（《机械制造技术基础》）1 部。

（3）学院立项教育部产学合作协同育人项目 7 项，与江苏科技大学合作申报并立项省级教改重点项目 1 项。

（4）学院教师获批国家自然科学基金项目 3 项、江苏省自然科学基金 3 项，学院全年到账科研经费 831 万元，实现了学院纵向项目和到账经费的双丰收。

（5）在学校年底的综合考核中，学院学生工作排名全校第一、科研工作排名全校第三。

（6）学院新引进博士 9 名，其中 1 人为教授。

地理科学与测绘工程学院

一、学院概况

地理科学与测绘工程学院现有人文地理与城乡规划、地理信息科学、测绘工程、地理科学（师范）等4个本科专业，其中，测绘工程为校重点专业，测绘工程专业工程教育认证已通过，并于2021年成功获批江苏省一流建设专业；地理信息科学为校特色专业。学院与兄弟院校共建环境科学与工程、城乡规划学2个一级学科硕士点，并负责资源与环境（测绘工程）专业硕士生招生与培养。学院有在校全日制本科生871人、硕士生110人。

学院现有教职工59人，含专任教师48人，分布在地理信息系统开发与应用等研究团队中，其中，有正高职称者5人、有副高职称者15人，高级职称教师占比42%；42名教师拥有博士学位，博士化率87.5%；硕士生导师20人，约占比42%；15人具有海外留学或访学经历，占比31.25%。教师中，有江苏省“333工程”学术技术带头人2人、江苏省“六大人才高峰”高层次人才1人、江苏省“青蓝工程”中青年学术带头人1人。

二、教学工作

学院持续推进一批具有较好基础和特色的网络课程和一流课程的培育。学院教师获批1项江苏省一流本科课程（“自然资源要素无人机三维建模”），参与1部江苏省重点教材的编写工作，发表教改期刊论文6篇，为下一步省级教学成果奖、省级教改项目和省重点教材的培育工作打下了坚实的基础。

学院继续加大课程思政建设的力度，2021年度，学院有2门课程获批校级课程思政特色课程，4门课程获批校级课程思政示范课程，获批1项课程思政研究专项。学院教师共发表3篇课程思政教改论文。朱进老师获全国高校GIS青年教师讲课竞赛三等奖。

学院结合智能化测绘地理信息的最新发展方向，面向社会与企业技术需求，引入园区测绘等社会资源，建立创新创业实训基地，为学生创新创业训练提供支持和保障，取得了较好的示范效应；继续进行2018人才培养方案的课程大纲修订，切实保障本科人才质量。学院学生获得江苏省高校测绘类本科优秀毕业论文一等奖2项、二等奖3项、三等奖6项的好成绩。

2020年，学院在资源与环境专业硕士下增设了资源环境遥感技术与应用方向，2021年完成首次招生工作，研究生培养工作有序进行。2021年，学院新增年轻导师5人。

三、科学研究与学术交流

2021年，学院成功获批国家自然科学基金青年基金1项、省部级重点实验室项目3

项、市厅级项目10项、校基金项目5项。截止到11月底，学院纵向科研经费到账60.8万元，横向科研经费到账241万元，总计301.8万元。截至11月30日，全院共发表论文56篇（科技类51篇、社科类5篇），其中，高质量三类以上27篇、SCI一类权威1篇；出版学术专著1部；完成发明专利1项、软件著作权1项；获得市厅级奖项2项，撰写市厅级研究报告2篇。

2021年度，学院邀请华东师范大学刘敏教授、上海交通大学蔡永立教授、南京工业大学李明峰教授、河海大学岳建平教授、复旦大学张锋教授等十多位专家来院进行学术交流。截至12月15日，共举办6期沙龙活动，取得了初步成功。

学院积极参加学校举办的产学研对接活动，获得了“一种基于虚拟格网区间映射的矢量地图可逆水印算法”“溧阳市智慧环保平台”“一体化监测GNSS接收机”“多传感器集成导航测量系统”“道路桥梁裂缝摄影测量监测”等5项团队研究成果。

四、重大事项

（1）测绘工程专业获批江苏省一流建设专业。

（2）地理科学（师范）专业完成首次招生，学士学位授权专业增列审核顺利完成首轮专家论证。

（3）获批2家省级研究生工作站。

（4）由朱进老师指导，地理科学与测绘工程学院徐昱，电子与信息工程学院陈鹏程、段相龙3位本科生组成的参赛团队获美国大学生数学建模竞赛（MCM/ICM）Meritorious Winner奖（一等奖），这是学院在国际性数学建模大赛中的重大突破。

体 育 部

一、学部概况

体育部下设党政办公室、教务办公室、3 个教研室、群体管理中心、高水平运动管理中心和场馆管理中心。体育部主要承担体育课程、运动队训练、群众体育与运动竞赛、《国家学生体质健康标准测试》的组织与实施、场馆建设与管理、师资队伍建设与教学科研等工作。体育部现有教职工 45 人，含专任教师 41 人，其中教授 1 人、副教授 14 人，具有博士学位者 2 名、硕士学位者 28 名；拥有国家级运动健将 4 人、国际级裁判员 2 名、国家级裁判员 1 名、国家一级裁判员 22 名。

学校拥有羽毛球、龙狮队、乒乓球、健美操、足球、跆拳道、篮球及田径等 8 支运动队，坚持常年训练。其中羽毛球队作为我校高水平运动队，自 2011 年组建以来在历届全国大学生羽毛球锦标赛中均获佳绩，尤其是在 2017 年以我校为主获得了第十三届全国学生运动会大学组羽毛球男子团体亚军，获得江苏省教育厅的嘉奖；学校龙狮队自 2009 年组建以来，在全国大学生舞龙舞狮锦标赛上多次获得冠军并在 2014 年荣获“全国舞龙展演暨第十二届中国民间文艺山花奖”；以普通学生组队的其他代表队在省市级各项比赛中均获得优异成绩。

通过品牌活动营造体育文化氛围。体育部拟订年度《体育群体计划》，校体育文化节进入《校园文化精品培育名录库》，固化常规体育活动，包括田径、篮球、排球、足球、乒乓球、羽毛球、网球、舞龙、健美操、跆拳道等十多项全年群众体育竞赛，以体育文化节为契机，打造一系列体育文化品牌，让学生在体育锻炼中享受乐趣，强身健体，健全人格，锤炼意志。

二、教学工作

学部获批校级课程思政特色课程建设项目 1 项，校级教改课题 1 项；3 项校级教改课题完成结项，13 门通识任选课和 1 门课程思政特色课程通过验收，3 位教师在校微课比赛中获得三等奖，3 位教师参加江苏省体育教师微课比赛。

2021 年，学校运动队在国际、全国、江苏省、苏南分会比赛中均获得了较好成绩。龙狮队获 2021“红色庆典”长株谭·中华传统体育国际锦标赛传统舞龙第二名、第十三届中国大学生龙狮锦标赛第三名；跆拳道队获 2021 年中国大学生跆拳道锦标赛 2 枚金牌、2 枚铜牌、2 个第五名；健美操队获 2021 年中国啦啦操俱乐部联赛（苏州站）获啦啦操第一名；乒乓球队获第 11 届中国大学生阳光体育乒乓球比赛三等奖；羽毛球队获 2021 年苏南分会高校大学生羽毛球比赛混合团体第一名；女子足球队获江苏省第二十届运动会高校部足球比赛苏南分会第一名；男子足球队获江苏省第二十届运动会高校部足球比赛苏南分会第三名；男子篮球队获江苏省第二十届运动会高校部篮球比赛苏南分会第三名；女子篮球队获江苏省第二十届运动会高校部篮球比赛苏南分会第六名。

三、科学研究与学术交流

2021 年，体育部共发表科研论文 15 篇，其中北大核心 2 篇、CSSCI1 篇、SCI1 篇、一般期刊 11 篇，出版著作 3 部，获批市厅级课题 2 项，参加第十四届全国学生运动会科学论文报告会获二等奖 1 项。

四、重大事项

（1）成功举办苏州科技大学第 21 届运动会田径比赛。

（2）在学校医疗中心的支持配合下，邀请苏州市红十字会为体育部教师培训现场急救和心肺复苏的专项技能。

（3）学校运动会团体操表演《百年红船》在学校艺术中心和音乐学院的大力支持下取得圆满成功，并入选“学习强国”平台。

国际教育学院

一、学院概况

国际教育学院自2011年成立以来，依托中外特色学科和专业优势，积极构建国际化教育平台，与英国南威尔士大学合作举办工程管理、机械设计制造及其自动化、物流管理、土木工程等4个专业的中外合作本科教育项目。目前，4个项目全部通过教育部组织的中外合作办学评估，其中，3个项目成功入选江苏高校中外合作办学高水平示范性建设工程。

中外合作办学项目学制采用“3+1”模式，即国内学习3年，国外学习1年。学生完成规定学业并成绩合格后，达到毕业要求的将获得苏州科技大学本科毕业证书；符合学位授予条件的，将获得苏州科技大学学士学位证书和英国南威尔士大学学士学位证书。学院招生纳入国家普通高等学校招生计划，按照国家普通高校招生录取政策规定执行，各招生专业培养方案由苏州科技大学与英国南威尔士大学依据我国中外合作办学条例的要求共同制订。

学院拥有一支由专业外籍教师和国内优秀教师组成的高水平、多元化、国际化的师资队伍，积极营造“双师资、双校园、双语种”的国际化培养环境，与美国威斯康星大学麦迪逊分校、英国卡迪夫大学等国外多所知名高校和研究机构建立长期合作关系，开展各类师生交流活动和学习项目。

学院注重学生的全面发展，不断提升人才培养质量，学生获中国国际“互联网+”大学生创新创业大赛国际赛道项目金奖、美国大学生数学建模竞赛特等奖提名奖等多项国际奖项。办学以来，学院累计培养毕业生880余名，近40%的毕业生进入伦敦大学学院、曼彻斯特大学、同济大学、东南大学等国内外知名高校继续深造，越来越多的毕业生入职中国铁路工程集团有限公司、中国建筑集团有限公司等大中型企业，并参与国际项目建设等，助力“一带一路”沿线国家的基础设施工程建设，得到用人单位的广泛认可。

外方合作学校英国南威尔士大学是一所以工为主的研究型大学，享有卓越的国际声誉，教学质量获英国高等教育质量保障局的高度评价。目前，双方合作举办的4个中外合作本科教育项目相关专业均已得到英国皇家测量师学会、国际物流与运输学会、英国机械工程师学会、英国土木工程师学会等国际权威学术机构的认证。

二、重大事项

（1）4月，学院召开党史学习教育动员大会，就开展好学院“红帆领航——学党史、知党情、跟党走”迎接建党100周年系列活动进行部署。

（2）5 月，学院组织开展中外合作办学十周年系列活动，包括学校与英国南威尔士大学共同举办的国际教育学院成立十周年发展论坛、“我心向党”国际教育学院成立十周年主题活动、“芳华十载，逐梦再出发”十周年图片展等。

（3）5 月，中外合作办学项目工程管理、物流管理、机械设计制造及其自动化 3 个专业参加教育部评估工作。

（4）6 月，中外合作办学项目土木工程、物流管理、机械设计制造及其自动化 3 个专业进行延期变更申报，并获批复同意变更。

（5）6 月，召开国际教育学院第十次学生代表大会，选举产生了新一届学生委员会和学生会主席团。

（6）10 月，学院 2020 届土木工程专业毕业生冯亦游参加第七届中国国际“互联网+”大学生创新创业大赛全国总决赛，荣获国际赛道项目金奖；由 2018 级机械设计制造及其自动化专业崔宝琛领队的“聚科钢铁”团队获得主赛道初创组江苏省三等奖。

敬文书院

一、书院概况

敬文书院成立于2016年5月，是苏州科技大学为了深入贯彻落实党的教育方针和立德树人根本要求，深化高等教育综合改革，顺应高水平、有特色大学建设的需求，积极推进育人模式的改革与创新，借鉴中国古代书院制度和国内外著名大学“住宿学院制”，在香港朱敬文教育基金会、北京善源公益基金会的资助下，结合学校实际成立的以朱敬文先生名字命名的教育教学机构和学生生活社区。

书院实行导师制，学生在学业导师、常任导师、社区导师、助理导师及项目导师的指导下自主进行学习和生活；书院设立团委、学生会、社团联合会、新闻中心等，通过各类活动培养学生在生活与学习中的自我管理能力。书院建立图书报刊阅览室、讨论室、会客室、谈心室、多功能室、琴房、健身房等设施，为书院开展学生思想品德教育、文化素质教育、实践创新教育等提供办公和活动场所。

书院现有教职工5名，其中教授2名，具有博士学位教职工2名。书院现有全日制在校本科生476人，来自石湖校区15所学院、40多个专业。

二、书院工作

2021年度，书院招生120人，毕业115人，其中41人顺利考研升学，升学率约为36%；在专业学习方面，书院学生获专业奖学金比例在75%以上，其中，10人获国家奖学金，公共英语等级考试四级通过率在95%以上、六级通过率在70%以上；在科研竞赛方面，书院学生共获省级以上科研竞赛荣誉288项，包括11项世界级荣誉、122项国家级荣誉、155项省级荣誉，其中，书院学生在美国大学生数学建模竞赛中斩获特等奖提名和一等奖，同时在国际大学生程序设计竞赛、中国国际“互联网+”大学生创新创业大赛全国总决赛、全国大学生物理实验竞赛、全国机器人开发者大赛——人工智能编程设计竞赛和全球校园人工智能算法精英挑战赛总决赛等比赛中荣获名次；在学生工作方面，书院学生获评江苏省优秀共青团员和江苏省学生联合会新媒体联盟“先进个人”各1人，获评江苏省三好学生和江苏省优秀学生干部共7人，获评江苏省优秀毕业生3人，获评校级优秀团干部18人、校级优秀团员13人。

2021年度，书院在开设应用美学、职业生涯规划、生命伦理学、国学经典、跨文化沟通及技巧、社会调查方法、积极心理学、创新创业、艺术鉴赏这9门通识课程的基础上，根据学生来自不同学院，不同专业的实际情况，从14个专业学院聘请35位专业老师担任书院学业项目导师，已完成359名学生的导师选配，涵盖2019级、2020级、2021级3个年级，印发并实施《苏州科技大学敬文书院学业项目导师制实施细则（试行）》，并定期召开学生联络组长会议，进一步推动导师制的可持续发展。

2021 年度，书院积极组织名师名家讲座活动，先后举办包括敬文大讲堂在内的线上线下讲座 20 余次。书院共开展六大特色社团活动 73 次，自创社团活动 87 次，积极开展理论宣讲、主题教育，包括“青春无悔，强国有我”梦想公开课、“滚滚大江东去，看我砥柱中流”新思想公开课、“百年回首，热血满襟”青年马克思主义公开课等一系列主题课程 10 余场，举办“我的青春故事”分享会、“青春心向党，建功新时代”宣讲会、“祖国我来颂”主题演讲、“百年党史青年说”宣讲、“学‘四史’知识竞赛”等校园文化活动；共开展阅读活动 1 400 多人次，其中，3 轮为党史学习教育主题阅读，包括《论中国共产党历史》《中国共产党简史》《中国共产党的一百年》等 70 余本书目；组织敬文学子定期到苏州博物馆、怡养老年公寓、葑门里河社区开展志愿服务工作，累计开展志愿活动 30 余场，书院学生参与志愿时长总计近 1 万小时，人均 28 小时，其中，140 人志愿时长超 40 小时，75 人志愿时长超 60 小时；书院 240 名学生参与体育锻炼计划共计 2 543 人次、1 308 小时；组织开展“三下乡”暑期实践活动，共有 239 位学生参与，其中，177 位学子参与了“返家乡”个人社会实践项目，62 位学子组成了 10 支实践团队参与到暑期“三下乡”实践活动中，共走访 18 个实践地点，寻访次数总计 30 余次，形成 26 篇实践日志、10 份完整采访记录，共获得 11 篇省级网络媒体报道、4 篇市级网络媒体报道，赢得了良好的社会反响；书院依托微信公众号、微博等新媒体平台，发表原创文章 192 篇，转发文章 11 篇，阅读量达 83 753 人次，与 2020 年同期相比有显著提升。

三、重大事项

（1）1 月 6 日，共青团苏州科技大学敬文书院第一次代表大会在敬文书院报告厅胜利召开。

（2）4 月 27 日，南京理工大学相关人员来校调研，双方围绕书院制管理运行模式进一步加强交流与合作。

（3）5 月 20 日，湖北医药学院相关人员来敬文书院调研交流。

（4）5 月 26 日，江苏科技大学深蓝学院相关人员来敬文书院调研交流。

（5）5 月 29 日，敬文书院参与长三角高校书院联盟“联学百年党史　赓续红色血脉”党史学习教育主题活动，在党史故事联讲竞赛中荣获一等奖。

（6）6 月 17 日，书院 2021 届学生毕业典礼在敬文书院报告厅举行，学校党委副书记王荣庆出席了毕业典礼。

（7）10 月 16 日，书院第六届新生入学。

（8）12 月 24 日，书院召开学业项目导师座谈会。

天平学院

一、学院概况

学院设有党委办公室、院长办公室、人事处、财务处、教务处、学生处、招生就业处、总务处、团委、网络信息中心等行政机构；设有环境科学与工程学院、土木工程学院、智能制造学院、管理学院、语言文化学院、艺术学院、公共教学部、马克思主义学院。

学院现有全日制在校本科生 9 000 余人，面向全国 18 个省、自治区、直辖市招生，设有风景园林、环境工程、土木工程、财务管理、汉语言文学、环境设计、英语等 28 个专业，计算机科学与技术、汉语言文学、酒店管理、财务管理、市场营销、物流管理和人力资源管理等 7 个专转本专业，形成了以工为主，工、理、文、管、艺等多学科协调发展、特色鲜明的专业格局。学院积极实施现代职教体系贯通培养项目，包括与苏州高等职业技术学校联合培养的电子信息工程（“3+4”）专业、与苏州健雄职业技术学院联合培养的酒店管理（“3+2”）专业、与苏州农业职业技术学院联合培养的风景园林（“4+0”）专业、与苏州市职业大学联合培养的机械设计制造及其自动化（“4+0”）专业等。

二、教学工作

学院依托江苏省一流专业建设积极开展教材建设、课程建设与教研教改等相关工作。2021 年，学院组织、推荐了 1 部教材参与江苏省重点教材评审、4 项教研教改项目参与江苏省教改评审和 1 项课程参与苏州市在线开放课程评审，组织完成了 2019 年度学院教研教改项目结题验收工作和 2021 年度学院教研教改项目立项工作，共有 12 项项目获得立项。学院积极推动课程思政专项建设，并着力打造学院的示范课程，组织完成了 7 项示范课程的中期检查汇报工作和 13 项一般课程的结题工作，获批苏州市精品在线课程（思政专项）1 项。

为进一步加强专业建设、优化专业结构，学院开展了新专业申报工作，2021 年度申请的数据科学与大数据技术、智能制造工程和增材制造工程 3 个新专业成功获教育部批准备案，并依托新专业申报开展了校企联合培养试点工作。

三、科学研究

2021 年度，学院共有 18 项江苏省高校哲学社会科学基金项目、2 项苏州市社科规划课题（应用对策类）、1 项苏州市软科学和 1 项苏州市科技局（民生科技）项目获得立项资助。

四、重大事项

（1）5 月，学院举办“初心百年正青春”2021 年五四表彰大会。

（2）6 月，学院举行 2019 届毕业典礼。

（3）6 月，学院召开庆祝中国共产党成立 100 周年暨全面从严治党工作会议。

（4）6 月，学院举办“永远跟党走”庆祝中国共产党成立 100 周年师生艺术作品展。

（5）11 月，学院举行 2021—2022 学年开学典礼。

表彰与奖励

学校及各单位获表彰或奖励情况

学校获省、市表彰或奖励情况

学校获省、市表彰或奖励情况一览表

被授予的荣誉称号或奖项	表彰单位	获奖日期
高校美育改革创新优秀案例二等奖	教育部	2021年7月
2020年度全省高校学生资助绩效评价优秀	江苏省教育厅、江苏省财政厅	2021年11月
江苏省第六届高校就业创业指导教师教学技能大赛优秀组织奖	江苏省教育厅	2021年11月
第十七届“挑战杯”江苏省大学生课外学术科技作品竞赛“黑科技”专项赛优秀组织奖	共青团江苏省委员会	2021年12月
江苏省第十一届大学生就业创业知识竞赛最佳组织奖	江苏省高校招生就业指导服务中心	2021年11月
“我比任何时候更懂你”系列短视频活动优秀组织奖	中共江苏省委网信办	2021年10月
第五届江苏省大学生知识产权竞赛优秀组织奖	江苏省知识产权局	2021年7月
2019—2021年度大学生心理健康教育工作先进集体	江苏省心理学会	2021年6月
首届江苏省高校艺术教师基本功展示优秀组织奖	江苏省学校美育教学指导委员会	2021年12月
苏州高校庆祝中国共产党建党百年暨第一届“我是传承者”主题演讲大赛优秀组织奖	苏州市委宣传部、苏州市教育局	2021年6月
2018—2020年度苏州市文明校园	苏州市精神文明建设指导委员会	2021年12月

学校各单位获校级以上表彰或奖励情况

学校各单位获校级以上表彰或奖励情况一览表

受表彰的集体	被授予的荣誉称号	表彰单位	批文号及获奖日期
苏州科技大学音乐学院合唱团	江苏省第五届紫金合唱艺术节高校A组（专业组）银奖	中国音乐家协会、江苏省委宣传部、江苏省文明办、江苏省教育厅等	2021年8月
校团委	2020江苏省共青团工作先进单位	共青团江苏省委员会	2021年2月
	江苏省大中专学生志愿者暑期文化科技卫生“三下乡”社会实践活动先进单位	共青团江苏省委员会	2021年12月
	2021苏州市共青团工作先进单位	共青团苏州市委员会	2021年12月
	苏州共青团创新创优项目奖	共青团苏州市委员会	2021年12月
外国语学院	第四届“人民中国杯”日语国际翻译大赛优秀组织奖	人民中国杂志社、教育部高等学校外国语言文学类专业教学指导委员会日语专业教学指导分委员会	2021年12月
	江苏省太湖湾第22届中日文化及日语教学交流会暨第15届“太湖杯”日语演讲比赛先进集体	江苏省人民政府外事办公室等	2021年12月
校工会	2020年度苏州市教育系统“工会规范化建设先进单位”一等奖、“积分制考核评价工作先进单位”二等奖、“工会信息工作先进单位”一等奖、“工会工作创新案例”二等奖	中国教育工会苏州市委员会	苏教工〔2021〕7号 2021年2月

续表

受表彰的集体	被授予的荣誉称号	表彰单位	批文号及获奖日期
校工会	“三走进三服务·百千万”教师回报社会活动优秀组织奖	中国教育工会苏州市委员会	苏教工〔2021〕1号 2021年1月
	苏州市教育系统2021年度“积分制考核评价工作先进单位”一等奖、“工会信息工作先进单位”一等奖	苏州市教育工会委员会	苏教工〔2022〕5号 2022年1月
土木工程学院工会	模范教工小家	中共苏州市委教育工作委员会、苏州市教育局、苏州市教育工会委员会	苏教工〔2021〕24号 2021年4月
建筑与城市规划学院党委 土木工程学院道路桥梁与交通工程系教师党支部 商学院党委 马克思主义学院“青马”学生党支部 物理科学与技术学院物理系教师党支部 艺术学院环境设计教师党支部 机械工程学院学生第一党支部 天平学院智能制造学院学生党支部 材料科学与工程学院教师第一党支部 机关党工委学工党支部 后勤党总支	2020—2021年度先进基层党组织	中共苏州科技大学委员会	苏科委〔2021〕30号 2021年6月
环境科学与工程学院中心实验室党委保卫部	2021年度“三育人”工作先进集体	中共苏州科技大学委员会	苏科委〔2021〕32号 2021年7月
土木工程学院 外国语学院 机械工程学院	2020年度安全管理工作先进单位	苏州科技大学	苏科〔2021〕15号 2021年3月

教职工获校级以上表彰或奖励情况

教职工获校级以上表彰或奖励情况一览表

姓　名	被授予的荣誉称号	表彰单位	日期
李　敏	2021年全国大中专学生暑期社会实践活动先进个人	共青团中央委员会	2021年1月
潘欣裕　班建民　顾敏明	2021年全国高校电子信息类专业课程实验教学案例设计竞赛二等奖	教育部高等学校电子信息类专业教学指导委员会、国家级实验教学示范中心联席会电子学科组	2021年10月
宋　青	各民主党派、工商联、无党派人士为全面建成小康社会作贡献先进个人	中央统战部	2021年12月
章　鸣	2020全省共青团工作先进个人	共青团江苏省委员会	2021年1月
程智龙	2020年度苏州市优秀团干部	共青团江苏省委员会	2021年4月
王　玮	第五届江苏省大学生知识产权竞赛优秀指导教师	江苏省知识产权局	2021年4月
李思为	全省教科系统就地过年职工“一封家书　别样春节”征集活动书信类作品三等奖	江苏省教育科技工会	2021年4月
范凌云　周　静　魏晓芳　孙　婷	首届江苏省高校教师教学创新大赛特等奖	江苏省高等教育学会	2021年4月
姚江峰　毛小勇　赵宝成　唐柏鉴	首届江苏省高校教师教学创新大赛一等奖		

续表

姓　名	被授予的荣誉称号	表彰单位	日期
吴　娱	2020年度“江苏省优秀共青团干部”	共青团江苏省委员会	2021年5月
梁　琳	第二届江苏省高校研究生思想政治理论课教学比赛二等奖	江苏省高校思想政治理论课教学指导委员会	2021年5月
罗时光	第七届“LSCAT杯”江苏省翻译大赛一等奖指导教师	江苏省翻译协会、中国翻译协会语言服务行业创业创新中心	2021年6月
许临扬	第七届“LSCAT杯”江苏省翻译大赛二等奖指导教师		
赵　诚	首届“学术之星”科研论文征文一等奖	上海外语教育出版社、江苏省高等教育学会	2021年7月
孔沛琳　曾泽林　李　丽　赵　诚	“词达人”省赛特等奖指导教师	上海外语教育出版社、江苏省高等教育学会	2021年7月
孔沛琳　赵　诚	外语课程思政微课大赛江苏省赛区二等奖	高等教育出版社、全国高校教师培训中心	2021年9月
陈丽香　阙妙玲　孙佳惟	2021年全国高等学校电子信息类专业青年教师授课竞赛华东赛区三等奖	全国高等学校电子信息类专业青年教师授课竞赛组委会	2021年9月
顾姗姗　李　敏　彭　科　孙佳明　叶常青	2021年全省大中专学生志愿者暑期文化科技卫生“三下乡”社会实践活动优秀指导教师	共青团江苏省委员会	2021年11月
王见楠　王　莹	第三届江苏省师范院校教师智慧教学大赛三等奖	江苏省教师教育专业指导委员会	2021年11月
蔡　隽	杭州2022年第19届亚运会“中国移动杯”亚运英语之星大赛二等奖指导教师	“中国移动杯”亚运英语之星大赛组委会	2021年11月

续表

姓　名	被授予的荣誉称号	表彰单位	日期
秦　莉　许临扬　范　峥　顾长江　李莲玉　罗时光　王　贝	第四届"人民中国杯"日语国际翻译大赛优秀指导教师	人民中国杂志社、教育部高等学校外国语言文学类教学指导委员会日语专业教学指导分委员会	2021 年 11 月
王　贝	江苏省太湖湾第 2 届日语教学（微课）大赛特等奖	江苏省人民政府外事办公室等	2021 年 11 月
徐　平	江苏省太湖湾第 22 届中日文化及日语教学交流会暨第 15 届"太湖杯"日语演讲比赛优秀指导教师	江苏省人民政府外事办公室等	2021 年 11 月
	第五届"九外龙行杯"江苏省高校日语演讲比赛优秀指导教师	江苏省高等学校外国语教学研究会等	2021 年 11 月
	第八届"卡西欧新世界杯"江苏省高校日语配音大赛优秀指导教师	江苏省高等学校外国语教学研究会等	2021 年 11 月
王　贝　徐　平	首届"外研社杯"全国高校日语专业课程思政教学设计大赛三等奖	教育部高等学校外国语言文学类专业教学指导委员会日语专业教学指导委员会日语分委员会、中国日语教学研究会、外语教学与研究出版社	2021 年 12 月
顾姗姗	第十一届"江苏省高校辅导员年度人物"	中共江苏省委教育工委、江苏省教育厅	2021 年 12 月
孙佳明	2021 年江苏省"博爱青春"优秀指导老师	共青团江苏省委员会、江苏省红十字会	2021 年 12 月

续表

姓　名	被授予的荣誉称号	表彰单位	日期
李大鹏（李大鹏劳模工作室）	第四批江苏省教科系统示范性劳模和工匠人才创新工作室	江苏省教育科技工会	2021 年 12 月
钱　晶　张昊雁	2021 年江苏省高校微课教学比赛二等奖	江苏省高校微课教学比赛组委会、江苏省高等学校教育技术研究会	2021 年 12 月
毕　贞　孙佼佼　蒋　莉　曹　丰　江　璠　张一驰　王文瑜　谢丹丹	2021 年江苏省高校微课教学比赛三等奖	江苏省高校微课教学比赛组委会、江苏省高等学校教育技术研究会	2021 年 12 月
陈　林	首届江苏省高校艺术教师基本功展示专业艺术教育组个人全能一等奖、教学展示（微课）最佳单项奖、专业技能展示最佳单项奖、审美和人文素养展示最佳单项奖	江苏省学校美育教学指导委员会	2021 年 12 月
刘也愚　王　莹　龚　瑛	首届江苏省高校艺术教师基本功展示艺术师范教育组个人全能三等奖	江苏省学校美育教学指导委员会	2021 年 12 月
徐启浩	首届江苏省高校艺术教师基本功展示公共艺术教育组个人全能一等奖、教学展示（微课）最佳单项奖、专业技能展示最佳单项奖	江苏省学校美育教学指导委员会	2021 年 12 月
周　欣	首届江苏省高校艺术教师基本功展示公共艺术教育组个人全能一等奖、教学展示（微课）最佳单项奖、审美和人文素养展示最佳单项奖	江苏省学校美育教学指导委员会	2021 年 12 月
马晓燕	优秀工会工作者	中共苏州市委教育工作委员会、苏州市教育局、苏州市教育工会委员会	2021 年 4 月
金　琎	工会积极分子	中共苏州市委教育工作委员会、苏州市教育局、苏州市教育工会委员会	2021 年 4 月

续表

姓　名	被授予的荣誉称号	表彰单位	日期
周　茹	苏州市优秀党务工作者	中共苏州市委员会	2021年6月
柴慎之	全市教职工“唱党歌颂党恩”歌手大赛美声一等奖	苏州市教育工会委员会	2021年6月
朱骏益	庆祝建党100周年苏州市教职工书法大赛特等奖	苏州市教育工会委员会	2021年6月
王福来　熊　壮	庆祝建党100周年苏州市教职工书法大赛一等奖		
蒙建军　潘党青	庆祝建党100周年苏州市教职工书法大赛二等奖		
伍立峰	庆祝建党100周年苏州市教职工美术大赛特等奖		
尤永玢　牛建琳　吴　震　张　彰　洪　杰　顾国兰　黄　潇　戴　斌	庆祝建党100周年苏州市教职工美术大赛一等奖	苏州市教育工会委员会	2021年6月
曹　钧	庆祝建党100周年苏州市教职工美术大赛二等奖		
李长明	苏州市荣誉市民	苏州市人民政府	2021年9月
蔡新江　周华琳　胡芳馨　彭　飞	2021年度苏州“最美劳动者”	苏州市总工会、共青团苏州市委员会、苏州市妇女联合会	2021年9月
叶常青	2021年度“苏州好青年”	苏州市委宣传部	2021年11月
李大鹏（李大鹏劳模工作室）	2021年苏州市劳模创新工作室	苏州市总工会、苏州市劳模工匠协会	2021年12月

续表

姓　名	被授予的荣誉称号	表彰单位	日期
魏晓芳　张干伟　张　尚 陶重犇　黎宏宝　孙佳明 张士威　姚新立　吴　波 顾姗姗　刘　芳　沈晔湖 钱　蜜　孙　纯　董　波 王文娟　王　莹　孙楠楠 胡可苏　古丽娜　姚炎祥	2020—2021年度优秀共产党员	中共苏州科技大学委员会	2021年6月
李　敏　刘　凡　和　洁 章　红　张开发	2020—2021年度优秀党务工作者		
教书育人： 胡　莹　陆　悠　马伟玲 孙艳艳　苏　燕　龚　瑛 柳玉梅 管理育人： 李思为　孙国华 服务育人： 胡　锐	2021年度“三育人”工作先进个人	中共苏州科技大学委员会	2021年7月
李思远　徐义英　宫淑阳 戴世宇　陈素婷　倪焕杰 沈海洲　周丽娜　叶　珊 鲁宏浩	2020年度优秀辅导员	中共苏州科技大学委员会	2021年9月
宋　奇　向丽君　刘　智 沈志高　段修磊　徐　彬 胡可苏　徐明其　曹喜庆 董川永	2020年度安全管理工作优秀个人	苏州科技大学	2021年3月
吴殿鸣　沈　峰　陶重犇 杨　昀　徐　文　王艳芬 周宇扬　叶常青　綦　亮 王爱国	2021年度优秀教师	苏州科技大学	2021年7月
白筱璐　翁丽祥　王　舒 刘　锋　顾银君　许秋云	2021年度优秀教育工作者		

学生集体（项目）、个人获省、市级以上表彰或奖励情况

2021年度学生集体（项目）、个人获省、市级以上表彰或奖励情况

2021年度学生集体（项目）、个人获省、市级以上表彰或奖励情况一览表

受表彰的集体（项目）、个人	被授予的荣誉称号或奖项	所在单位	表彰单位	获奖日期
建筑与城市规划学院团委	2020年度“江苏省五四红旗团委”	建筑与城市规划学院	共青团江苏省委员会	2021年5月
建筑与城市规划学院“青竹”青年学习社团支部	江苏省百强先锋团支部	校团委	共青团江苏省委员会	2021年12月
机械工程学院2018级机械设计制造及其自动化专业1813团支部				
环境科学与工程学院2018级给排水科学与工程专业1812团支部	江苏省千优活力团支部			
土木工程学院2018级工程管理专业1812团支部				
商学院2018级物流管理专业1812团支部				
敬文书院2019级敬文1911团支部				

续表

受表彰的集体（项目）、个人	被授予的荣誉称号或奖项	所在单位	表彰单位	获奖日期
文学院 2018 级汉语国际教育专业 1811 团支部	江苏省千优活力团支部	校团委	共青团江苏省委员会	2021 年 12 月
马克思主义学院 2018 级思想政治教育专业（师范）1812 团支部				
音乐学院 2019 级音乐专业（师范）1911 团支部				
电子与信息工程学院 2018 级通信工程专业 1811 团支部				
外国语学院 2019 级英语专业（师范）1912 团支部				
教育学院 2018 级学前教育专业 1812 团支部				
物理科学与技术学院 2018 级物理学专业（师范）1811 团支部				
艺术学院 2018 级美术学专业 1811 团支部				
地理科学与测绘工程学院 2019 级人文地理与城乡规划专业 1911 团支部				
化学与生命科学学院 2018 级材料化学专业 1811 团支部				
社会发展与公共管理学院 2018 级社会工作专业 1811 团支部				

续表

受表彰的集体（项目）、个人	被授予的荣誉称号或奖项	所在单位	表彰单位	获奖日期
苏州科技大学走进美丽乡村实践调研团队	长三角高校大学生重走革命路暑期社会实践专项活动优秀团队	校团委	共青团江苏省委员会	2021 年 11 月
建筑学院博宇青年志愿者协会	2020 年度江苏省志愿服务行动组织奖	校团委	共青团江苏省委员会、江苏省志愿者协会	2021 年 4 月
艺术学院“蒲公英”青年志愿者协会	2020 年度江苏省优秀志愿服务事业贡献奖			
研究生青年志愿者协会	江苏省社会实践和志愿服务“十佳研究生团队”提名奖	校团委	江苏省学位与研究生教育学会、江苏教育报刊总社	2021 年 9 月
土木工程学院团委	苏州市 2020 年度五四红旗团委	校团委	共青团苏州市委员会	2021 年 4 月
文学院 2018 级汉语国际教育专业 1811 团支部	苏州市 2020 年度五四红旗团支部			
时间—温度智能标签	第十七届“挑战杯”全国大学生课外学术科技作品竞赛“黑科技”专项赛国赛特等奖	校团委	共青团中央	2021 年 9 月
告白美丽乡村　书写青春风采——基于苏州市四个美丽乡村典型示范村的调研实践	第十七届“挑战杯”江苏省大学生课外学术科技作品竞赛红色专项活动国赛一等奖			
新型超高效节能污水生物净化系统	第十七届“挑战杯”全国大学生课外学术科技作品竞赛“黑科技”专项赛国赛二等奖			
“忆”起戎旅·党铸兴村——基于红色记忆的三湾村乡村发展调研报告	第十七届“挑战杯”江苏省大学生课外学术科技作品竞赛红色专项活动国赛三等奖			

续表

<table>
<tr><th>受表彰的集体（项目）、个人</th><th>被授予的荣誉称号或奖项</th><th>所在单位</th><th>表彰单位</th><th>获奖日期</th></tr>
<tr><td>失独家庭社区养老需求与供给匹配研究——以苏州市W街道为例</td><td rowspan="2">2021年三下乡“返家乡”全国社会实践优秀调研报告</td><td rowspan="2">校团委</td><td rowspan="2">共青团中央</td><td rowspan="2">2021年12月</td></tr>
<tr><td>加强基层党建引领乡村振兴的实践与思考——基于苏南地区九个美丽乡村的调研</td></tr>
<tr><td>机械工程学院2018级机械设计制造及其自动化专业1813团支部</td><td>全国高校活力团支部</td><td>机械工程学院</td><td>中国青年报社</td><td>2021年9月</td></tr>
<tr><td>苏州科技大学走进美丽乡村实践调研团队</td><td rowspan="3">“千校千项”优秀网络展示项目</td><td rowspan="3">校团委</td><td rowspan="3">中国青年报社</td><td rowspan="3">2021年11月</td></tr>
<tr><td>苏州科技大学“惠聚”调研团</td></tr>
<tr><td>苏州科技大学初心讲堂理论宣讲团</td></tr>
<tr><td>土木工程学院“‘医’‘馨’相伴——医护子女陪伴计划”项目</td><td>2020年度江苏省优秀志愿服务项目</td><td>校团委</td><td>共青团江苏省委员会、江苏省志愿者协会</td><td>2021年4月</td></tr>
<tr><td>基于深度学习的空地协作机器人环境建模系统</td><td>第十七届“挑战杯”江苏省大学生课外学术科技作品竞赛省赛一等奖</td><td rowspan="5">校团委</td><td rowspan="5">共青团江苏省委员会</td><td rowspan="5">2021年9月</td></tr>
<tr><td>基于低维范德华异质结的自驱动光电探测器</td><td rowspan="4">第十七届“挑战杯”江苏省大学生课外学术科技作品竞赛省赛二等奖</td></tr>
<tr><td>文旅小镇商业生态中非遗文化价值 转换机制评估研究——以苏南为例</td></tr>
<tr><td>与城市“摆渡人”谈“薪”论“保”——灵活就业群体新酬福利调查分析</td></tr>
<tr><td>向下扎根，向阳生长：对江苏省A大学50名选调生成长路径的调查</td></tr>
</table>

续表

受表彰的集体（项目）、个人	被授予的荣誉称号或奖项	所在单位	表彰单位	获奖日期
模块化河道水污染生态净化系统	第十七届“挑战杯”江苏省大学生课外学术科技作品竞赛省赛三等奖	校团委	共青团江苏省委员会	2021 年 9 月
基于苏州典型小区问卷调查分析的公共卫生重大事件应对机制改善策略研究				
含氮多环芳烃分子中的超快双光子吸收和光限幅机制研究				
时间—温度智能标签	第十七届“挑战杯”全国大学生课外学术科技作品竞赛“黑科技”专项赛江苏省赛一等奖	校团委	共青团江苏省委员会	2021 年 9 月
新型超高效节能污水生物净化系统				
光子晶体反射型节能黑板	第十七届“挑战杯”全国大学生课外学术科技作品竞赛“黑科技”专项赛江苏省三等奖			
利用 DVD 光盘实现橄榄油的真伪检测				
智能机器人和表情识别				
“睛”彩世界渐进镜片				
有机物储氢在高功率密度轻柔燃料电池的集成应用				
竹节形纳米线用于健康诊断/监测的气敏传感芯片				
告白美丽乡村　书写青春风采——基于苏州市四个美丽乡村典型示范村的调研实践	第十七届“挑战杯”江苏省大学生课外学术科技作品竞赛红色专项省赛特等奖	校团委	共青团江苏省委员会	2021 年 9 月

续表

受表彰的集体（项目）、个人	被授予的荣誉称号或奖项	所在单位	表彰单位	获奖日期
“忆”起戎旅·党铸兴村——基于红色记忆的三湾村乡村发展调研报告	第十七届“挑战杯”江苏省大学生课外学术科技作品竞赛红色专项赛省赛一等奖	校团委	共青团江苏省委员会	2021年9月
党建引领，“三治”融合，建设美丽新农村——访昆山市玉山镇泾河村	第十七届“挑战杯”江苏省大学生课外学术科技作品竞赛红色专项赛省赛二等奖			
锦绣乡村非昔比，红色传承看今朝：“红色旅游推动乡村振兴”大学生实践调研报告				
上下求索，青春力行：青年党员参与脱贫攻坚的事迹调研				
传承红色基因，践行初心使命				
追忆革命征程，传承红色基因	第十七届“挑战杯”江苏省大学生课外学术科技作品竞赛红色专项赛省赛三等奖			
敬文书院“七颗小红星”团队				
萤火“燔灼”烛光义教实践活动调研报告	2021年全省大中专学生志愿者暑期文化科技卫生“三下乡”社会实践活动优秀调研报告	校团委	共青团江苏省委员会	2021年11月
芸芸众“生”：新时代生育政策的多元探索				
红星闪闪跟党走实践团	2021年全省大中专学生志愿者暑期文化科技卫生“三下乡”社会实践活动优秀团队	校团委	共青团江苏省委员会	2021年11月
“追寻红色印记，牢记禁毒使命”实践团				
“筑梦启航”师范生发展调查团队				

续表

受表彰的集体（项目）、个人	被授予的荣誉称号或奖项	所在单位	表彰单位	获奖日期
“关爱失独家庭”社区养老调研小分队	2021 年全省大中专学生志愿者暑期文化科技卫生“三下乡”社会实践活动优秀团队	校团委	共青团江苏省委员会	2021 年 11 月
圆梦工作室				
“物理悟理”实践团				
苏州市虎丘区金色社区	2021 年全省大中专学生志愿者暑期文化科技卫生“三下乡”社会实践活动优秀实践基地			
文学院“守护星”关爱自闭症儿童暑期社会实践活动	江苏省“博爱青春”省级支持一类项目	校团委	共青团江苏省委员会、江苏省红十字会	2021 年 12 月
《基于多元数据的城市街区紧凑度与骑行活动研究——以苏州为例》（作者：傅彬）	江苏省优秀硕士学位论文	建筑与城市规划学院	江苏省学位委员会	2021 年 11 月
《富铋型卤氧化铋光催化材料可见光下对水中有机物的降解与机理研究》（作者：张振宗）		环境科学与工程学院		
《MOF 材料固定纤维素酶及其在离子液体中转化农林废弃物》（作者：周敏）		化学与生命科学学院		
《桃花坞木刻年画“一团和气”图式的创新表现研究》（作者：汪佳文）		艺术学院		

续表

受表彰的集体（项目）、个人	被授予的荣誉称号或奖项	所在单位	表彰单位	获奖日期
王　辰　施欣玉	2020 年度江苏省优秀青年志愿者	校团委	共青团江苏省委员会、江苏省志愿者协会	2021 年 4 月
朱云枫	2020 年度江苏省优秀共青团员	校团委	共青团江苏省委员会	2021 年 5 月
徐　嫣　彭易鸣	“百年风华”全省党员教育全媒体作品创作大赛三等奖	艺术学院	中共江苏省委组织部	2021 年 8 月
肖雅玲　徐誉文 周新皓　李雅欣 孙心怡　曹开悦 施欣玉　胡亦波	2021 年全省大中专学生志愿者暑期文化科技卫生“三下乡”社会实践活动先进个人	校团委	共青团江苏省委员会	2021 年 11 月
许甜甜	江苏学生资助宣传大使	苏州科技大学	江苏省教育厅办公室	2022 年 2 月

2021 年度学生参加课外各类学科竞赛获国家级奖项情况

2021 年度学生参加课外各类学科竞赛获国家级奖项情况一览表

受表彰的集体或个人	被授予的荣誉称号或奖项	表彰单位	获奖日期
建筑与城市规划学院			
何远艳　石　玉	2020《中国建筑教育》“清润奖”大学生论文竞赛优秀奖*	教育部高等学校建筑类专业教学指导委员会建筑学专业教学指导分委员会	2020 年 9 月
段雨欣　刘耀辉　郭婷怡　顾心航	2020“谷雨杯”全国大学生可持续建筑设计竞赛三等奖*	北京谷雨时代教育科技有限公司	2020 年 9 月
凌子涵　胡念晨　陈　曦　张艺林	2020 城市可持续调研报告国际竞赛优秀奖（一等奖）*	世界规划教育组织、国际工程科技知识中心智能城市分平台	2020 年 11 月
刘家瑜　陈美华　孙海烨　叶佳玥　范佳琪　赵　越　田　静　季　瑶　韦倩涵　陈诺之　朱天睿　朱韬儒　王灏丞　厉汶灿　陈瀚霖　姜春晨　曾　煜　刘翔宇　吴若禹　陈勐勐　沈　萌　刘诗雅　俞佳林　刘舒琴　梁　冰　高艳霞　郑冠宇　常海辞　王沛颖　郑坤仪　朱玥珊　周根荣　刘　铭　袁可远　宋宝竹　李颖明	2020 城市可持续调研报告国际竞赛提名奖（优秀奖）*		
张皓然　朱承晨	2020 城市设计学生作业国际竞赛优秀奖（一等奖）*		
徐弋茜　李翠云　庄越璐　陈天好　韩家春　涂　祺　胡佳怡　马健越　郑煜昂　张梦欣　张怡然　黄子珊　刘浩然　陈　裕　焦华丹　姚　睿　胡笑妍　陈泽杰　凌子涵　何远艳	2020 城市设计学生作业国际竞赛提名奖（优秀奖）*		

续表

受表彰的集体或个人	被授予的荣誉称号或奖项	表彰单位	获奖日期
葛舒彤 丁吉逸 郑 薇 王雨琴 高伏丽	第十一届“园冶杯”大学生国际竞赛二等奖*	“园冶杯”组委会	2020年11月
郑 薇 王雨琴 葛舒彤 丁吉逸 张建楠 宋蕊蕊 钱烨清 顾依雯	第十一届“园冶杯”大学生国际竞赛三等奖*		
马健越 杨宇皓 邓冰倩 胡佳怡 吕林蔓 张梦欣	2020年度全国高等院校城乡规划专业大学生乡村规划方案竞赛一等奖*	中国城市规划学会	2020年12月
何 莲 庄 健 林 冰 温迪陆 蒋丽丽 韩家春	2020年度全国高等院校城乡规划专业大学生乡村规划方案竞赛二等奖*		
沈凌雁 郑煜昂 张皓然 朱承晨 黄晓雯 徐子健 胡笑妍 王昊琦 陈泽杰 徐弋茜 付 倩 宋文瑞 彭韵璇 宁文岷 应永飞 于海遥 涂 祺 于彦喆	2020年度全国高等院校城乡规划专业大学生乡村规划方案竞赛三等奖*		
葛舒彤 丁吉逸	2020年中国风景园林教育大会竞赛优秀奖*	中国风景园林学会	2020年12月
余春华 朱跃跃 陈姝羽 周雨微 沈佳敏 周凌赟 张 牧	2021年中国风景园林教育大会优秀本科毕业设计评比暨全国高等学校风景园林专业学生毕业设计作业评优优秀奖	中国风景园林学会（代章）	2021年5月
张乐尧 苏玮璇 汤 尧 孙泠泠 邹清扬 张 晨 程菲儿	第七届紫金奖·建筑及环境设计大赛二等奖	紫金奖文化创意设计大赛组委会、江苏省住房和城乡建设厅	2021年7月
史汉祥 赵香君 孔 睿 潘启烨 王 波 杨隽妮 王雪松 刘朴阳 陆仲琪 林陈诗 张师好 袁文怡雪	第七届紫金奖·建筑及环境设计大赛三等奖		

续表

受表彰的集体或个人	被授予的荣誉称号或奖项	表彰单位	获奖日期
尹晓梦 吉仟惠 张怡然 张逸昀 何 莲 付 倩 陈天好 刘浩然 陈 裕 庄越璐 应永飞 王昊琦 陈泽杰 宋文瑞 胡笑妍	2021城市可持续调研报告国际竞赛金奖（一等奖）	世界规划教育组织、国际工程科技知识中心智能城市分平台	2021年9月
林 冰 张皓然 蒋丽丽 温迪陆 焦华丹 韩家春 姚 睿 宋忠怡 胡元鸣 陈 悦 宋思锦 程 磊	2021城市可持续调研报告国际竞赛提名奖（优秀奖）		
孙泠泠 耿汐雯 王虹雲 褚 楚	2021城市设计学生作业国际竞赛金奖（一等奖）		
俞奕林 仇 畅 陈 畅 麻晨皓 刘雯婷 郭佳蕾 潘启烨 王信然 牛淑瑶 王 波 宋文瑞 付 倩	2021城市设计学生作业国际竞赛提名奖（优秀奖）		
史汉祥	中国建筑新人赛暨“亚洲建筑新人赛”中国区选拔赛三等奖（进入前104）	东南大学建筑学院、东南大学建筑设计研究院有限公司	2021年9月
环境科学与工程学院			
仓立坤 芦春辰 顾欣语 季 杰 周汀芷 戴天杰 司壮壮 王馨瑶 赵文静 邬咏欣 刘同辉 刘佳枫 厉小会 周 澄 钟沛均 黄泽洋 黄恬颖 张绎如 杨雨姝 许鑫澎 张 璐 王昊天 顾心童 刘洋畅 吴佳静 李泾菡	第十四届全国大学生节能减排社会实践与科技竞赛三等奖	全国大学生节能减排社会实践与科技竞赛委员会	2021年8月
丛瞿欣 李世杰 黄晓静	第三届“北控水务杯”全国大学生市政环境类创新实践能力大赛三等奖（团体）	虚拟仿真实验教学创新联盟环境科学与工程类专业工作委员会、生态环境产教联盟、哈尔滨工业大学	2021年11月

续表

受表彰的集体或个人	被授予的荣誉称号或奖项	表彰单位	获奖日期
土木工程学院			
徐　豪　刘贤畅　李连华　祁　凡　戴浩然　吕　焘	第六届全国高校 BIM 毕业设计创新大赛一等奖*	中国软件行业协会	2020 年 7 月
蒋诚仁　江兵兵　邓善文　臧年超　孙泽林	第七届全国高校 BIM 毕业设计创新大赛二等奖	中国软件行业协会	2021 年 6 月
姜宇翔　赵雨欣　黄伟杰　叶锡威　杨润原	第三届国际大学生混凝土龙舟赛一等奖	浙江大学组委会	2021 年 6 月
黄　立　崔　扬　徐家明　曹云涛　徐洪雁	第三届国际大学生混凝土龙舟赛三等奖	浙江大学组委会	2021 年 6 月
郭子睿　吴宣哲　王　喆　施　旺	第五届全国高校智能交通创新与创业大赛二等奖	中国自动化学会、全国交通设备与控制工程专业联盟	2021 年 6 月
许前程　周　悫	第十三届全国周培源大学生力学竞赛三等奖	中国力学学会、周培源基金会	2021 年 8 月
杨琦轩　王海波　张耀阳　林春超　陈佳俊　王　希　沈嘉昕　邹一韬	第十三届全国周培源大学生力学竞赛优秀奖	中国力学学会、周培源基金会	2021 年 8 月
伍成君　赖　一　王锦程　金王栋　龚桢佳　周　翔　陈思凡	首届全国大学生工业化建筑与智慧建造竞赛二等奖	东南大学	2021 年 9 月
吕雨彤　杨国栋　朱印辛　严舒云　李　亮　管利祥　赵原基　郑宝妍	首届全国大学生工业化建筑与智慧建造竞赛三等奖	东南大学	2021 年 9 月
电子与信息工程学院			
刘德政　季玉洁　施博炫	第二十二届中国机器人及人工智能大赛一等奖*	中国人工智能学会	2020 年 12 月
刘　路　宋臻宇　王煜庭　何　艺　杨隽妮	第十二届全国大学生房地产策划大赛三等奖*	中国建设教育协会、中国房地产业协会、全国大学生房地产策划大赛组委会	2020 年 12 月

续表

受表彰的集体或个人	被授予的荣誉称号或奖项	表彰单位	获奖日期
刘德政 季玉洁 施博炫 何彦逸 蔡祯扬 郭昭志 陈彦宇 周韵琪 张馨越 马诗雨 周汉元 屠 元 赵 升 郁浩澄	第23届“锦江杯”全国机器人大赛一等奖*	全国机器人锦标赛组委会	2020年12月
刘德政 季玉洁 施博炫 何彦逸 蔡祯扬 郭昭志 陈彦宇 周韵琪 张馨越 马诗雨 周汉元 屠 元 赵 升 郁浩澄	第23届“锦江杯”全国机器人大赛二等奖*		
刘德政 季玉洁 施博炫 何彦逸 蔡祯扬 郭昭志 陈彦宇 周韵琪 张馨越 马诗雨 周汉元 屠 元 赵 升 郁浩澄	第23届“锦江杯”全国机器人大赛三等奖*		
何彦逸 蔡祯杨 施博炫 郭笑非 刘梦杰 周汉元 柴梓嘉 蒋睿豪 潘晨曦 潘一凡 陈 杰	第23届“锦江杯”全国机器人大赛一等奖	全国机器人锦标赛组委会	2021年1月
何彦逸 蔡祯杨 施博炫 郭笑非 刘梦杰 周汉元 柴梓嘉 蒋睿豪 潘晨曦 潘一凡 陈 杰	第23届“锦江杯”全国机器人大赛二等奖		
黄泱邦 赵叶勇	第六届中国高校计算机大赛——团体程序设计天梯赛二等奖	全国高等学校计算机教育研究会	2021年5月
时微淳 吴晓凡	第六届中国高校计算机大赛——团体程序设计天梯赛三等奖		
卞伟涛 傅仕平 沈士博 赵铎涵	2021ROBOCUP机器人世界杯中国赛二等奖	中国自动化学会	2021年5月

续表

受表彰的集体或个人	被授予的荣誉称号或奖项	表彰单位	获奖日期
时微淳　黄泱邦	“蓝桥杯”全国软件和信息技术专业人才大赛（软件类C、C++程序设计）B组国赛一等奖	工业和信息化部人才交流中心	2021年6月
洪　攀	“蓝桥杯”全国软件和信息技术专业人才大赛（软件类C、C++程序设计）B组国赛优秀奖		
骆世尧　高成杰	“蓝桥杯”全国软件和信息技术专业人才大赛（软件类Java软件开发）B组国赛二等奖		
刘　熙　谢佳乐	“蓝桥杯”全国软件和信息技术专业人才大赛（软件类Java软件开发）B组国赛优秀奖		
卫佳炜	“蓝桥杯”全国软件和信息技术专业人才大赛（软件类Python程序设计）国赛三等奖		
仓春鹏	“蓝桥杯”全国软件和信息技术专业人才大赛（软件类Python程序设计）国赛优秀奖		
汤豪杰　刘德政	“蓝桥杯”全国软件和信息技术专业人才大赛（电子类）国赛二等奖		
吴鹏飞　陈　路　时萧风　何一玉　谈天鸿　庄宇飞　时悦辰	“蓝桥杯”全国软件和信息技术专业人才大赛（电子类）国赛优秀奖		

续表

受表彰的集体或个人	被授予的荣誉称号或奖项	表彰单位	获奖日期
徐炜凡　吴韫杰	中国大学生计算机设计大赛二等奖	中国大学生计算机设计大赛组委会	2021 年 7 月
段相龙　孙猛伟　徐炜凡	中国大学生计算机设计大赛三等奖		
徐　宇　周　畅　丁启成　殷文浩　朱加涛	第二十三届中国机器人及人工智能大赛全国初赛二等奖	中国机器人及人工智能大赛组委会	2021 年 8 月
郑仕阳	中国高校计算机大赛——2021 微信小程序应用开发赛三等奖	全国高等学校计算机教育研究会	2021 年 8 月
吴鹏飞　武育麒　朱家坤	第十五届"西门子杯"中国智能制造挑战赛全国总决赛一等奖	中国智能制造挑战赛组委会	2021 年 10 月
谈天鸿　时悦辰　张　震	全国大学生嵌入式芯片与系统设计竞赛三等奖	嵌入式芯片与系统设计竞赛组委会	2021 年 11 月
黄泱邦	2021RoboCom 机器人开发者大赛——人工智能编程设计二等奖	工业和信息化部人才交流中心	2021 年 11 月
季鑫慧　周成龙	2021 年"华为杯"第十八届中国研究生数学建模竞赛三等奖	中国学位与研究生教育学会、中国科协青少年科技中心、中国研究生数学建模竞赛组委会	2021 年 12 月
商学院			
王　俭　朱迁邦　柴　过	第十届 APMCM 亚太地区大学生数学建模竞赛二等奖	亚太地区大学生数学建模竞赛组委会、北京图象图形学学会	2021 年 1 月
汤孝海　姚江涛　张邺丹	第十届 APMCM 亚太地区大学生数学建模竞赛三等奖		

续表

受表彰的集体或个人	被授予的荣誉称号或奖项	表彰单位	获奖日期
刘宇婷　戴心怡　张灵心	“正大杯”第十一届全国大学生市场调查与分析大赛二等奖	教育部高等学校统计学类专业教学指导委员会、中国商业统计学会	2021 年 4 月
董胜楠　曹嘉晖　庄　巍　吴昕祺	“正大杯”第十一届全国大学生市场调查与分析大赛三等奖		
许　愿　曹佳慧　戴俊辉	第七届“东方财富杯”全国大学生金融精英挑战赛优秀奖	东方财富信息股份有限公司	2021 年 8 月
陈瑾冕	2021 年“华为杯”第十八届中国研究生数学建模竞赛三等奖	中国学位与研究生教育学会、中国科协青少年科技中心、中国研究生数学建模竞赛组委会	2021 年 12 月
文学院			
王子涵　罗　琳	2021 年北京国际电影节·第 28 届大学生电影节优秀影评荣誉（二等奖）	大学生电影节组委会	2021 年 9 月
王诗淇　马琳萌	2021 年北京国际电影节·第 28 届大学生电影节入围奖（三等奖）		
徐　颖	2021 年第三届全国中华经典诵读写大赛——“诗教中国”诗词讲解大赛三等奖	国家语言文字工作委员会	2021 年 10 月
杜冰雁	2021 年第三届全国中华经典诵读写大赛——“笔墨中国”汉字书写大赛优秀奖	国家语言文字工作委员会	2021 年 11 月
邱霜燕　唐　益　孙晓洁	2021 钓鱼城·全国大学生影评大赛入围奖	重庆市电影家协会组委会、重庆市文艺评论家协会组委会、重庆邮电大学移通学院	2021 年 11 月

续表

受表彰的集体或个人	被授予的荣誉称号或奖项	表彰单位	获奖日期
涂心雨　张雨心　陈丹彤　孙华婧	第十一届全国商务秘书职业技能大赛二等奖	中国对外贸易经济合作企业协会	2021 年 11 月
赵　彤　张景轩　周　娴　陈　悦	第十一届全国商务秘书职业技能大赛三等奖		
社会发展与公共管理学院			
汪　静　朱夏影　王开雪　靳雅婷　夏　濛　黄孝亚	2021 年“远见者杯”全国大学生创新促进就业（简历设计）大赛二等奖	智慧中国杂志社、中国电子商会	2021 年 5 月
宋佳杰　李康平　石晋羽　罗　丽　黄艳燕　李思佳　郑如晨	2021 年“远见者杯”全国大学生创新促进就业（简历设计）大赛三等奖		
蔡子茵　焦书婧	2021 年“远见者杯”全国大学生创新促进就业（简历设计）大赛优秀奖		
数学科学学院			
胡若凡	第十二届全国大学生数学竞赛初赛特等奖*	中国数学会	2020 年 12 月
尤希舟　沈嘉昕　刘映池　吴子涵　王成鹏　朱　上	第十二届全国大学生数学竞赛初赛一等奖*		
王莉芬　杨小乐　杨天羽　胥俊杰　赵思浩　梅彦杰　宋亚豪　董子硕　张枫幸　段相龙　张天宇　包俊裕　吴东阳	第十二届全国大学生数学竞赛初赛二等奖*		
童欣磊　黄宇凯　孙旭阳　何宇航　苏玉莹　黄晖巾　马　悦　王嘉茜　章新婕　许冬梅　朱业辉　张宁芝　钱青云　黄绮祯　周　俊　吴丹丹　范　頔　薛融尔　王　浩　周　岑　蒋泠泠　吴晓凡　许前程　夏文浩　王皓萱　张俊杰　孙　祺	第十二届全国大学生数学竞赛初赛三等奖*		

续表

受表彰的集体或个人	被授予的荣誉称号或奖项	表彰单位	获奖日期
梅彦杰　吴子涵　沈云瑶	2021 年美国大学生数学建模竞赛（MCM/ICM）一等奖	美国数学及其应用联合会（COMAP）	2021 年 4 月
崔倩茹　王瑞滔　徐智劼 陈鹏程　徐　昱　段相龙	2021 年美国大学生数学建模竞赛（MCM/ICM）二等奖		
郭昭志　俞斯亮　刘铸慷 谢　凡　赵　然　严洁辉	2021 年美国大学生数学建模竞赛（MCM/ICM）三等奖		
胡若凡	第十二届全国大学生数学竞赛决赛三等奖	中国数学会	2021 年 5 月
秦　楚　刘清韵	2021 年“华为杯”第十八届中国研究生数学建模竞赛三等奖	中国学位与研究生教育学会、中国科协青少年科技中心、中国研究生数学建模竞赛组委会	2021 年 12 月
物理科学与技术学院			
徐　璐　胡亦有　孙光耀 薛融尔　吴抒阳　徐康怡	2020 年全国大学生物理实验竞赛二等奖*	全国大学生物理实验竞赛组委会	2020 年 12 月
徐思宇　王　丞　王露璇	2021 年全国大学生物理实验竞赛二等奖	全国大学生物理实验竞赛组委会	2021 年 11 月
严　正　唐璟娴　钱睿琳 童　欣　严明慧　张　晴 戴安妮　周璧玉　李丹丹 周心媛	2021 年全国大学生物理实验竞赛三等奖		
林李兴	2021 年“华为杯”第十八届中国研究生数学建模竞赛三等奖	中国学位与研究生教育学会、中国科协青少年科技中心、中国研究生数学建模竞赛组委会	2021 年 12 月

续表

受表彰的集体或个人	被授予的荣誉称号或奖项	表彰单位	获奖日期
化学与生命科学学院			
谢笑天　丁　解　朱雯君　苏子桢　宋知衡	第十五届全国大学生化工设计竞赛二等奖	中国化工学会、中国化工教育协会	2021 年 8 月
艺术学院			
沈　媛	2020 中国大学生广告艺术节学院奖秋季赛二等奖*	中国广告协会	2020 年 12 月
周汀芷　许心怡　秦　凤　郑巧芸　陈梦琪　石若昕　陈　铭　范书斌　葛文硕　李依雯　刘　茜　吴郁诚　谢重阳　许慧文　薛涵文　袁　亚　赵雅雯　郑巧芸	2020 中国大学生广告艺术节学院奖秋季赛优秀奖*	中国广告协会	2020 年 12 月
戴子喧　单占娜　李紫源　任　绮　王琳琳　许青青　张　璐　陈　铭　范佳琳　范书斌　顾飞飞　李依雯　谢重阳　叶欣怡	2020 中国大学生广告艺术节学院奖秋季赛入围奖*	中国广告协会	2020 年 12 月
崔雪纯	2020“新人杯”全国大学生室内设计优秀奖*	“新人杯”全国大学生室内设计竞赛组委会	2020 年 12 月
裴子辰　董世钊　方　鑫	G-CROSS 全球大学生创意金星奖三等奖	英国设计协会、法国梅斯建筑设计协会、西班牙国际艺术家协会、德国工业设计委员会	2021 年 3 月
范佳琳	环球金创意国际设计奖三等奖	环球金创意国际设计奖组委会	2021 年 5 月
沈　丹　李一帆　赵学栋　刘晨旭　杨嘉逸　吴周凡	2021“时代风华”第五届江苏省高校美术作品展优秀奖	江苏省学校美育教学指导委员会	2021 年 6 月

续表

受表彰的集体或个人	被授予的荣誉称号或奖项	表彰单位	获奖日期
李赛男　孙岫远	2021“蓝桥杯”全国软件和信息技术专业人才大赛全国总决赛优秀奖	工业和信息化部人才交流中心、“蓝桥杯”全国软件和信息技术专业人才大赛组委会、中国软件行业协会、中国电子商会、中国电子学会、中国半导体行业协会	2021年6月
林颢洋　扬　帆　宋紫良	2021中国大学生计算机设计大赛二等奖	中国大学生计算机设计大赛组委会	2021年7月—2021年8月
张盈盈　李和阳　马露婷	2021中国大学生计算机设计大赛三等奖		
乐子妍	2021中国大学生广告艺术节学院奖春季赛一等奖	中国广告协会	2021年8月
马介莉　范书斌　李依雯 许慧文　薛涵文　杨鸿延 袁　亚　赵雅雯　王晓玉 李如意　龚　楠　尚艺佳 杨　慧　赵之菁	2021中国大学生广告艺术节学院奖春季赛优秀奖		
陈晓玥　陆妍瑕　邢俏雨 陈梦琪　李紫源　鹿馨雪 马介莉　陈　铭　刘　茜 刘新月　袁　亚	2021中国大学生广告艺术节学院奖春季赛入围奖		
李依雯	2021“新青年杯”全球青年创意奖一等奖	2021全球青年创意奖组委会	2021年8月
马介莉　刘新月　许慧文 杨鸿延　赵雅雯	2021中国包装创意设计大赛三等奖	中国包装联合会	2021年8月
马介莉　许慧文	2021中国包装创意设计大赛优秀奖		

续表

受表彰的集体或个人	被授予的荣誉称号或奖项	表彰单位	获奖日期
姚　晨	2021 全国大学生广告艺术大赛二等奖	中国高等教育学会、全国大学生广告艺术大赛组委会	2021 年 9 月
张泽琳　宋董申　钟　艺	2021 全国大学生广告艺术大赛优秀奖		
孟娅婷　史明秀　卜晓寅　曹宸东　葛睿楠　贾宇超　裴子辰　方　鑫　钱　宇　董世钊　张艺博　窦佳琳　赵天孜　苏　畅　赵一繁	2021“新人杯”全国大学生室内设计鼓励奖	中国建筑学会室内设计分会	2021 年 9 月
孙　璐　王小雪　吕秋红　胡扬扬　王　元	2021“新人杯”全国大学生室内设计优秀奖	中国建筑学会室内设计分会	2021 年 10 月
吴佳驹　尹妙淇	2021 全国高校数字艺术设计大赛一等奖	全国高校数字艺术大赛组委会	2021 年 10 月
刘　昱　吴丹丹　周丽文　刘　雷　乔　武　王晓玉　范宣宣　吴奕涵　范佳琳	2021 全国高校数字艺术设计大赛二等奖		
王　元　时　新　姜若然　范书斌　杜亚滨　张　璐　范宣宣　范佳琳　孟娅婷　史明秀　卜晓寅	2021 全国高校数字艺术设计大赛三等奖		
吴雅茜	2021 中国当代大学生艺术作品年鉴大赛优秀作品奖	中国当代大学生艺术作品大赛组委会等	2021 年 10 月
裴子辰　方　鑫　钱　宇　董世钊　沈瑶瑶	BICC 中英国际创意大赛三等奖	中英国际创意大赛中国赛区评审委员会	2021 年 10 月

续表

受表彰的集体或个人	被授予的荣誉称号或奖项	表彰单位	获奖日期
夏伟浩	2021 中国大学生广告艺术节学院奖秋季赛一等奖	中国广告协会	2021 年 11 月
周汀芷	2021 中国大学生广告艺术节学院奖秋季赛三等奖		
万昕怡　丁雯洁　徐杨婷 陆丽瑶　邓龙玉　马玉龙 孙　璎　黄梦玲　王艺蓓 陈奕含　钱智雅　戴子喧 张　逸　范佳琳　李倩倩 范宣宣　王艺超　汪　佳 钟佩伶	2021 中国大学生广告艺术节学院奖秋季赛优秀奖		
杨竞尧　周汀芷　吴　慧 王倩雨　潘　雪　叶文怡 马玉龙　裴梦缘　于　飞 常慧玲　欧阳鑫　李芙莹 曹艺钦　许　澳　李沁汶 林俊锋　陈　杰　刘家琦 丁雯洁　李宜婷　许本慷 吴　莹　王茹萱　刘　畅 李诗俣　王凌云　王　悦 单占娜　鹿馨雪　张　逸 刘　茜　王艺超　张蒙子怡	2021 中国大学生广告艺术节学院奖秋季赛入围奖		
外国语学院			
华馨悦　陈晓慧	第二届全国高校创新英语挑战活动英语翻译赛（汉译英）三等奖	全国高校创新英语挑战活动组委会、安徽科学技术出版社《海外英语》编辑部、中国文化信息协会创新文化传播专业委员会	2021 年 1 月
费敏涛　梅叶凡　孙心怡 宋知衡　王　悦　王子建 秦　峰　毛雨沛　纪星宇	全国大学生英语竞赛一等奖	高等学校大学外语教学研究会	2021 年 5 月

续表

受表彰的集体或个人	被授予的荣誉称号或奖项	表彰单位	获奖日期
杨颖汐　沈　洁　谢一菲 金欣宜　陈爱谓　陈晓凤 赵心怡　黄惠华　王兴月 沈忆州　高之昱　王研州 顾浩楠　缪昀菲　方泽茹 宫业阳　沈鑫琦　王立铭 虞璐瑶　徐　蕾　殷思睿 张皓涵　张　璐　刘宛昕 储翱玥　季欣媛　单　艺 冯俊源　徐　婧　张钟月 杨　兰　宋泽荣　周昕昊 李子欢　吴蓉蓉　华　杨 黄嘉硕　花瑞琪　董　雯 张　骋　罗秀珍　曹译匀 汤瑜洋　李程洋　张澄恩 任思玉　陈　蕾　黄可宁 何佳盈　张　越　李宜婷	全国大学生英语竞赛二等奖	高等学校大学外语教学研究会	2021 年 5 月
缪明明　顾　娟　龚小霞 易沁格　卞翊人　孙　斌 吴依霖　薛　柔　陈晓慧 朱辰佳　张慧研　李　童 王迎庆　黄恬颖　马　悦 王诗宇　钱俊霖　陈　晨 陈志涵　董海鸥　顾文清 王泽群　叶晓岚　张诗然 张珺尧　缪宇涵　胡思恬 杨润原　台运鹏　郭起瑞 曹雨薇　王景璇　江新谱 徐子潇　王雅涵　黄徐婧 顾小卓　杨高阳　陈婧蕾 张　燕　韩　旭　朱春梅 薛苏宁　张帅帅　张　杰 吕　尚　曹雨项　陈丹彤 牛子琦　李文熙　施智明 何语佳　谭　茜　熊佳骎 任　姗　蒋卓群　刘　蓉 孔令涵　杨雨姝　王嘉茜 莫一凡　周雪梅　颜若笑 王福政　黄馨雯　黄倩钰 姜　沁　于淼淼　俞　乐 郭子一　李嘉伟　颜怡静 章一丹　赵　杰　杨　俣 王书忠　柏荣鲲　姜慧暄 吉佳佳　王　昌　魏闻敬 侍欣鹏　汪小岚　曹颖妮	全国大学生英语竞赛三等奖		

续表

受表彰的集体或个人	被授予的荣誉称号或奖项	表彰单位	获奖日期
秦　峰	“外教社·词达人杯”全国大学生英语词汇能力大赛二等奖	“外教社·词达人杯”全国大学生英语词汇大赛组委会	2021年6月
张舒欣　卞艺臻	2021年首届“CATIC杯”暑期全国传译大赛一等奖	中国翻译认知研究会、《翻译研究与教学》编辑部	2021年8月
汤天逸　章佳怡	2021年首届“CATIC杯”暑期全国传译大赛三等奖		
林澄莹	2021年首届“CATIC杯”暑期全国传译大赛优秀奖		
李佳宁　胡清源	2021年首届“CATIC杯”暑期全国翻译大赛一等奖		
林澄莹　陈明慧　费敏涛　姜慧敏　朱梦丹　汤天逸　张舒欣　章佳怡　陆欣立　刘宇佳　陈悦宁　任和翼　张慧敏	2021年首届“CATIC杯”暑期全国翻译大赛二等奖		
邴诚诚　吴俊莹　闫子昱　陆　昊　方婧云　任和翼	2021年首届“CATIC杯”暑期全国翻译大赛三等奖		
李　煜　卞艺臻　徐子悦	2021年首届“CATIC杯”暑期全国翻译大赛优秀奖		
张帆之　张舒欣　张　赟	2021年首届“CATIC杯”暑期全国口语大赛一等奖		
姜慧敏　袁熠璠　刘宇佳　汤孜瑞	2021年首届“CATIC杯”暑期全国口语大赛二等奖		
林澄莹　李罗慧	2021年首届“CATIC杯”暑期全国口语大赛三等奖		
汤天逸　陆欣立	2021年首届“CATIC杯”暑期全国口语大赛优秀奖		
邴诚诚　费敏涛　卞艺臻	2021年首届“CATIC杯”暑期全国写作大赛一等奖		
闫子昱　汤天逸　章佳怡	2021年首届“CATIC杯”暑期全国写作大赛二等奖		

续表

受表彰的集体或个人	被授予的荣誉称号或奖项	表彰单位	获奖日期
李　煜　华丹妮	第三十三届韩素音国际翻译大赛（汉译英）优秀奖	中国翻译协会	2021年10月
陶雨茜	第四届“人民中国杯”日语国际翻译大赛（本科组汉译日）二等奖	教育部外国语言文学类专业教学指导委员会、日语专业教学指导委员会、人民中国杂志社	2021年11月
邵嘉豪　严晨希　王瑜丹　沈芸丝　魏湘湘	第四届“人民中国杯”日语国际翻译大赛（本科组汉译日）三等奖		
林　容　邵嘉豪	第四届“人民中国杯”日语国际翻译大赛（本科组日译汉）二等奖		
张　璇　王瑜丹　曹丹莹	第四届“人民中国杯”日语国际翻译大赛（本科组日译汉）三等奖		
陶雨茜　张　轶　王瑜丹	第四届“人民中国杯”日语国际翻译大赛（本科组日译汉）优秀奖		
闫子昱	2021年首届“CATIC杯”秋季全国传译大赛一等奖	中国翻译认知研究会、《翻译研究与教学》编辑部	2021年11月
张佩耘　邴诚诚　华丹妮	2021年首届“CATIC杯”秋季全国传译大赛二等奖		
林澄莹	2021年首届“CATIC杯”秋季全国传译大赛三等奖		
张佩耘　林澄莹　梁寒冰　任和翼	2021年首届“CATIC杯”秋季全国翻译大赛一等奖		
邴诚诚　徐子悦　华丹妮	2021年首届“CATIC杯”秋季全国翻译大赛二等奖		
张佩耘　闫子昱	2021年首届“CATIC杯”秋季全国口语大赛二等奖		

续表

受表彰的集体或个人	被授予的荣誉称号或奖项	表彰单位	获奖日期
林澄莹　呙诚诚　华丹妮	2021年首届“CATIC杯”秋季全国口语大赛三等奖	中国翻译认知研究会、《翻译研究与教学》编辑部	2021年11月
闫子昱	2021年首届“CATIC杯”秋季全国写作大赛一等奖		
张佩耘　梁寒冰	2021年首届“CATIC杯”秋季全国写作大赛二等奖		
林澄莹　华丹妮	2021年首届“CATIC杯”秋季全国写作大赛三等奖		
杜尚睿　张　悦	“田家炳杯”全日制教育硕士专业学位研究生教学技能大赛三等奖	全国教育专业学位研究生教育指导委员会、田家炳基金会	2021年12月
音乐学院			
吴乐玲　任韵竹　曹雅晴　欧阳天琪	2021“肖邦纪念奖”国际钢琴公开赛一等奖	香港国际音乐家协会	2021年7月
曹雅晴	2021“肖邦纪念奖”国际钢琴公开赛二等奖		
刘芯余	2021“肖邦纪念奖”国际钢琴公开赛三等奖		
单雨晴	2021多伦多国际音乐展演全国总决赛二等奖	加拿大国际音乐家协会	2021年7月
机械工程学院			
佴庆翔　施佳隽　郑奇雨　缪林晨　张生然　邵子豪	第六届全国应用型人才综合技能大赛二等奖*	教育部高校毕业生就业协会	2020年12月
潘　兵　赵家乐　尹芃程　胡淇译　牛菁嵩　向　爽	第六届全国应用型人才综合技能大赛三等奖*		

续表

受表彰的集体或个人	被授予的荣誉称号或奖项	表彰单位	获奖日期
张仪 力晓颖 蒋曼琳 蒋晨涛 陆小龙 祁鹏	中国工程机器人大赛暨国际公开赛一等奖*	教育部高等学校创新方法教学指导分委员会、中国人工智能学会等	2020年12月
张晗 李兴伟 郜子豪	中国工程机器人大赛暨国际公开赛二等奖*		
施佳隽 张淑茹 杨可欣 蔡尧 夏海涛 陆炳汁 严洁辉 佴庆翔 范希喆 丁鑫 储东东 沈忆涛 周燚 许子豪 韩永岳	中国工程机器人大赛暨国际公开赛三等奖*		
蔡尧 陆文旭 佴庆翔	中国工程机器人大赛暨国际公开赛一等奖	教育部高等学校创新方法教学指导分委员会、中国人工智能学会等	2021年11月
李嘉鹏 贡晓飞 曹瑞城 韩文杰 侯亚洲 杨鑫 陆文旭 叶嘉晨 杨甜甜	中国工程机器人大赛暨国际公开赛二等奖		
杨鑫 印陈兰 陈逸飞 蔡尧 张生然 佴庆翔	中国工程机器人大赛暨国际公开赛三等奖		
张骋昊 吕霄杨 张洋精 宋永刚 闫朝阳 浦夏 程正 陈熙 赵美全 缪林晨 邵子豪 邵奇	第十四届国际水中机器人大赛三等奖	中国仿真学会、国际水中机器人联盟等	2021年12月
蔡尧 李费凡 佴庆翔 杨鑫 印陈兰 韩文杰	第七届全国应用型人才综合技能大赛二等奖	教育部高校毕业生就业协会	2021年12月
潘亭研 毛新伟 鞠楠 黄志蕾 张海晴 朱季红 张淑茹 张仪 杨可欣 陈浩康 周杰 杨一飞 王仕贤 李想 刘康 范希喆 蒋益鸣 陈威 魏季坤 闫朝阳 程正	第七届全国应用型人才综合技能大赛三等奖		

续表

受表彰的集体或个人	被授予的荣誉称号或奖项	表彰单位	获奖日期
地理科学与测绘工程学院			
沈平原　朱陈程	全国大学生测绘创新开发大赛特等奖*	武汉大学	2020年12月
连　卓　季　严　朱　杨　许博文	“博雅杯”第四届全国大学生国土空间规划技能大赛一等奖	中国土地学会	2021年6月
李伟城	“南方测绘杯”第十二届全国高等学校大学生测绘科技论文大赛特等奖	全国高等学校测绘类专业竞赛联盟（武汉大学代章）、自然资源部职业技能鉴定指导中心	2021年7月
张雯雯　侯晓玲　高　颖	“南方测绘杯”第十二届全国高等学校大学生测绘科技论文大赛一等奖		
陈　娟　高　颖　侯晓玲　张雯雯　王　迅　王　浩　韦　云	“南方测绘杯”第十二届全国高等学校大学生测绘科技论文大赛二等奖		
王　杏　代基智　杨众智　孙　陈	“南方测绘杯”第六届全国高等学校大学生测绘技能大赛（测绘程序设计竞赛）一等奖	全国高等学校测绘类专业竞赛联盟（武汉大学代章）、自然资源部职业技能鉴定指导中心	2021年7月
李承启　吉　昱	“南方测绘杯”第六届全国高等学校大学生测绘技能大赛（测绘程序设计竞赛）二等奖		
刘铸慷　袁昕彦　季致远	2020年联合国环境署绿苗计划奖二等奖	联合国环境规划署—同济大学环境与可持续发展学院、北京绿色未来环境基金会	2021年9月
朱　杨　付海霞　刘铸慷　张思琪	“博源杯”第三届全国大学生土地国情调查大赛三等奖	中国土地学会土地经济分会	2021年10月

续表

受表彰的集体或个人	被授予的荣誉称号或奖项	表彰单位	获奖日期
陈欣颖 葛雅欣 陆慧缘 张仲璟	“ESRI杯”（易智瑞）中国大学生GIS软件开发竞赛二等奖	中国测绘学会	2021年11月
尤诗琴 郁立洁 唐晴 刘立意	中国自然资源学会第二届大学生自然资源科技作品大赛一等奖*	中国自然资源学会	2020年12月
教务处			
王文韵 姚子巍 冯亦游 吴万彦 高鹏真	第七届中国国际“互联网+”大学生创新创业大赛金奖	中国国际“互联网+”大学生创新创业大赛组委会	2021年10月
施智明 钱青云 李静妮 朱成才 朱晓琳 李宇佳 张雨芬 侯丹丹 张马悦 孙璐	第七届中国国际“互联网+”大学生创新创业大赛银奖		
俞朱敏 储日成 唐榛 张晶晶 吴亮 徐罗 陈思羽 黄钰文 杨泽玲 赵青青 李军龙 张桐源 李佩原 冯天喆 张宇烨	第七届中国国际“互联网+”大学生创新创业大赛铜奖		
周鹏飞 周泽 沈嘉昕 殷凌煜	第十四届全国大学生创新创业年会入选奖	国家级大学生创新创业训练计划专家组	2021年12月

注：标“*”者为《苏州科技大学年鉴2021》中学生参加课外各类学科竞赛荣获省部级以上奖项情况未收录部分。

2021年度学生参加国家、省、市级体育类赛事获奖情况

2021年度学生参加国家、省、市级体育类赛事获奖情况一览表

姓名	赛事名称	获奖情况	表彰单位	日期
阎　东　杨宛若　杨　卉 王嘉琪　王语妍　李管艺 李佩颖　刘子婍　高　兴 秦忠轶　梁嘉木　陶镓伟 殷　逸　程小伟　杨家琦	2021“红色庆典”长株潭·中华传统体育国际锦标赛	传统舞龙第二名	世界传统体育联盟	2021年6月
李佩颖　杨　卉　杨宛若 邓美婕　吴伊筠　王语妍 张嘉梁　舍莉亚　龚　畅 李管艺　黄文慧　王嘉琪	第十三届中国大学生舞龙舞狮锦标赛	甲组女子舞龙自选套路第三名	中国大学生体育协会	2021年7月
谭雨婷	2021年中国大学生跆拳道锦标赛	女子59kg级第一名	中国大学生体育协会	2021年7月
赵佶玮		男子56kg级第一名		
孙奕扬		男子+87kg级第三名		
刘睿瞻		女子55kg级第三名		
陈　鹏		男子71kg级第五名		
黄曙光		男子个人二段品势第五名		
解朝雯		女子73kg级第五名		

续表

姓名	赛事名称	获奖情况	表彰单位	日期
李　杰　唐　星　马梦瑶 赵诗悦　姚静怡　汪佳仪 周　乐　吕文意　林子妍 丛嘉禾　丁慕萱　万　琪 邢尚翎　焦欣雨　陈梦溢 张　笑　王心怡　蒋月影 马凤兰	2021 年中国啦啦操俱乐部联赛	舞蹈啦啦操花球自选动作第一名	国家体育总局体操运动管理中心	2021 年 5 月
韦昕言　严雪迪　吴梦淇 刘又铭　刘奕岑　徐宇寒 郭　炜　陈　黎　刘宇洲 彭　京　丁文舒　胡　雪 蒋睿豪　梁　梁　李　享 陈旭一辉	2021 年中国啦啦操俱乐部联赛	街舞自选动作第一名	国家体育总局体操运动管理中心	2021 年 5 月

苏州科技大学2021年度江苏省普通高校省级三好学生、优秀学生干部、先进班集体名单

一、江苏省三好学生（19人）

建筑与城市规划学院	刘聿星　周凌赟
环境科学与工程学院	包　毅　陈俐言
土木工程学院	严　欢　姚晟飞
电子与信息工程学院	沈　一　沈云瑶
商学院	李煜震
文学院	邵睿哲
社会发展与公共管理学院	杜欣茹
数学科学学院	吴丹丹
物理科学与技术学院	钱睿琳
材料科学与工程学院	严红艳
艺术学院	周汀芷
外国语学院	邢尚翎
机械工程学院	钟　意
地理科学与测绘工程学院	徐伶媛
国际教育学院	赵敏菡

二、江苏省优秀学生干部（7人）

环境科学与工程学院	常淑惠
土木工程学院	田志宗　颜怡静
马克思主义学院	杨紫艺
教育学院	莫家忆
化学与生命科学学院	黄子玲
艺术学院	赵晨曦

三、江苏省先进班集体（8个）

建筑与城市规划学院	城规1911
土木工程学院	土木1914
商学院	物流1812
教育学院	学前1811
数学科学学院	统计1812
物理科学与技术学院	物理1911

外国语学院	英师1912
机械工程学院	机械1912

苏州科技大学2020—2021学年校级三好学生标兵、优秀学生干部标兵、先进班集体标兵名单

一、三好学生标兵

建筑与城市规划学院（4人）

胡振怡　陈明杰　左桐祯　金玲冰

环境科学与工程学院（4人）

常淑惠　刘翠翠　吴志娟　冯凯威

土木工程学院（6人）

许前程　王研州　刘嘉慧　叶　莎　季添翼　葛瑶瑶

电子与信息工程学院（6人）

谢欣楠　肖勇飚　沈　一　姜皓文　蔡祯杨　浦欣杰

商学院（6人）

颜怡静　黄钰文　李彦旭　闫清扬　沈　洁　泮楚微

文学院（4人）

钱佳宁　何胤怡　黄惠华　朱颜悦悦

社会发展与公共管理学院（3人）

朱　朦　吴　越　张珺尧

马克思主义学院（1人）

高睿佳

教育学院（2人）

姚　奕　虞清清

数学科学学院（4人）

马　悦　顾圣浩　张　洁　朱巧红

物理科学与技术学院（2人）
钱睿琳　　周　泽

化学与生命科学学院（4人）
沈祖妍　　沈一鸣　　朱　珠　　徐　蕾

材料科学与工程学院（1人）
赵轩宇

艺术学院（5人）
郑雯宁　　樊江军　　尹　颂　　张康燃　　刘一丁

外国语学院（3人）
陈晓凤　　金丹清　　华丹妮

音乐学院（1人）
应　岚

机械工程学院（3人）
祁　鹏　　范希喆　　朱季红

地理科学与测绘工程学院（3人）
李晨映　　陈欣颖　　罗秀珍

国际教育学院（2人）
陈奕卓　　方一诺

敬文书院（4人）
杜文宇　　刘铸慷　　金子意　　嵇琳芝

二、优秀学生干部标兵

建筑与城市规划学院（3人）
吕　尚　　王　超　　罗立聪

环境科学与工程学院（3人）
包　毅　　朱亦凡　　谢林燕

土木工程学院（4人）

邢辉辉　　顾思琪　　郑靖文　　田志宗

电子与信息工程学院（4人）

刘梦杰　　胡经纬　　陈　瑀　　周　岑

商学院（5人）

肖美川　　唐　榛　　张冬雨　　陈子楠　　张楚洁

文学院（2人）

张巧妙　　杨　川

社会发展与公共管理学院（2人）

张　辞　　杨　帆

马克思主义学院（1人）

王涥伊

教育学院（1人）

莫家忆

数学科学学院（2人）

刘　艺　　夏昕雨

物理科学与技术学院（1人）

施欣玉

化学与生命科学学院（3人）

任　姗　　汤　杰　　侍崇敬

艺术学院（3人）

宋瑜璇　　黄志兵　　张瑾雯

外国语学院（2人）

季维雨　　沈袁煦

音乐学院（1人）

陈　健

机械工程学院（2人）

牛菁嵩　鞠　程

地理科学与测绘工程学院（2人）

徐　超　张仲璟

国际教育学院（1人）

赵敏菡

敬文书院（2人）

邢尚翎　朱云枫

三、先进班集体标兵（10个）

建筑与城市规划学院	建筑1912
商学院	人力1911
社会发展与公共管理学院	史师2011
教育学院	学前1912
数学科学学院	数学1912
物理科学与技术学院	物理2011
化学与生命科学学院	功材1811
艺术学院	数媒2011
外国语学院	英师2012
机械工程学院	材控1911

苏州科技大学2020—2021学年三好学生名单

建筑与城市规划学院（39人）

刘聿星　林陈诗　陆妍洁　陈　裕　郑煜昂　沈凌雁　郑常羽
林子妍　林嘉俊　丛嘉禾　郭琳媛　李佩遥　范可及　张皓涵
董睿博　丁慕萱　鲍启艳　陈　征　邱雯钰　卫冰恒　童　彤
刘　佳　孔　睿　史汉祥　卢添翼　房亚颖　邵文淑　刘雯婷
杨隽妮　沈佳敏　张　牧　孙　璇　夏源源　李湘雨　蒋　昊
彭　晨　邓雨洁　史雯婷　袁文欣

环境科学与工程学院（39人）

王小倩　沈阿健　叶　铭　王雪卉　胡　茜　张　越　谢沁璇

杨　露	许鑫澎	王凡逸	孙婉佩	李佳佳	王艺飞	茅思楠
凌　越	周欣仪	张绎如	杨雨姝	李　岱	于璇卿	奚　萍
丁硕硕	徐婕妤	卫千霆	王羽菲	黄恬颖	吴圣恩	张　红
刘思呈	郭佳琦	张佳慧	黎俊旗	张舒涵	梁卓彦	宋金天
王梦瑶	马晨晓	朱安琪	瞿　莹			

土木工程学院（59人）

周中林	王延民	王　希	徐家明	黄　立	黄伟杰	王海波
祖润亚	田海燕	朱　洁	杨佳怡	赵雨欣	李家豪	潘笑笑
张耀阳	赵伟玲	周　悫	陈　怡	姚洪宇	钱中月	胡子涵
梅叶凡	张斯凯	邵存存	申秋野	瞿思劢	程　咏	许霖俊
王梓洋	纪星宇	张歆悦	秦玉婷	陈佳华	陈　蕾	周子璇
周　骕	闻许彬	章　妍	周　俊	张明月	周承玮	陈明燕
王亚杰	张文弢	张　艳	王思寒	严　欢	高艳娇	王保淇
朱　海	杨莉萍	倪嘉骏	张　禹	陆映如	陈欣雨	戴浩天
朱胜超	刘星仪	茅珈宁				

电子与信息工程学院（52人）

潘晓雪	刘浩义	邹逸晨	胡依璐	纪恩惠	赵　杰	孙家伟
陈　鑫	居世豪	张梓轩	潘　威	沈云瑶	陈　珣	刘雨晨
许　凯	谢秉博	谢佳乐	魏佳佳	李彦瑭	张帅男	刘　怡
邓佳玮	刘德政	周韵琪	徐晨昊	张　洋	于文苏	刘　熙
宋清卿	张　沛	程方宁	卞伟涛	吉雪萍	张轩豪	邹琳云
曾晨慧	吴鹏飞	褚　蕙	黄新程	赵铎涵	韩雨晨	郎思瑶
张　能	潘一凡	孙　宇	李　猛	姬祥昱	徐　磊	李　希
吴　笛	胡　柳	潘自成				

商学院（67人）

董　雯	陈思羽	张　恒	许甜甜	张如心	陈婧蕾	王柳倩
宋天懿	钱湘如	江　倩	郭文文	司术明	张晶晶	宋桂英
张　颖	周雪梅	徐佳雯	张艳琼	阚梦真	朱　宇	苏新雅
李之妍	戴心怡	徐品康	戴馥遥	梁雅倩	万　纯	白语扬
徐　菁	纪安琪	罗燕妮	李芮莹	王亦男	颜若笑	顾文清
周子怡	李浩琳	张　垚	曹琪琪	谢逸琪	崔佳雯	赵树慧
周徐睿	肖雅玲	马雪媛	王　月	刘伊播	朱晓蕾	梁嘉汇
陈嘉颖	王鹤潼	恽　科	周佳祥	徐佳雯	黄漫婷	尹秀连
左遥浪	圣沂江	潘海艳	谢雨轩	朱家正	张顾心	张誉凡

郑　熙	周心怡	毛依玘	路朵朵			

文学院（35 人）

徐　颖	顾晓念	徐　颖	徐珊姗	马　静	梅龙姣	夏雨婧
沈曼婷	赵　婕	柏梦婷	朱　珊	经　雅	马嘉谣	赵怡婷
汤瑜洋	张　婧	唐闻婕	唐　益	祝　睿	陆　婧	齐　蓉
罗　琳	刘　坷	胡家愉	姜　沁	张梦露	左琴琴	陈　晨
蓝梓瑕	桑楠茜	李涵敏	吴真铭	王林平	蒋昀昀	李雪琪

社会发展与公共管理学院（24 人）

李丽媛	周　倩	王子尚	崔羽涵	林鸿丽	蒋瑞婷	王诗宇
邵　笑	许涵薇	王秋雯	唐睦柔	朱欣然	赵　波	黄艳燕
徐艺文	罗佳钰	王　悦	王苹晨	梁　莹	林申欣	张佳悦
牛子琦	李　果	龙麒文				

马克思主义学院（8 人）

冯怡倩	赵雨萱	尚文静	何　静	宋春秋	钱聪聪	王雅秋
刘　慧						

教育学院（18 人）

熊郁芃	徐淑柯	黄学婷	殷志慧	李宝玲	陈诗宜	周锶涵
张宇姣	王志亲	袁珍珠	周　颖	张嘉怡	李奕欣	施若楠
刘子萍	王维一	周淑阳	金禹蕙			

数学科学学院（18 人）

张　燕	周　涛	丁　桐	周雨欣	庞学林	蒋泠泠	曾梓桐
康　娟	王思佳	顾海巡	李孟如	李任羽	吴丹丹	王莉芬
高　磊	席雨婷	侯先豹	王海圣			

物理科学与技术学院（14 人）

童　欣	吴思慧	杨晓龙	曹　颖	严明慧	徐康怡	翁茂怀
陈　志	何自鑫	高盈盈	沈建航	贺诗涵	季文静	叶佳伟

化学与生命科学学院（19 人）

许　倩	杨涵涵	周晴云	王宝辰	杨婧瑶	李　昶	吕辰晨

杨国发	陈　梅	何原言	倪佳琳	邱以婧	高雯昕	叶泽浩
于月月	顾浩楠	姚　瑶	吴蓉蓉	章卓琳		

材料科学与工程学院（6人）

丁　灵	王佳瑶	徐子雯	彭溢源	吴　亮	李军龙

艺术学院（41人）

王茜茜	陈顺航	焦欣雨	樊欣悦	魏艺华	何怡珂	谢　雯
杨　慧	叶可怡	张卓颖	樊安羽	李玉兰	万　雪	张　琪
李如意	温曲悦	闫艺馨	陈嘉俊	钱　涌	韩　艺	胡镔峪
万昕怡	霍　冉	宋佳乐	傅语轩	邓宇翔	岳静波	盛　傲
胡扬扬	王　元	刘文烨	郑晶晶	朱　旻	师锌桢	常宝玥
李韫清	黄唯丽	李和阳	赵梦圆	史甜甜	沙丹丹	

外国语学院（32人）

孙　斌	侯庆迪	呙诚诚	肖姝佑	张佩耘	许馨月	张　赟
常　菁	林新宇	陈灵汐	姚　佳	冯天奕	李佳宁	陈晓慧
刘瑜璐	张宇迪	李罗慧	崔利云	王瑜丹	胡盈盈	沈芸丝
谢一菲	汤天逸	陆恺宁	翁园园	刘宇佳	徐　琦	袁熠璠
陈爱谓	韩　璐	陆欣立	苏子祯			

音乐学院（9人）

龚裕宸	郑淑文	龙欣芸	罗艺文	曹开悦	陈思远	易文珂
王钰汶	黄艳艳					

机械工程学院（31人）

钟　意	许子豪	仵伊伦	宋少伟	林春超	袁张霞	肖清宇
何秋爽	刘春博	卫嘉文	王天力	袁贺祥	王仕贤	吴心渝
王海亮	陈　威	邱少君	潘亭妍	李　雷	姜　延	高　嵩
陶欣延	高　强	刘柏林	仲小龙	李子轩	宗玉林	俞　倩
张皓约	刘云龙	石陈沁				

地理科学与测绘工程学院（27人）

孙静怡	王　锦	许思怡	钱贝尔	姜琳琳	陈佳红	吉　昱
王　迅	郭培婷	夏欣怡	黄可宁	徐　昱	华　杨	王　浩

付海霞　李　焕　连　卓　李泽寰　苏嘉淇　汪福梨　李欣怡
茹　月　徐伶媛　袁昕彦　崔辰昀　邹湘婷　时　雨

国际教育学院（30人）

张玉泓　张远鹏　凌　蓉　胥凯鸿　李　卓　王　悦　莫宇婷
缪林晨　周舒玥　朱毅恒　黄嘉硕　唐宴旖　赵睿阳　朱凌弘
杜雨亭　余宇涵　徐子潇　殷震亚　贠　河　江新谱　王雅雯
钱俊霖　王逸飞　花楷豪　谈李奇　李　银　周徐婧　陈泓希
黄群睿　孙肖凡

敬文书院（31人）

庞韵如　王梦园　陆叶梓　刘映池　汪巧蕊　金　奕　王琦玮
陈嘉巧　施智明　李文皓　王嘉茜　闫子昱　查舒婷　顾欣语
姚欣雨　谢琼怡　霍依宁　陈兴旺　徐静怡　沈佳文　刘昱廷
吴　檬　徐　玮　刘牧歌　林科乖　张晓盈　邵　瑶　邱霜燕
薛　淼　郑若男　吉文龙

苏州科技大学2020年度优秀共青团干部名单

教师团干部（6人）

滕　飞　顾银君　周青龙　姚　桦　刘梦平　汪霄楠

建筑与城市规划学院团委（14人）

金玲冰　卢星宇　孙睿琪　陈明杰　李心怡　杨尉元　刘雯婷
张　劲　谢朝阳　任建康　何洪宇　高　雪　杜　健　袁文怡雪

环境科学与工程学院团委（15人）

季　倩　黄馨雯　蒋姝祎　李昕宇　丁硕硕　丛瞿欣　李徐晓
谭思禹　周子煜　王伽海　包　毅　王　欣　相如月　杜昱欣
吴晨旭

土木工程学院团委（21人）

姚晟飞　朱孝天　吴纯紫　吴　凯　徐鸿雁　顾　昕　成　越
王嘉慧　田志宗　顾思琪　陈妍君　罗　伟　刘小双　姜宇翔

王轩祥　郑丹梅　郑靖文　石涵菲　吴钊毓　仲启庆　隽蓉蓉

电子与信息工程学院团委（18人）

季鑫慧　史殊姝　沈昊烽　周　慧　武育麒　褚　蕙　刁宇璇
姜皓文　郇思瑶　张　能　张雨思　范思仁　丁加琪　吴春如
李　敖　赵　晏　陈天阳　欣　忆

商学院团委（22人）

陈子楠　宋天懿　王灵婧　王亦男　陈　佳　赵树慧　左遥浪
王之晟　沈海洋　沈　洁　耿艳芳　孙　益　徐　新　任顺利
章守艳　蔡佳婷　赵小宇　唐　榛　肖美川　户晴晴　王婧煜
陆彦文

文学院团委（11人）

张巧妙　吴昊桢　徐　颖　谢瑜欣　丁宇轩　吴玉琳　胡　敏
柏梦婷　刘　坷　周　娴　朱颜悦悦

社会发展与公共管理学院团委（9人）

石晋羽　李思佳　丁嘉宜　李　鑫　郭绕虹　魏　来　杜欣茹
吴闪闪　贾　芸

马克思主义学院团委（4人）

刘世元　许雲珠　惠树倩　杨紫艺

教育学院团委（6人）

南　薇　施海龙　周紫琪　莫家忆　蔡明真　沈　芸

数学科学学院团委（10人）

张曦文　张诗悦　刘　艺　汤　池　周法达　陈奕颖　翟羽锐
黄贤明　张　洁　刘　昀

物理科学与技术学院团委（5人）

施欣玉　王　骁　刘一周　杨　峥　翁茂怀

化学与生命科学学院团委（14人）

王　威	朱韵飞	侍崇敬	刘丹妮	李佳恬	谢丹妮	孙　凡
潘　晶	徐柯楠	周浩宇	潘浩杰	沈一鸣	陆晓波	许颖洁

材料科学与工程学院团委（3人）

吴　亮	居晓雷	赵青青

艺术学院团委（15人）

王健新	杨艺雯	陈天宏	张瑾雯	刘紫倩	张静宇	张前顺
许心怡	石　悦	宋瑜璇	苏童童	谢　雯	赵婕宇	魏艺华
崔雪纯						

外国语学院团委（10人）

陈　怡	付　娜	陶雨茜	段　隽	辛　玥	沈袁煦	金丹清
岳依帆	王洁迪	陈晓慧				

音乐学院团委（3人）

陈　健	宇洪蝶	曾千烨

机械工程学院团委（8人）

钟　意	秦　旭	包凯铖	鞠　程	竺思望	张龙泉	袁贺祥
陈　威						

地理科学与测绘工程学院团委（8人）

陆　烨	王　浩	徐　超	陈　艳	钱贝尔	陈欣颖	朱　杨
盛　天						

国际教育学院团委（6人）

展一开	赵敏菡	刘婧喆	张丰麟	贠　河	施嘉毅

敬文书院团委（16人）

庞韵如	汪巧蕊	董小炜	张　轶	钱知仪	邓维仁	蔡玉霜
缪启南	王力冉	魏红娟	金子意	赵　瑜	周新皓	宋知衡

朱云枫	窦荻姿

天平学院团委（77人）

张可滢	潘祺妍	钮文清	王梦月	李毅建	庞欢欢	刘慧婷
孙智慧	李　颖	杨逸文	秦　婕	陈尚远	梁　娟	吴畅洋
罗　琳	杨雨晗	何思源	李南西	杨　洁	孙　颖	汪月桂
何桂林	黄显坤	李悦颖	闫玟希	吴漫佳	孙小敏	董　燚
袁　璐	龚　剑	徐思妍	曹　倩	黄雯洁	吴思雨	田雯毓
王思璇	蔡业凯	宋潞岩	余佳琦	段云飞	蒋　腾	蒋嘉怡
周　楠	陈嘉辉	殷光萍	蒋　茜	严寒依	崔梦琦	黄钰淋
王嘉睿	潘家伟	姜伟超	王　猛	张　纯	胡　淼	刘腾芹
彭　波	夏　赟	苗锦源	邵　年	李非凡	陈相宇	蒋旭东
秦欣彤	郑　莹	吴奇颖	俞文青	连建博	林子靖	龙　凤
曹解宸	胡小凡	孙钶岚	成　田	陈佳雯	靳立君	孟秋宏

苏州科技大学2020—2021学年优秀学生干部名单

建筑与城市规划学院（23人）

刘朴阳	王心缪	宁文岷	徐弋茜	温迪陆	邵　恒	李蕊彤
王崇兆	王郁轩	许博媛	左辰镭	张博皓	朱唯萱	戴滢荧
赵雨薇	李泳霖	何杨扬	秦华源	周凌赟	陈妍池	朱　江
鞠梦佳	后　璇					

环境科学与工程学院（22人）

马雨婷	陈俐言	胡嘉仪	周华睿	郭炳焜	王伽海	吴宇涵
李　熙	王垚兵	丁　雯	杨　玥	丛瞿欣	李世杰	代凡钧
魏　佳	陈祥如	沙嘉伊	范子怡	张东升	胡心怡	朱佳琦
李雨欣						

土木工程学院（35人）

冯泽青	王轩祥	周新宇	崔　扬	成　越	黄晏晗	李佳倩
杨　磊	陈煜晖	顾　昕	陆云涛	郑丹梅	陈志远	赵倩倩
魏浩如	吴　凯	徐鸿雁	王骏豪	孙泽伦	卫　琪	王珍珍
石涵菲	吴纯紫	夏李同	彭茂珂	陈馨怡	任凤存	陶月姮
刘　宇	姚晟飞	徐心悦	刘小双	程苏婉	龙禧麟	李旭辉

电子与信息工程学院（31人）

王　轩　时微淳　欣　忆　胡婷丽　陈天阳　祁雨宣　沈泽华
江丹丹　朱媛媛　叶亚文　杨文晖　钱帮远　郭轩彤　陆建华
曹　晓　罗娅婧　张　震　刘　泽　尚　云　周　慧　徐　伟
尤欣玥　沈玉东　堵益铭　刁宇璇　包正宇　郭昭志　骆　杨
严雨欣　王子建　李　敖

商学院（42人）

朱馨雨　鲁佳丽　李宛清　王芮千　徐　雯　徐　星　徐朝钰
孟　旭　顾文嘉　詹　成　户晴晴　黄　倩　陆彦文　刘　冉
周燕飞　张　玟　季　丞　赵小宇　曹博文　吴　璇　于文馨
沈　胤　谢文慧　陈　圆　戴　璐　王暑雯　蒯欣玥　张馨月
周雨萱　沈海洋　司　音　董梓航　严　力　吴欣娜　李鑫如
刘天雯　包培欣　袁玉娟　史佳玲　郭湘雨　廖婧怡　朱阁跃凰

文学院（22人）

许泽雯　张涵祺　谢瑜欣　乔婷婷　邵睿哲　查浚哲　吴玉琳
王　伦　余紫雯　卞嘉仪　孙小涵　蔡　慧　杨子超　谢奕晟
童文琪　涂心雨　周　娴　王诗淇　许菁容　王缘荣　陈毓雯
卢佳欣

社会发展与公共管理学院（15人）

陈　菲　吴韵晴　何洋玥　熊粤彬　单宇星　吴　扬　丁嘉宜
虞淳智　冯　珂　罗雯蕙　朱咏仪　杜欣茹　莫　凡　夏　濛
石晋羽

马克思主义学院（5人）

惠树倩　王心怡　许　珂　丛楚颖　徐静远

教育学院（11人）

张佳雯　许佳一　蔡　宇　曾雪倩　周紫琪　王欣然　龚　畅
姜苏仪　黄思嵘　王浩嘉　施海龙

数学科学学院（17人）

段雨彤　黄诗琪　王一入　林诗逸　陆孙嘉　王雅慧　徐　冉

薛怡梅	曹诗澂	崔　棋	吉　颖	徐梦煜	陆晓雯	邱怡静
曹　蓉	陈奕颖	钱　菲				

物理科学与技术学院（10人）

顾嘉琦	姜贺峰	殷　玥	王　骁	吴抒阳	刘一周	梁星宇
刘　娇	解冰洁	蒋熙鹏				

化学与生命科学学院（24人）

严玉栋	朱雯君	潘　晶	房　菲	谢丹妮	黄子玲	庞秋雯
李瑶瑶	陈　添	秦雨琦	胡歆悦	顾栩境	张　娟	姜　瑶
许凌杰	王　威	牟心宇	戚晨晨	尚　巍	吴夏雨	申璐瑶
张天宇	蔡继海	高　娜				

材料科学与工程学院（4人）

陈加伟	赵青青	相吉凯	储日成

艺术学院（25人）

卓　尔	赵婕宇	岳思嘉	李　昊	苏童童	巩　辰	李欣蕊
孔宁昕	张盛琪	裴心如	李宜婷	王楚尧	秦　瑶	杨玉萱
高　倩	李雅茹	黄子洵	贾宇超	张丹辉	杨艺雯	吴佳萱
姜建平	陈　翔	刘　昱	刘汪雨希			

外国语学院（19人）

倪　蔚	张慧琴	程婧涵	林澄莹	汤孜瑞	王　萌	陈　妍
沈　枭	葛　恒	周　潇	倪　欣	辛　玥	华馨悦	钱嘉雯
任和翼	陈鑫雨	明子殷	顾梦凡	张子怡蓝		

音乐学院（5人）

周　愫	袁　驰	陈婧阳	吴乐玲	顾友琦

机械工程学院（18人）

仲秋文	陈逸飞	冯　昊	刘　贝	施佳隽	刘玉川	黄志蕾
秦　旭	陈　菲	丁铭洁	张龙泉	胡亦波	陆　凡	朱瑞雨
叶嘉晨	张钰昕	杨梦杰	张　馨			

地理科学与测绘工程学院（16人）

陆　烨　韩沁怡　祝真航　陈　艳　张芮萌　朱　杨　盛　天
吕晨哲　赵文梦　张　璐　荆　娴　夏侯妍　端星怡　黄子怡
陈丽铃　叶　盼

国际教育学院（12人）

宗煜捷　刘婧喆　张　鹏　高梓硕　刘恩同　张丰麟　郑旭阳
张稷昀　曹雨项　牛　清　薛宇航　史晓博

敬文书院（19人）

董小炜　孙琳玲　朱家亨　张　皓　宋知衡　孙心怡　王力冉
费敏涛　蔡玉霜　傅天晗　缪启南　徐誉文　李嘉蕾　周新皓
虞茜文　钱思宇　黄婷萱　王海萌　季欣媛

苏州科技大学2020—2021学年优秀研究生干部名单

建筑与城市规划学院（3人）

吴雨涵　司圣玥　吴雨萌

环境科学与工程学院（4人）

岳　川　王　帆　沈景涛　赵晨曦

土木工程学院（3人）

王　尧　林家南　陈会苗

电子与信息工程学院（2人）

沈雅忱　季鑫慧

商学院（1人）

李　俏

社会发展与公共管理学院（1人）

赵　昂

马克思主义学院（1人）

孙　伟

数学科学学院（1人）

修欣焱

物理科学与技术学院（1人）

姚　杨

化学与生命科学学院（1人）

黄飞翔

艺术学院（2人）

张城玮　崔雪纯

苏州科技大学2020—2021学年优秀研究生名单

建筑与城市规划学院（14人）

朱贝丽　任建康　何欣蔚　李利强　王艺然　陈　珊　王　杉
陈　静　熊依晴　杨颖汐　尤晓峰　邓　华　徐吉羽　邹雅婕

环境科学与工程学院（16人）

邹馨怡　王　倩　钱璟俐　张　群　崔舒惠　邹　韵　夏玉娟
贺志敏　陈俊江　胡嘉源　纪海兰　谢军祥　谢嘉玮　钱　琳
王超超　宋　佳

土木工程学院（15人）

金王栋　孙德康　吴　桐　王晨晨　杨　旭　王珮瑜　周锜彦
吴嘉伟　隽蓉蓉　程赛男　王亦泓　吕雨彤　邓　伟　褚　乐
李亲青

电子与信息工程学院（7人）

尤任阳　宋　玉　许王瑶　李海峰　钱昱磐　赵浩剀　周成龙

商学院（3人）

卓青青　　姚　楠　　刁俊丽

文学院（1人）

魏东锦

社会发展与公共管理学院（3人）

陆则奕　　骆　军　　贾　芸

马克思主义学院（2人）

朱　雯　　张　鹏

教育学院（1人）

龚小霞

数学科学学院（2人）

王　正　　王　璐

物理科学与技术学院（3人）

张　申　　姚承君　　潘　雯

化学与生命科学学院（5人）

陈　操　　汤恒涛　　孙元琛　　杜　鹏　　谢纬君

材料科学与工程学院（2人）

王梦婷　　张　萌

艺术学院（6人）

刘晨旭　　李彤彤　　周明哲　　李松铎　　王晓玉　　顾飞飞

外国语学院（1人）

杜尚睿

机械工程学院（2人）

王嘉祺　　张　坤

苏州科技大学2021届优秀毕业研究生名单

建筑与城市规划学院（2人）

倪烨昭　　韩　纯

环境科学与工程学院（3人）

张星星　　夏　敏　　代梦玲

土木工程学院（3人）

胡月华　　徐天鸿　　葛　静

电子与信息工程学院（1人）

尚欣茹

商学院（1人）

李晓华

马克思主义学院（1人）

陈　华

数学科学学院（1人）

荀宝银

物理科学与技术学院（1人）

黄根生

化学与生命科学学院（1人）

仲雨晴

材料科学与工程学院（1人）

查振龙

艺术学院（1人）

陈　成

外国语学院（1人）

伍佩佩

苏州科技大学2021届优秀本科毕业生名单

建筑与城市规划学院（11人）

凌子涵	田　静	石　玉	李金科	顾瑜雯	陆毅涵	王欣然
陈泽毓	商子琦	李媛媛	周　鸣			

环境科学与工程学院（11人）

张静怡	杨竞莹	宋怡群	熊鹏宇	隋臻智	闵昌鑫	王天珏
陈　扬	王羽婷	马俊杰	史爱权			

土木工程学院（18人）

马苏苏	米晓越	严啸天	杨汉清	刘　备	孙一凡	沈家晨
陈　建	蔡锦祥	汪铃棚	刘茜晴	董子硕	张俊杰	吴　广
周　奕	钱佳宸	徐　晨	樊世悦			

电子与信息工程学院（18人）

罗世坚	聂宏通	张正雅	冯恺奕	金宇锋	赵浩东	李晨亮
张仁泽	刘建雄	陈　娟	刘淼尹	李子阳	陈　豪	宋　毅
沈珂昕	顾洋洋	董亚婷	胡新宇			

商学院（30人）

马金玉	余　薇	唐　月	嵇海霞	耿艳芳	张明睿	梁雅琦
刘予辰	华雨舟	王婧煜	王通凡	刘　艳	陈　晞	梁彩荣
张　锟	杨钰雯	潘丽琪	郭雨婷	孙　益	任心如	邵心钰

施心怡　王　睿　吴小勇　智　慧　冯誉莹　陈　玲　刘　岩
邢远思　陆　妍

文学院（14 人）

高　妍　袁晓晴　秦杨一　张　敏　李孟柯　谭雨婷　江晨晨
承　悦　杜心逸　王晓娟　陈　晶　吕铭萱　毛垠伶　姜雨婷

社会发展与公共管理学院（9 人）

陈心怡　穆佳琳　蒋建璐　王柏宇　陈安琪　张　涵　王天骄
蒋　宁　史欣宜

马克思主义学院（1 人）

邱义莹

教育学院（7 人）

刁丹梅　贾　佳　何雨真　陈　瑜　刘琴琴　赵文琳　刘越佳

数学科学学院（6 人）

奚婧晔　杨小乐　黄贤明　尤希舟　赵啸吟　邹　友

物理科学与技术学院（5 人）

李　栋　郁金滋　滕其良　刘琳琰　钱佳晖

化学与生命科学学院（16 人）

茆　超　黄恩鸣　胡　晓　张棋源　刘钰前　汤　玥　陈小宝
李爱丞　冯昱玮　张　帅　王浩铖　管崎宇　冀小草　吴天惠
郭中方　费心雨

材料科学与工程学院（2 人）

沙雯沁　徐佳威

艺术学院（17 人）

宋星宇　张　文　苗冬雪　陈　琪　路　昊　李　曼　杨　怡

王　杨　单志伟　徐　慧　郑巧芸　岑　锈　周兆群　张一凡
徐　嫣　王永亮　柯朱雨琳

外国语学院（10 人）

赵健淇　卫范敏　徐紫薇　童晓宇　朱易安　陆濛丹　陈　吉
陈　怡　徐丰园　陈嘉露

音乐学院（2 人）

吴梓丽　柯娟娟

机械工程学院（8 人）

李洪哲　孙鸿羽　张施凯　李　霞　张大庆　赵航宇　林筱山
王泽宇

地理科学与测绘工程学院（9 人）

刘　彦　张枫幸　姜　睿　张　怡　乔睿琪　于佳民　黄雪真
吕可心　胡喻璇

国际教育学院（5 人）

杨圳鸿　沈易凡　谢妍捷　刘松青　江兵兵

敬文书院（12 人）

夏以诚　魏清高　刘吴彤　孙璐珩　王启凡　薛皓沄　郑天怡
周李安　朱英杰　朱昕怡　邹若珉　史　怡

重要资料及统计

办学规模

2021年度苏州科技大学教学单位情况

2021年度苏州科技大学教学单位情况一览表

院　部
建筑与城市规划学院
环境科学与工程学院
土木工程学院
电子与信息工程学院
商学院
文学院
社会发展与公共管理学院
马克思主义学院
教育学院
数学科学学院
物理科学与技术学院
化学与生命科学学院
材料科学与工程学院
艺术学院
外国语学院
音乐学院
机械工程学院
地理科学与测绘工程学院
体育部
国际教育学院

2021 年全校各类学生在校人数情况

2021 年全校各类学生在校人数情况一览表

单位：人

类　别	人　数
研究生	2 857
全日制本科生（公办）	20 266
天平学院学生	9 176
成教生	12 245
合计	44 544

2021 年研究生毕业、入学和在校人数情况

2021 年研究生毕业、入学和在校人数情况一览表

单位：人

	毕业生数	授予学位数	入学数	在校研究生数
硕士生	662	660	1 152	2 857
总计	662	660	1 152	2 857

2021 年全日制本科生毕业、入学和在校人数情况

2021 年全日制本科生毕业、入学和在校人数情况一览表

单位：人

	毕业生数	授予学位数	入学数	在读学生数
本科生	4 464	4 257	5 982	20 266
天平学院本科生	2 082	1 970	2 591	9 176
总计	6 546	6 227	8 573	29 442

2021 年成人学历教育学生毕业、在读人数情况

2021 年成人学历教育学生毕业、在读人数情况一览表

单位：人

毕业生数			在读学生数		
小计	本科	专科	小计	本科	专科
5 501	5 501	0	12 245	12 245	0

2021 年各类外国留学生人数情况

2021 年各类外国留学生人数情况一览表

总人数/人	男/人	女/人	国家、地区数/个	硕士生/人	本科生/人	短期生/人
166	113	53	39	100	0	66

苏州科技大学2021年省内各专业录取分数统计

苏州科技大学2021年省内各专业录取分数统计表

专业	科类	录取人数/人	最高分/分	最低分/分	平均分/分	备注
财务管理	历史	28	553	542	546	
城乡规划	历史	24	550	540	543	
地理科学（师范）	历史	10	552	546	548	
地理信息科学	历史	42	550	541	543	
风景园林	历史	22	551	540	543	
工商管理	历史	15	553	541	543	
广播电视学	历史	42	551	540	542	
汉语国际教育	历史	51	549	538	540	
汉语言文学	历史	56	554	541	544	
汉语言文学（师范）	历史	60	565	550	555	
建筑学	历史	24	560	541	545	
金融工程	历史	18	563	542	549	
劳动与社会保障	历史	38	548	538	539	
历史学（师范）	历史	32	561	548	549	
旅游管理	历史	34	541	538	538	
人力资源管理	历史	31	544	539	540	
人文地理与城乡规划	历史	28	552	541	543	
日语	历史	28	550	538	540	
社会工作	历史	38	547	538	540	
思想政治教育（师范）	历史	30	557	547	549	
统计学	历史	2	547	546	546	
物流管理	历史	32	544	538	539	
物流管理（中外合作办学）	历史	16	535	509	521	

续表

专业	科类	录取人数/人	最高分/分	最低分/分	平均分/分	备注
学前教育（师范）	历史	50	554	539	542	
应用心理学	历史	29	552	539	541	
英语	历史	36	551	543	545	
英语（师范）	历史	30	573	551	555	
材料成型及控制工程	物理	74	530	519	519	
材料化学	物理	48	526	519	523	
财务管理	物理	30	538	528	531	
测绘工程	物理	56	534	519	520	
城乡规划	物理	34	543	531	534	
地理科学（师范）	物理	6	539	528	532	
地理信息科学	物理	22	551	523	528	
电气工程及其自动化	物理	65	547	529	532	
电子信息工程	物理	113	545	529	532	
风景园林	物理	24	544	527	530	
给排水科学与工程	物理	79	533	519	523	
工程管理	物理	98	532	519	523	
工程管理（中外合作办学）	物理	68	516	490	497	
工程力学	物理	52	537	519	523	
工商管理	物理	26	535	522	524	
功能材料	物理	93	529	519	521	
光电信息科学与工程	物理	34	535	525	527	
广播电视学	物理	2	540	537	538	
汉语国际教育	物理	2	528	523	525	
汉语言文学	物理	2	536	533	534	
汉语言文学（师范）	物理	4	550	544	546	
化学（师范）	物理	14	548	525	530	

续表

专业	科类	录取人数/人	最高分/分	最低分/分	平均分/分	备注
环境科学与工程类（环境科学、环境工程）	物理	122	548	520	524	
机械电子工程	物理	56	528	519	521	
机械设计制造及其自动化	物理	104	533	519	523	
机械设计制造及其自动化（中外合作办学）	物理	29	514	499	505	
计算机科学与技术	物理	69	548	533	537	
建筑电气与智能化	物理	65	537	523	526	
建筑环境与能源应用工程	物理	62	536	519	522	
建筑学	物理	34	549	534	539	
交通工程	物理	20	531	518	520	
金融工程	物理	23	542	527	531	
劳动与社会保障	物理	2	523	523	523	
历史学（师范）	物理	2	531	530	530	
旅游管理	物理	4	522	519	520	
人工智能	物理	72	547	528	531	
人力资源管理	物理	28	538	523	526	
人文地理与城乡规划	物理	24	534	523	525	
日语	物理	18	533	523	527	
社会工作	物理	2	528	524	526	
生物工程	物理	48	550	519	522	
生物技术	物理	44	535	520	523	
生物科学（师范）	物理	18	544	526	530	
数学与应用数学（师范）	物理	74	559	537	541	

续表

专业	科类	录取人数/人	最高分/分	最低分/分	平均分/分	备注
思想政治教育（师范）	物理	4	543	535	538	
通信工程	物理	61	537	528	529	
统计学	物理	43	535	522	525	
土木工程	物理	146	543	522	527	
土木工程（中外合作办学）	物理	32	523	502	508	
无机非金属材料工程	物理	48	529	519	521	
物理学（师范）	物理	34	553	533	536	
物流管理	物理	24	529	519	522	
物流管理（中外合作办学）	物理	12	507	495	499	
新能源材料与器件	物理	33	530	521	524	
信息与计算科学	物理	52	535	526	528	
学前教育（师范）	物理	28	537	524	529	
应用化学	物理	18	533	519	522	
应用物理学	物理	57	534	519	524	
应用心理学	物理	30	542	522	527	
英语	物理	24	540	530	533	
英语（师范）	物理	25	551	540	544	
动画	美术（历史）	4	525	520	522	综合分
环境设计	美术（历史）	28	528	517	518	综合分
美术学	美术（历史）	14	520	517	518	综合分
美术学（师范）	美术（历史）	10	542	520	525	综合分
视觉传达设计	美术（历史）	32	527	517	519	综合分
数字媒体艺术	美术（历史）	19	525	518	520	综合分
动画	美术（物理）	2	492	492	492	综合分

续表

专业	科类	录取人数/人	最高分/分	最低分/分	平均分/分	备注
环境设计	美术（物理）	2	493	493	493	综合分
美术学	美术（物理）	2	493	492	492	综合分
美术学（师范）	美术（物理）	2	501	500	500	综合分
视觉传达设计	美术（物理）	2	497	495	496	综合分
数字媒体艺术	美术（物理）	2	498	497	497	综合分
流行音乐	音乐（器乐历史）	9	210	207	208	专业分
音乐学（师范）	音乐（器乐历史）	5	215	211	212	专业分
流行音乐	音乐（器乐物理）	1	199	199	199	专业分
音乐学（师范）	音乐（器乐物理）	1	209	209	209	专业分
流行音乐	音乐（声乐历史）	17	201	199	200	专业分
音乐学（师范）	音乐（声乐历史）	13	207	201	203	专业分
流行音乐	音乐（声乐物理）	1	199	199	199	专业分
音乐学（师范）	音乐（声乐物理）	1	200	200	200	专业分

苏州科技大学2021年各省、自治区、直辖市录取分数统计

高考改革地区录取分数统计表

省份	科类	批次	选科要求	省控线	最高分	最低分
北京	普通类	本科普通批(综合改革)	物理	400	497	486
天津	普通类	普通类本科批A阶段(综合改革)	物理或历史或地理	463	601	595
天津	普通类	普通类本科批A阶段(综合改革)	物理或化学或生物	463	580	572
天津	普通类	普通类本科批A阶段(综合改革)	不限	463	593	573
河北	音乐类	本科提前批B(不分科目类)	不限	289/100	503	495
河北	美术类	本科提前批B(不分科目类)	不限	289/180	569	563
河北	普通类	本科批(历史科目组)	历史+不限	454	575	560
河北	普通类	本科批(历史科目组)	历史+思想政治	454	565	563
河北	普通类	本科批(物理科目组)	物理+不限	412	579	561
河北	普通类	本科批(物理科目组)	物理+化学或生物	412	559	557
河北	普通类	本科批(物理科目组)	物理+化学	412	564	561
辽宁	美术类	艺术类本科批[艺术(历史类)]	历史+不限	342/185	474	470
辽宁	普通类	普通类本科批(历史学科类)	历史+不限	456	583	570
辽宁	普通类	普通类本科批(物理学科类)	物理+不限	336	568	549
上海	音乐类	本科艺术甲批[艺术(不分文理)]	不限	300/210	497	478
上海	美术类	本科艺术甲批[艺术(不分文理)]	不限	300/240	469	463

续表

省份	科类	批次	选科要求	省控线	最高分	最低分
上海	普通类	本科普通批(综合改革)	物理或历史或地理	400	491	481
			物理或化学或生物	400	473	460
			物理	400	478	442
			物理（中外）	400	441	423
			化学	400	464	457
			不限	400	476	471
浙江	音乐类	艺术第二批[艺术(不分文理)]	不限	469/50	530	508
	美术类		不限	512/65	581	557
	普通类	普通类（综合改革）	物理或历史或地理	第一段495/第二段266	615	601
			物理或化学或生物	第一段495/第二段266	590	590
			化学或物理或技术	第一段495/第二段266	599	593
			地理或物理或化学	第一段495/第二段266	607	605
			历史或地理	第一段495/第二段266	612	609
			物理	第一段495/第二段266	612	576
			物理（中外）	第一段495/第二段266	581	572
			化学	第一段495/第二段266	591	588
			不限	第一段495/第二段266	602	588
			不限（中外）	第一段495/第二段266	578	576

续表

省份	科类	批次	选科要求	省控线	最高分	最低分
福建	普通类	本科普通批(历史类)	历史+不限	467	554	547
		本科普通批(物理类)	物理+不限	423	562	548
			物理+化学或地理	423	555	546
			物理+化学	423	545	544
山东	美术类	艺术类本科统考批[艺术(不分文理)]	不限	333/198	586.65	580.25
	普通类	常规批(本科)(综合改革)	物理或历史或地理	444	577	576
			物理或化学或生物	444	571	564
			历史或地理	444	569	567
			物理	444	574	566
			物理（中外）	444	547	546
			化学	444	567	564
			政治	444	565	564
			不限	444	566	559
			不限（中外）	444	547	547
湖北	音乐类	艺术本科B平行[艺术(不分科目类)]	不限	326/224	652	648
	美术类		不限	325/192	652	616
	普通类	本科普通批(历史类)	历史+不限	463	582	572
			历史+思想政治	463	572	572
		本科普通批(物理类)	物理+不限	397	566	548
			物理+化学或生物	397	541	538
			物理+化学	397	546	546
湖南	音乐类	本科批（普通）[艺术(历史类)]	不限	349/155	313	312
	美术类		不限	349/155	297	295

续表

省份	科类	批次	选科要求	省控线	最高分	最低分
湖南	普通类	本科批（普通）（历史类）	历史+不限	466	558	551
			历史+思想政治	466	558	551
		本科批（普通）（物理类）	物理+不限	434	563	547
广东	音乐类	本科批［艺术（不分科目类）］	不限	325/185	522	514
	普通类	本科批［普通类（历史）］	历史+不限	448	554	550
			历史+思想政治	448	553	552
		本科批［普通类（物理）］	物理+不限	432	568	555
			物理+化学	432	564	562
海南	普通类	本科批（综合改革）	物理或历史或地理	466	618	603
			不限	466	609	597
重庆	美术类	艺术类本科批A段［艺术（不分科目类）］	不限	333/210	223	216
	普通类	本科批（物理）	物理+不限	446	595	551

非高考改革地区录取分数统计表

省份	科类	批次	2021年省控线		最高分		最低分	
			文	理	文	理	文	理
山西	音乐类	第二批本科A类	74		83.29		74.76	
	美术类	第二批本科A类	202		659.2		636	
	普通类	第一批本科B类	543	505	556	537	551	525
吉林	普通类	本科二批（A段）	519	482	540	508	511	465
黑龙江	美术类	艺术类本科批（A）	265/180	210/180	544	532	542	520
	普通类	本科一批（A）	472	415	556	513	530	500
安徽	音乐类	艺术第二批	389/120	311/120	764		762	
	美术类	艺术第二批	389/193	311/193	779		772	
	普通类	本科一批	560	488	602	575	597	559
	普通类	本科一批（中外合作办学）				553		522
江西	音乐类	提前本科（一）	332/152		172		170	
	美术类	提前本科（一）	332/331.33		565		561	
	普通类	本科一批	559	519	593	574	586	556
	普通类	本科一批（中外合作办学）		519		560		557
河南	音乐类	艺术本科A段	350/145		185		168	
	美术类	艺术本科A段	352/205		743		699	
	普通类	本科一批	558	518	597	594	590	580
	普通类	本科一批（中外合作办学）		518		568		552
广西	音乐类	本科提前批	310/208		590		579	
	美术类	本科提前批	310/200		590		576	
	普通类	本科一批	530	487	566	549	554	519

续表

省份	科类	批次	2021年省控线		最高分		最低分	
			文	理	文	理	文	理
四川	音乐类	艺术类本科一批	345/205		282		273	
	美术类	艺术类本科一批	350/200		705		644	
	普通类	本科一批	541	521	567	600	558	560
	普通类	本科一批（中外合作办学）		521		559		539
贵州	普通类	本科一批	556	456	589	508	571	474
云南	普通类	一本	565	520	593	577	584	550
陕西	普通类	本科二批	499	443	505	447	498	442
甘肃	音乐类	艺术体育类本科一批U段	202/213		256		246	
	普通类	本科一批	502	440	537	496	528	479
青海	普通类	专项计划（定向）	405		447		407	
	普通类	本科一批H段		330		435		422
宁夏	普通类	本科一批	505	412	551	484	528	426
新疆	音乐类	本科提前批	227/150		264		262	
	普通类	本科一批	466	405	522	532	510	465
	普通类	南疆单列（统招）	347		506		483	
	普通类	南疆单列（定向伊犁）	347	305	509	469	501	445
	普通类	本科一批（内高）	453/385	472/425/412	502/453	513/464/454	471/415	507/458/454

苏州科技大学天平学院 2021 年省内各专业录取分数统计

苏州科技大学天平学院 2021 年省内各专业录取分数统计表

专业名称	学制	文科				理科			
		录取数/人	最高分/分	最低分/分	平均分/分	录取数/人	最高分/分	最低分/分	平均分/分
机械设计制造及其自动化	四年					44	473	450	453.68
电气工程及其自动化	四年					43	484	453	461.91
电子信息工程	四年					38	508	452	457.29
计算机科学与技术	四年					45	523	459	466.18
通信工程	四年					41	467	449	453.41
汉语言文学	四年	25	517	499	503.04	2	471	467	469.00
秘书学	四年	25	496	488	490.96	2	463	454	458.50
商务英语	四年	20	506	498	493.65	2	466	461	463.50
日语	四年	20	508	489	495.25	8	471	449	458.86
英语	四年	30	515	497	502.20	6	476	464	466.83
翻译	四年	30	502	488	491.60	2	461	460	460.50
环境设计	四年	45	470	447	450.82	2	441	431	436.00
视觉传达设计	四年	45	472	449	454.87	2	440	438	439.00
音乐学	四年	18	180	172	175.28	2	173	171	172.00
土木工程	四年					27	475	452	457.56
工程造价	四年					39	484	448	455.13
工程管理	四年					46	475	446	450.59
风景园林	四年	10	504	496	500.00	30	484	449	457.63
建筑环境与能源应用工程	四年					47	466	446	449.40
人文地理与城乡规划	四年	15	516	496	502.47	24	472	446	457.17

续表

专业名称	学制	文科				理科			
		录取数/人	最高分/分	最低分/分	平均分/分	录取数/人	最高分/分	最低分/分	平均分/分
给排水科学与工程	四年					37	463	446	449.92
环境工程	四年					40	471	446	453.90
财务管理	四年	20	503	493	496.40	20	484	449	456.20
酒店管理	四年	6	497	489	491.17	1	468	468	468.00
物流管理	四年	17	504	489	482.18	17	486	446	455.59
市场营销	四年	14	511	490	496.79	15	456	446	449.53
人力资源管理	四年	17	502	490	494.59	18	474	451	456.89
计算机科学与技术（专转本）	二年					168	256	187	212.48
酒店管理（专转本）	二年	50	282	227	237.68	33	240	199	213.00
财务管理（专转本）	二年	80	259	218	233.61	90	260	186	214.77
汉语言文学（专转本）	二年	106	277	238	244.66	49	261	169	206.56
市场营销（专转本）	二年	100	263	221	231.18	67	250	181	205.87
人力资源管理（专转本）	二年	40	249	217	228.65	30	257	169	209.10
物流管理（专转本）	二年	44	251	213	226.89	44	237	178	204.14

苏州科技大学天平学院 2021 年各省、自治区、直辖市录取分数统计

苏州科技大学天平学院 2021 年各省、自治区、直辖市录取分数统计表

省份	科类	批次	录取数/人		文科/分			理科/分		
			文科	理科	省控线	最高分	最低分	省控线	最高分	最低分
安徽	音乐类	艺术第二批（统考本科模块 8）	5		389/120（文化/专业）	682.63	640.47			
	美术类	艺术第二批（统考本科模块 7〈B 段〉）	6		389/193（文化/专业）	704.60	687.33			
	普通类	文理科本科二批	10	6	519	548.77	543.40	415	497.81	461.40
重庆	普通类	本科批（物理）		7				446	486.18	468.19
福建	普通类	本科普通批	4	6	467	494.00	488.00	423	491.00	462.00
甘肃	普通类	本科二批普通文理	11		432	461.10	454.10			
广东	音乐类	本科[艺术(不分科目类)]	2		325/185（文化/专业）	468.00	464.00			
	普通类	本科（普通类）	10	8	448	500.00	490.00	432	487.00	479.00
广西	音乐类	本科提前批	4		310/208（文化/专业）	522.87	517.85			
	普通类	本科二批	50	62	413	475.97	421.95	348	414.91	369.88

续表

省份	科类	批次	录取数/人		文科/分			理科/分		
			文科	理科	省控线	最高分	最低分	省控线	最高分	最低分
贵州	音乐类	艺术类平行志愿本科院校	4		359/130（文化/专业）	223.40	217.99			
	普通类	本科二批	58	53	479	509.09	491.09	367	439.09	383.08
河南	音乐类	艺术本科B段	4		337/135（文化/专业）	169.00	165.00			
	美术类	艺术本科B段	16		337/190（文化/专业）	655.00	612.00			
	普通类	本科二批	20	22	466	533.12	513.11	400	492.10	470.92
湖北	音乐类	艺术本科B平行［艺术（不分科目类）］	3		326/224（文化/专业）	616.89	610.64			
	普通类	本科普通批	6	4	463	532.00	515.00	397	474.00	464.00
江西	音乐类	本科二批（含艺术类普通本科）	3		332/100（文化/专业）	153.08	152.74			
	普通类	本科二批（含艺术类普通本科）	10	12	496	527.97	519.96	443	479.91	465.90
山东	美术类	艺术类本科统考批［艺术（不分文理）］	4		333/198（文化/专业）	521.45	511.10			
	普通类	常规批（本科）（综合改革）	15		444	492.00	479.00	444	488.00	471.00

续表

省份	科类	批次	录取数/人		文科/分			理科/分		
			文科	理科	省控线	最高分	最低分	省控线	最高分	最低分
上海	普通类	本科普通批（综合改革）	22		400	431.00	411.00			
山西	音乐类	提前艺术、体育本科	5		321/74（文化/专业）	89.82	79.01			
	普通类	本科二批C段	20	26	458	460.10	444.00	410	406.07	371.07
四川	音乐类	艺术本科一批	6		345/205（文化/专业）	238.07	232.65			
	普通类	本科二批	52	44	474	508.10	492.11	430	476.00	443.00
新疆	普通类	本科二批	9		350	413.10	401.10			
	普通类	贫困专项南疆单列对口援疆本科二批	1		263	351.00	351.00			
云南	音乐类	二本及预科	4		375/145（文化/专业）	169.90	158.00			
	普通类	二本及预科	56	51	500	528.96	513.96	435	467.96	444.96
浙江	普通类	普通类（综合改革）	12		495	557.00	542.00	495	523.00	519.00

办学层次

硕士学位授权点情况

苏州科技大学一级学科硕士学位授权点情况一览表

学科代码	学位点名称	硕士点批准日期
0101	哲学	2011 年 3 月
0701	数学	
0803	光学工程	
0805	材料科学与工程	
0814	土木工程	
0817	化学工程与技术	
0830	环境科学与工程	
1201	管理科学与工程	
0603	世界史	2011 年 8 月
0813	建筑学	
0833	城乡规划学	
0834	风景园林学	
0602	中国史	2018 年 3 月
0702	物理学	
0802	机械工程	
0812	计算机科学与技术	
0402	心理学	2021 年 11 月

硕士专业学位授权点情况一览表

学科代码	学位点名称	硕士点批准日期
1351	艺术	2014 年 5 月
0853	城市规划	2014 年 7 月
0251	金融	2018 年 3 月
0451	教育	
0953	风景园林	
0851	建筑学	2019 年 5 月
0857	资源与环境	
0859	土木水利	
0551	翻译	2021 年 11 月
0854	电子信息	
0855	机械	
0856	材料与化工	
1251	工商管理	
1256	工程管理	

全日制本科专业情况

苏州科技大学本科专业设置一览表

（以学院排序）

学院	学院（部）代号	本科专业/专业方向名称
建筑与城市规划学院	201	建筑学 城乡规划 风景园林
环境科学与工程学院	202	环境科学与工程类（环境工程、环境科学） 给排水科学与工程 建筑环境与能源应用工程

续表

学院	学院（部）代号	本科专业/专业方向名称
土木工程学院	203	土木工程 工程力学 交通工程 无机非金属材料工程 工程管理
电子与信息工程学院	204	电子信息工程 通信工程 计算机科学与技术 电气工程及其自动化 建筑电气与智能化 人工智能
商学院	205	工商管理 旅游管理 市场营销 物流管理 金融工程 人力资源管理 财务管理
文学院	216	汉语言文学（师范、非师范） 广播电视学 汉语国际教育
社会发展与公共管理学院	217	历史学（师范） 社会工作 劳动与社会保障
马克思主义学院	214	思想政治教育（师范）
教育学院	215	应用心理学 学前教育（师范）
数学科学学院	218	数学与应用数学（师范） 信息与计算科学 统计学
物理科学与技术学院	219	应用物理学 物理学（师范） 光电信息科学与工程

续表

学院	学院（部）代号	本科专业/专业方向名称
化学与生命科学学院	220	应用化学 生物工程 化学（师范） 生物技术 材料化学 生物科学（师范）
材料科学与工程学院	221	功能材料 新能源材料与器件
艺术学院	210	数字媒体艺术 美术学（师范、非师范） 动画 视觉传达设计 环境设计
外国语学院	211	英语（师范、非师范） 日语
音乐学院	212	音乐学（师范） 流行音乐
机械工程学院	213	机械设计制造及其自动化 机械电子工程 材料成型及控制工程
地理科学与测绘工程学院	222	测绘工程 地理信息科学 人文地理与城乡规划 地理科学（师范）
国际教育学院	260	机械设计制造及其自动化（中外合作） 物流管理（中外合作） 工程管理（中外合作） 土木工程（中外合作）

成人学历教育专业情况

【高中起点本科】

金融工程
工商管理
物流管理
人力资源管理
学前教育
应用化学
市场营销

【专科起点升本科】

金融工程
土木工程
机械设计制造及其自动化
电气工程及其自动化
计算机科学与技术
应用化学
工程管理
工商管理
物流管理
市场营销
学前教育
人力资源管理
英语
日语
社会工作
汉语言文学
数学与应用数学
物理学
风景园林
劳动与社会保障

办学条件

2021 年苏州科技大学总资产情况

2021 年苏州科技大学总资产情况一览表

单位：万元

序号	项目	年初数	本年度增加数	本年度减少数	年末数
1	流动资产	71 118.79	286 704.20	301 920.97	55 902.02
2	固定资产	118 307.78	41 569.88	15 797.76	144 079.90
	（1）房屋及构筑物	93 769.11	34 262.62	10 726.76	117 304.97
	（2）通用设备	12 017.85	5 194.92	4 225.55	12 987.22
	（3）专用设备	1 494.38	565.62	463.11	1 596.89
	（4）文物和陈列品	615.45	15.64	0.00	631.09
	（5）图书、档案	8 303.49	769.55	0.00	9 073.04
	（6）家具、用具、装具及动植物	2 107.50	761.53	382.34	2 486.69
3	其他资产	80 122.24	18 060.50	34 408.51	63 774.23
4	合计	269 548.81	346 334.58	352 127.24	263 756.15

2021 年苏州科技大学土地面积和已有校舍建设面积情况

【学校土地面积】（单位：平方米）

江枫校区	318 989.52
石湖校区	1 001 732.37
天平校区	22 141.20
合计	1 342 863.09

【已有校舍建设面积】（单位：平方米）

1 教学科研及辅助用房	302 627.78
（1）教室	55 820.36
（2）图书馆	43 723.80
（3）实验室、实习场所	157 716.98
（4）专用科研用房	13 737.60
（5）体育馆	28 024.20
（6）会堂	3 604.84
2 行政办公用房	47 111.54
3 生活用房	254 274.07
（1）学生宿舍	213 662.48
（2）学生食堂【食堂】	21 126.22
（3）教工宿舍（公寓）【单身教师宿舍（公寓）】	2 708.32
（4）生活福利及附属用房	16 777.05
4 教工住宅	0
总计	604 013.39

（截止时间 2021 年 8 月 31 日）

2021 年苏州科技大学（教学）实验室设备情况

2021 年苏州科技大学（教学）实验室设备情况一览表

序号	单位名称	实验中心数/个	实验室数/个	省级实验教学示范中心数/个	教学科研仪器设备值/万元
1	建筑与城市规划学院	1	17	1	4 170.4
2	环境科学与工程学院	1	29	1	7 918.2
3	土木工程学院	1	10	2	5 536.7
4	电子与信息工程学院	2	21	2	3 893.7
5	商学院	1	6	0	862.5
6	文学院	1	12	0	312.2
7	社会发展与公共管理学院	1	9	0	354.2
8	马克思主义学院	0	0	0	81.5

续表

序号	单位名称	实验中心数/个	实验室数/个	省级实验教学示范中心数/个	教学科研仪器设备值/万元
9	教育学院	2	10	0	716.1
10	数学科学学院	1	1	0	480.5
11	物理科学与技术学院	2	49	1	4 389.4
12	化学与生命科学学院	2	64	3	2 617.9
13	材料科学与工程学院	1	1	0	6 273.1
14	艺术学院	1	23	1	1 968.3
15	外国语学院	1	7	0	651.6
16	音乐学院	1	3	0	1 143.5
17	机械工程学院	1	30	1	2 264.8
18	地理科学与测绘工程学院	1	6	0	1 443.9
19	体育部	0	0	0	383.7

2021 年苏州科技大学图书馆馆藏情况

2021 年苏州科技大学图书馆馆藏情况统计表

单位：册

类别	上年积累	本年实增	本年实减	本年积累
中文图书	1 598 649	58 956	45	1 657 560
外文图书	41 147	559	0	41 706
中文过刊合订本	111 180	2 106	0	113 286
外文过刊合订本	26 697	127	0	26 824
资料室	170 544	2 081	0	172 625
合计	1 948 217	63 829	45	2 012 001

教学质量与学科实力

苏州科技大学科研机构情况

苏州科技大学科研机构情况一览表

序号	名称	级别				批准机构	挂靠学院（部门）	负责人	成立日期	备注
		国家级	省部级	市级	校级					
1	城市生活污水资源化利用技术国家地方联合工程实验室	√				国家发改委	环境科学与工程学院	黄　勇	2016年10月	
2	江苏省环境科学与工程重点实验室		√			江苏省教育厅	环境科学与工程学院	李　勇	2000年9月	
3	江苏省结构工程重点实验室		√			江苏省教育厅	土木工程学院	毛小勇	2005年9月	
4	江苏省现代测绘仪器工程技术研究中心		√			江苏省科技厅	地理科学与测绘工程学院	张　序	2008年10月	
5	江苏省苏州太阳能和风能发电设备检测公共技术服务中心		√			江苏省科技厅	电子与信息工程学院	董兴法	2009年8月	
6	江苏环境功能材料重点实验室		√			江苏省教育厅	材料科学与工程学院	陈志刚	2010年10月	

续表

序号	名称	级别				批准机构	挂靠学院（部门）	负责人	成立日期	备注
		国家级	省部级	市级	校级					
7	江苏省无卤阻燃聚酯工程塑料工程技术研究中心		√			江苏省科技厅	化学与生命科学学院	董延茂	2010年7月	
8	江苏省环境工程技术工程实验室		√			江苏省发改委	环境科学与工程学院	黄　勇	2010年12月	
9	苏州城乡一体化改革发展研究院		√			江苏省教育厅	苏州科技大学	袁中金	2012年1月	江苏省普通高校人文社科校外研究基地
10	江苏省精密铜管加工装备工程技术研究中心		√			江苏省科技厅	电子与信息工程学院	肖金球	2012年6月	
11	“水处理技术与材料”2011协同创新中心		√			江苏省政府办公厅	环境科学与工程学院、材料科学与工程学院、化学与生命科学学院	李　勇	2013年4月	
12	亚太国家现代化与国际问题研究中心		√			江苏省教育厅	社会发展与公共管理学院	姚　海	2013年6月	江苏高校国际问题研究中心
13	江苏省建筑智慧节能重点实验室		√			江苏省教育厅	电子与信息工程学院	陈建平	2014年6月	
14	苏州科技学院技术转移中心		√			江苏省科技厅	苏州科技学院	范凌云	2015年11月	

续表

序号	名称	级别				批准机构	挂靠学院（部门）	负责人	成立日期	备注
		国家级	省部级	市级	校级					
15	江苏省微纳热流技术与能源应用重点实验室		√			江苏省教育厅	物理科学与技术学院	陈永平	2016年12月	
16	江苏省生化传感与芯片技术工程实验室		√			江苏省发改委	材料科学与工程学院	郭春显	2016年12月	
17	苏州国家历史文化名城保护研究院		√			江苏省教育厅	苏州科技大学	夏　健	2017年7月	江苏省普通高校人文社科校外研究基地（培育点）
18	苏州科技大学城市发展智库		√			江苏省教育厅	苏州科技大学	田晓明	2018年7月	江苏省普通高校哲学社会科学重点研究基地
19	长三角一体化发展研究基地		√			江苏省社科联	商学院、环境科学与工程学院	宋　青	2019年8月	江苏省决策咨询研究基地
20	江苏省生态道路技术产业化工程研究中心		√			江苏省发改委	土木工程学院	沈菊男	2019年12月	
21	心理与行为科学研究中心		√			江苏省教育厅	教育学院	田晓明	2020年9月	江苏省普通高校哲学社会科学重点研究基地

续表

序号	名称	级别				批准机构	挂靠学院（部门）	负责人	成立日期	备注
		国家级	省部级	市级	校级					
22	江苏省分离净化材料与技术工程研究中心		√			江苏省发改委	环境科学与工程学院	李　勇	2020年12月	
23	苏州科技大学材料学科海外高层次引智平台		√			江苏省教育厅	材料科学与工程学院	李长明	2021年8月	
24	江苏省建筑碳中和技术工程研究中心		√			江苏省发改委	建筑与城市规划学院	赵晓龙	2021年12月	
25	苏州市建筑环境技术重点实验室			√		苏州市科技局	建筑与城市规划学院	赵书杰	2006年7月	
26	苏州市测绘仪器综合测试中心			√		苏州市科技局	地理科学与测绘工程学院	陈德超	2008年8月	
27	苏州市微机电薄膜技术重点实验室			√		苏州市科技局	物理科学与技术学院	潘　涛	2009年7月	
28	苏州市建筑节能工程技术研究中心			√		苏州市科技局	建筑与城市规划学院	赵书杰	2009年7月	
29	苏州市智能测控工程技术研究中心			√		苏州市科技局	电子与信息工程学院	肖金球	2009年7月	
30	苏州市申龙电梯工程技术研究中心			√		苏州市科技局	机械工程学院	朱其新	2009年7月	
31	苏州市环境功能材料重点实验室			√		苏州市科技局	材料科学与工程学院	陈志刚	2010年7月	

续表

序号	名称	级别				批准机构	挂靠学院（部门）	负责人	成立日期	备注
		国家级	省部级	市级	校级					
32	苏州市基于物联网的公共安全服务平台			√		苏州市科技局	电子与信息工程学院	胡伏原	2010年7月	
33	苏州科技学院大学科技园科技创业服务平台			√		苏州市科技局	苏州科技大学	周　溢	2010年7月	
34	苏州市铜管加工装备工程技术研究中心			√		苏州市科技局	电子与信息工程学院	肖金球	2011年12月	
35	苏州市光学精密测试技术重点实验室			√		苏州市科技局	物理科学与技术学院	吴泉英	2012年7月	
36	苏州市新能源材料与低碳技术重点实验室			√		苏州市科技局	材料科学与工程学院	王筱梅	2012年7月	
37	苏州市移动网络技术与应用重点实验室			√		苏州市科技局	电子与信息工程学院	陈建平	2013年11月	
38	苏州市道路工程重点实验室			√		苏州市科技局	土木工程学院	沈菊男	2014年8月	
39	苏州市分离净化材料与技术重点实验室			√		苏州市科技局	环境科学与工程学院	白仁碧	2015年8月	
40	苏州市低维光电材料与器件重点实验室			√		苏州市科技局	物理科学与技术学院	姚金雷	2016年6月	

续表

序号	名称	级别				批准机构	挂靠学院（部门）	负责人	成立日期	备注
		国家级	省部级	市级	校级					
41	苏州市虚拟显示智能交互及应用技术重点实验室			√		苏州市科技局	电子与信息工程学院	崔志明	2016年6月	
42	苏州市精密与高效加工技术重点实验室			√		苏州市科技局	机械工程学院	李　华	2017年6月	
43	苏州市大数据与信息服务重点实验室			√		苏州市科技局	商学院	施琴芬	2018年6月	
44	苏州市微纳光电材料与传感器重点实验室			√		苏州市科技局	材料科学与工程学院	刘　波	2018年6月	
45	苏州创新生态研究院			√		苏州市科技局	商学院	施琴芬	2019年10月	
46	苏州市海绵城市技术重点实验室			√		苏州市科技局	环境科学与工程学院	黄天寅	2021年6月	
47	苏州科大中智创新发展战略研究院			√		苏州市科技局	商学院	施琴芬	2021年11月	
48	苏南地方音乐文化艺术研究所				√	苏州科技学院	音乐学院	陈　林	2008年1月	
49	企业社会责任研究中心				√	苏州科技学院	马克思主义学院	王建明	2009年11月	
50	苏州科技学院苏南现代物流研究所				√	苏州科技学院	商学院	邵举平	2013年10月	

续表

序号	名称	级别				批准机构	挂靠学院（部门）	负责人	成立日期	备注
		国家级	省部级	市级	校级					
51	苏州科技学院金融研究所				√	苏州科技学院	商学院	万正晓	2013 年 10 月	
52	苏州科技学院江南历史文化研究所				√	苏州科技学院	文学院	丁国祥	2013 年 10 月	
53	苏州科技学院古籍整理研究所				√	苏州科技学院	文学院	阮堂明	2013 年 10 月	
54	苏州科技学院苏南特色传媒文化研究所				√	苏州科技学院	文学院	李　斌	2013 年 10 月	
55	苏州科技学院吴语吴文化研究所				√	苏州科技学院	文学院	薛志霞	2013 年 10 月	
56	苏州科技学院历史文献研究所				√	苏州科技学院	社会发展与公共管理学院	董粉和	2013 年 10 月	
57	苏州科技学院应用社会学研究所				√	苏州科技学院	社会发展与公共管理学院	高　钟	2013 年 10 月	
58	苏州科技学院全球政治发展研究所				√	苏州科技学院	马克思主义学院	王建明	2013 年 10 月	
59	苏州科技学院应用伦理学研究所				√	苏州科技学院	马克思主义学院	陈建明	2013 年 10 月	
60	苏州科技学院女性发展研究所				√	苏州科技学院	教育学院	牟艳杰	2013 年 10 月	
61	苏州科技学院工业与组织管理心理研究所				√	苏州科技学院	教育学院	邵爱国	2013 年 10 月	

续表

序号	名称	级别				批准机构	挂靠学院（部门）	负责人	成立日期	备注
		国家级	省部级	市级	校级					
62	苏州科技学院英语文学文化研究所				√	苏州科技学院	外国语学院	祝　平	2013年10月	
63	苏州科技学院翻译研究所				√	苏州科技学院	外国语学院	张顺生	2013年10月	
64	苏州科技学院语言教育研究院				√	苏州科技学院	外国语学院	徐晓晴	2013年10月	
65	苏州科技学院日本文化研究所				√	苏州科技学院	外国语学院	罗时光	2013年10月	
66	苏州科技学院传统手工艺研究所				√	苏州科技学院	艺术学院	伍立峰	2013年10月	
67	苏州科技学院视觉传播研究所				√	苏州科技学院	艺术学院	朱永明	2013年10月	
68	苏州科技学院数字化产业研究所				√	苏州科技学院	艺术学院	邵　斌	2013年10月	
69	苏州科技学院新媒体交互设计与应用研究所				√	苏州科技学院	艺术学院	陈卫东	2013年10月	
70	苏州科技学院江南艺术研究所				√	苏州科技学院	艺术学院	郑英峰	2013年10月	
71	苏州科技学院吴文化创意与设计研究所				√	苏州科技学院	艺术学院	莫军华	2013年10月	
72	苏州科技学院姑苏非物质文化遗产研究所				√	苏州科技学院	艺术学院	王於中	2013年10月	

续表

序号	名称	级别				批准机构	挂靠学院（部门）	负责人	成立日期	备注
		国家级	省部级	市级	校级					
73	苏州科技学院传媒文化产业研究所				√	苏州科技学院	艺术学院	万华明	2013年10月	
74	苏州科技学院体育文化发展研究所				√	苏州科技学院	体育部	汤际澜	2013年10月	
75	苏州科技学院信息资源与技术开发研究所				√	苏州科技学院	图书馆	顾永时	2013年10月	
76	江南文化保护与传承协同创新中心				√	苏州科技学院	社会发展与公共管理学院	陆道平	2014年1月	
77	苏州国家旅游标准研究与推广示范中心				√	苏州科技学院	商学院	邢夫敏	2015年3月	
78	苏州科技学院政府管理与社会创新研究所				√	苏州科技学院	社会发展与公共管理学院	陆道平	2016年4月	
79	苏州科技学院名城历史文化与公众史学研究所				√	苏州科技学院	社会发展与公共管理学院	张笑川	2016年4月	
80	苏州科技学院社区心理学研究所				√	苏州科技学院	教育学院	鲍谧清	2016年4月	
81	苏州科技学院中小学生学业支持和促进发展研究所				√	苏州科技学院	教育学院	吴红耘	2016年4月	

续表

序号	名称	级别				批准机构	挂靠学院（部门）	负责人	成立日期	备注
		国家级	省部级	市级	校级					
82	苏州与国内外先进地区创新竞争力比较研究中心				√	苏州科技学院	苏州科技大学	陆道平	2016 年 6 月	
83	苏州科技大学创新管理与评价研究所				√	苏州科技大学	商学院	夏海力	2016 年 9 月	
84	苏州科技大学中国书法文化研究所				√	苏州科技大学	艺术学院	王伟林	2016 年 9 月	
85	苏南国情研究基地				√	苏州科技大学	马克思主义学院	温　波	2017 年 5 月	
86	苏州科技大学和合文化研究院				√	苏州科技大学	马克思主义学院	温　波	2019 年 5 月	
87	苏州科技大学国外智库涉华舆情分析研究中心				√	苏州科技大学	外国语学院	支永碧	2019 年 5 月	
88	苏州科技大学文化协同创新设计研究所				√	苏州科技大学	艺术学院	狄　野	2019 年 10 月	
89	苏州市社会工作发展研究院				√	苏州科技大学	社会发展与公共管理学院	唐利平	2021 年 3 月	

苏州科技大学重点学科、优势学科建设项目

苏州科技大学江苏省优势学科一期项目

序号	学科名称	依托学科	学科代码	批准时间	验收时间	验收结果
1	土木与环境工程学科群	土木工程	0814	2011年1月	2014年5月	B
		环境科学与工程	0830			
2	城乡规划与管理学	城乡规划学	0833	2011年10月		B
		建筑学	0813			
		公共管理	1204			

苏州科技大学江苏省优势学科二期项目

序号	学科名称	依托学科	学科代码	项目类型	批准时间	验收时间	验收结果
1	环境功能材料与技术	环境科学与工程	0830	立项学科	2014年5月	2018年11月	合格
		材料科学与工程	0805				
2	土木工程	土木工程	0814	重点序列学科			合格
3	城乡规划学	城乡规划学	0833	重点序列学科			合格

苏州科技大学江苏省优势学科三期项目

序号	学科名称	学科代码	建设类型	批准时间
1	城乡规划学	0833	B	2018年11月
2	土木工程	0814	C	
3	环境科学与工程	0830	C	

苏州科技大学“十一五” 江苏省重点学科

序号	学科名称	学科代码	批准时间
1	世界史	060108	2006年7月
2	结构工程	081402	
3	环境工程	083002	

苏州科技大学“十二五” 江苏省重点学科

序号	学科名称	学科代码	批准时间
1	世界史	0603	2011年11月
2	风景园林学	0834	2012年2月

苏州科技大学“十三五” 江苏省重点学科

序号	学科名称	学科代码	批准时间
1	世界史	0603	2016年11月
2	数学	0701	
3	光学工程	0803	
4	建筑学	0813	

苏州科技大学“十四五” 江苏省重点学科

序号	学科名称	学科代码	批准时间
1	世界史	0603	2022年1月
2	数学	0701	
3	光学工程	0803	
4	材料科学与工程	0805	
5	建筑学	0813	
6	风景园林学	0834	

苏州科技大学 2021 年度教育质量工程项目

江苏高校品牌专业建设工程二期项目

（苏教高函〔2021〕3 号
2021 年 6 月 25 日）

序号	专业名称	专业负责人	所属学院（部）
1	历史学	祝曙光	社会发展与公共管理学院
2	数学与应用数学	吴健荣	数学科学学院
3	应用心理学	田晓明	教育学院
4	建筑电气与智能化	付保川	电子与信息工程学院
5	环境科学	王慧利	环境科学与工程学院
6	风景园林	张　兴	建筑与城市规划学院
7	工程管理	祝连波	土木工程学院
8	视觉传达设计	伍立峰	艺术学院

2021 年度江苏省一流本科专业建设点

（教高厅函〔2021〕7 号
2021 年 2 月 10 日）

序号	专业名称	专业负责人	所属学院（部）
1	环境设计	薛　娟	艺术学院
2	音乐学	陈　林	音乐学院
3	金融工程	王世文	商学院
4	计算机科学与技术	胡伏原	电子与信息工程学院
5	应用物理学	马春兰	物理科学与技术学院
6	测绘工程	杜景龙	地理科学与测绘工程学院
7	工程力学	张　毅	土木工程学院
8	美术学	王伟林	艺术学院
9	社会工作	陆道平	社会发展与公共管理学院
10	工商管理	夏海力	商学院
11	功能材料	叶常青	材料科学与工程学院
12	电气工程及其自动化	陈珍萍	电子与信息工程学院
13	建筑环境与能源应用工程	孙志高	环境科学与工程学院
14	交通工程	朱从坤	土木工程学院

2021年度江苏省一流本科课程

（苏教高函〔2021〕9号
2021年11月1日）

序号	课程名称	课程负责人	课程类型	所属学院（部）
1	回到文本，走出迷宫——跟薛志霞读《红楼梦》	薛志霞	线上课程	文学院
2	大众文化：理论与实践	廖雨声	线上课程	文学院
3	中国传统文化	沈　骅	线上课程	社会发展与公共管理学院
4	概率论与数理统计	李晓莉	线上课程	数学科学学院
5	线性代数	黄志刚	线上课程	数学科学学院
6	数学物理方法	臧涛成 赵　润	线上课程	物理科学与技术学院
7	环境热点问题分析	梁　媛	线上课程	环境科学与工程学院
8	桥梁动静载虚拟仿真试验	张鹏飞	虚拟仿真实验教学课程	土木工程学院
9	火灾探测报警与消防联动系统虚拟仿真实验	吴征天	虚拟仿真实验教学课程	电子与信息工程学院
10	自然资源要素无人机三维建模	杨朝辉	虚拟仿真实验教学课程	地理科学与测绘工程学院
11	从奈奎斯特取样到压缩感知——信号重构虚拟仿真实验	姜　莉 季剑岚	虚拟仿真实验教学课程	电子与信息工程学院
12	中国社会史	张笑川	线下课程	社会发展与公共管理学院
13	管理心理学	邵爱国 田晓明	线下课程	教育学院
14	合唱与指挥Ⅰ	黄祖平	线下课程	音乐学院

续表

序号	课程名称	课程负责人	课程类型	所属学院（部）
15	水污染控制工程（一）（二）	李　勇	线下课程	环境科学与工程学院
16	城市详细规划 A（二）	王雨村	线下课程	建筑与城市规划学院
17	钢结构设计原理 A	毛小勇	线下课程	土木工程学院
18	大学英语（一）	赵　诚	线上线下混合式课程	外国语学院
19	会计学	段　姝	线上线下混合式课程	商学院
20	公司金融	钱　燕	线上线下混合式课程	商学院
21	仪器分析 A	曹　丰	线上线下混合式课程	化学与生命科学学院
22	社会综合调查实践	范凌云	线上线下混合式课程	建筑与城市规划学院

2021 年度江苏省课程思政示范专业

（苏教高函〔2021〕13 号
2021 年 12 月 11 日）

序号	专业名称	专业负责人	所属学院（部）
1	城乡规划	杨新海	建筑与城市规划学院

2021 年度江苏省课程思政示范课程

（苏教办高函〔2021〕11 号
2021 年 4 月 30 日）

序号	课程名称	专业负责人	所属学院（部）
1	城市详细规划（二）	王雨村	建筑与城市规划学院
2	水污染控制工程	李　勇	环境科学与工程学院

2021 年江苏省重点教材

（苏高教会〔2021〕39 号
2021 年 11 月 1 日）

序号	教材名称	主编	类型
1	机械制造技术基础	李　华	修订教材
2	单片机原理与应用技术	肖金球	修订教材
3	*Recovery and Low Carbon Technologies of Municipal Wastewater*	李大鹏　李　勇	新编教材
4	健康景观理论与实践	赵晓龙	新编教材
5	和声分析基础教程	陈　林　黄祖平	新编教材
6	材料力学	范存新	新编教材

2021 年江苏省优秀培育教材

（苏教办高函〔2021〕3 号
2021 年 1 月 26 日）

序号	教材名称	主编	类型
1	钢结构设计	于安林	新编
2	单片机原理与应用技术	肖金球	修订
3	大学物理实验	吴泉英	修订
4	混凝土结构设计原理	邵永健	修订
5	城市总体规划设计课程指导	王　勇	修订

2021 年住建部住房和城乡建设领域学科专业“十四五” 规划教材

（建人函〔2021〕36 号
2021 年 9 月 8 日）

序号	教材名称	主编	类型
1	室内设计方法与实践	郭晓阳　陈　亮	新编
2	城乡社会综合调查（第二版）	范凌云　杨新海	修订
3	流体力学（第二版）	吴　玮　张维佳	修订

续表

序号	教材名称	主编	类型
4	钢结构基本原理（第三版）	何若全	修订
5	钢结构设计（第二版）	于安林	修订
6	轻型钢结构（第二版）	赵宝成	修订
7	结构力学 *Structural Mechanics*	陈旭东	新编
8	水力学（第四版）	黄天寅　吴　玮 张维佳	修订
9	土建工程基础（第五版）	唐兴荣	修订
10	IBMS 综合实训教程	吴征天　付保川	新编
11	智能建筑信息检测与处理	郭胜辉　付保川 于　淼	新编

2021 年江苏省研究生工作站设站单位名单

（苏教研函〔2021〕20 号
2021 年 12 月 14 日）

序号	工作站编号	设站单位名称	合作高校	工作站类型
1	2021_211	无锡市规划设计研究院	苏州科技大学	事业单位
2	2021_212	苏州清泉环保科技有限公司	苏州科技大学	企业
3	2021_213	苏州博宇鑫交通科技有限公司	苏州科技大学	企业
4	2021_214	苏州凯尔博精密机械有限公司	苏州科技大学	企业
5	2021_215	江苏省苏州第一中学校	苏州科技大学	事业单位
6	2021_216	苏州创捷传媒展览股份有限公司	苏州科技大学	企业
7	2021_217	苏州工业园区测绘地理信息有限公司	苏州科技大学	企业
8	2021_218	苏州数字地图信息科技股份有限公司	苏州科技大学	企业

苏州科技大学 2021 年度全日制学生就业情况

2021 届全日制研究生就业情况一览表

学院	毕业生数/人	签约数/人	升学数(含出国)/人	签约和升学率/%	灵活就业数(含创业)/人	灵活就业率/%	总就业率/%
建筑与城市规划学院	145	128	2	89.66	2	1.38	91.03
环境科学与工程学院	121	103	1	85.95	8	6.61	92.56
土木工程学院	133	120	3	92.48	5	3.76	96.24
电子与信息工程学院	36	34	1	97.22	0	0.00	97.22
商学院	21	21	0	100.00	0	0.00	100.00
数学科学学院	28	25	2	96.43	1	3.57	100.00
物理科学与技术学院	14	13	1	100.00	0	0.00	100.00
化学与生命科学学院	22	21	1	100.00	0	0.00	100.00
材料科学与工程学院	8	7	0	87.5	0	0.00	87.50
艺术学院	69	32	1	47.83	32	46.38	94.20
外国语学院	12	12	0	100.00	0	0.00	100.00
音乐学院	17	15	0	88.24	2	11.76	100.00
机械工程学院	1	1	0	100.00	0	0.00	100.00
文学院	11	11	0	100.00	0	0.00	100.00
社会发展与公共管理学院	28	25	0	89.29	1	3.57	92.86
马克思主义学院	26	20	1	80.77	0	0.00	81.00
教育学院	7	7	0	100.00	0	0.00	100.00
总计	699	595	13	86.98	51	7.30	94.28

注：2021 年全校研究生毕业生 699 人，至 2021 年年底签约 595 人，升学（含出国）13 人，升学和签约率为 86.98%，灵活就业 51 人，灵活就业率 7.30%，总就业率 94.28%。

2021届全日制本科生就业情况一览表

学院	毕业生数/人	签约数/人	升学数（含出国）/人	签约和升学率/%	灵活就业数（含创业）/人	灵活就业率/%	总就业率/%
建筑与城市规划学院	202	115	78	95.54	6	2.97	98.51
环境科学与工程学院	286	173	73	86.01	22	7.69	93.71
土木工程学院	420	283	108	93.10	22	5.24	98.33
电子与信息工程学院	440	318	82	90.91	11	2.50	93.41
商学院	653	454	110	86.37	51	7.81	94.18
数学科学学院	146	99	23	83.56	16	10.96	94.52
物理科学与技术学院	98	65	21	87.76	4	4.08	91.84
化学与生命科学学院	323	190	77	82.66	33	10.22	92.88
材料科学与工程学院	35	19	13	91.43	2	5.71	97.14
艺术学院	359	100	35	37.60	200	55.71	93.31
外国语学院	266	143	43	69.92	49	18.42	88.35
音乐学院	47	32	6	80.85	6	12.77	93.62
机械工程学院	176	105	51	88.64	12	6.82	95.45
地理科学与测绘工程学院	201	116	41	78.11	21	10.45	88.56
文学院	294	229	31	88.44	26	8.84	97.28
社会发展与公共管理学院	200	167	22	94.50	1	0.50	95.00
马克思主义学院	28	23	1	85.71	1	3.57	89.29
教育学院	131	93	14	81.68	15	11.45	93.13
国际教育学院	133	49	52	75.94	23	17.29	93.23
总计	4 438	2 773	881	82.33	521	11.74	94.07

注：2021年全校本科毕业生4 438人，至2021年年底签约2 773人，升学（含出国）881人，升学和签约率为82.33%，灵活就业521人，灵活就业率11.74%，总就业率94.07%。

科研成果

2021年度苏州科技大学科研成果情况

2021年度苏州科技大学科研成果一览表

单位：项

序号	单位	获奖成果	SCI/SSCI/A&HCI	EI	CPCI/ISTP	CSSCI/CSCD	核心期刊论文
1	建筑与城市规划学院	5	14	6	27	16	3
2	环境科学与工程学院	7	163	144	96	6	36
3	土木工程学院	3		69	53	1	13
4	电子与信息工程学院	3	51	103	25	8	45
5	商学院		16	26	24	11	
6	文学院				6	5	
7	社会发展与公共管理学院				12	5	
8	马克思主义学院		1				
9	教育学院		13	3	12	3	
10	数学科学学院		41	30	14	7	
11	物理科学与技术学院	2	116	92	7	1	14
12	化学与生命科学学院		62	51	18	1	24
13	材料科学与工程学院	1	149	141	13	2	15
14	艺术学院				9	8	
15	外国语学院		2	1	7	3	
16	音乐学院				1	5	1
17	机械工程学院	1	45	43	15		13
18	地理科学与测绘工程学院		23	16	12	2	4
19	体育部		1	2	1	3	
20	机关、直属单位				2	1	2

2021 年度苏州科技大学科研、教学成果获奖情况

2021 年度苏州科技大学科研、教学成果（自然科学类）获奖情况一览表

序号	项目名称	所获奖项	等级	完成单位	主要完成人
1	高氨氮废水厌氧氨氧化脱氮关键技术创新与应用	上海市科学技术奖	一等奖	同济大学、北京工业大学、苏州科技大学、上海泓济环保科技股份有限公司、北京建筑大学	王亚宜 戴晓虎 彭永臻 黄勇 李祥 张亮 杜睿 吴莉娜 吴敏 王文标 宫徽 邢美燕 汪涵 王国鹏 徐友
2	湖污染控制湿地构建与修复技术及其应用	云南省科学技术奖	二等奖	中国科学院南京地理与湖泊研究所、昆明市滇池高原湖泊研究院、苏州科技大学、云南省生态环境科学研究院	潘继征 李文朝 杜劲松 徐力刚 徐华成 黄育红 赵祥华 李勇 潘珉
3	基于微气候调节机理的严寒地区城市绿地空间规划设计优化技术	黑龙江省科学技术奖	三等奖	哈尔滨工业大学、苏州科技大学	吴松涛 赵晓龙 陆明 高天宇 卞晴 王巍 朱娜
4	氮化硼聚晶刀具材料制备与性能调控关键技术及应用	河南省教育厅科技成果奖	一等奖	苏州科技大学	张旺玺 刘书锋 卢金斌 李启泉 王艳芝 崔卫民 孙长红 韩警贤 刘嘉霖
5	基于土壤污染原位修复纳米材料生态归趋的构效关系研究及应用	江苏省高校科学研究成果奖	二等奖	苏州科技大学、江苏盖亚环境科技股份有限公司	徐楠 秦粉菊 钱君超 程功弼 陈明
6	高氨低碳废水高效自养生物脱氮关键技术创新与应用	江苏省高校科学研究成果奖	三等奖	苏州科技大学、武汉理工大学	李祥 黄勇 吴鹏 李柏林 袁砚

续表

序号	项目名称	所获奖项	等级	完成单位	主要完成人
7	城市治理协同感知关键技术研究及应用	江苏省高校科学研究成果奖	二等奖	苏州科技大学、中国矿业大学、苏州希格玛科技有限公司	胡伏原 姚 睿 沈鸣飞 陈珍萍 李林燕 夏振平 顾敏明
8	基于语义计算的城市建筑非标准地址高性能自动标准化研究及应用	江苏省高校科学研究成果奖	三等奖	苏州科技大学、昆山市公安局、中科曙光南京研究院有限公司	奚雪峰 邹恩岑 张 谦 吕晓宝 崔志明 曾 诚 朱 润 陆 悠 姚伯祥
9	超敏生物信号分子传感材料与技术	江苏省高校科学研究成果奖	三等奖	苏州科技大学	郭春显 刘守清 叶常青
10	石墨烯范德瓦耳斯异质结及二维双三角格子中拓扑量子态的理论研究	江苏省高校科学研究成果奖	三等奖	苏州科技大学、复旦大学	张加永 马春兰 杨中芹
11	面向智慧城市的神经网络模型研究与应用	江苏省高校科学研究成果奖	三等奖	苏州科技大学、中国海洋大学	吴征天 程郁琨 高存臣
12	垂直微纳结构中光、电、磁特性的界面调控研究	江苏省高校科学研究成果奖	三等奖	苏州科技大学	赵 润 卢 豪 陈 博
13	苏州市乡村传统风貌特色凝练与规划设计建设导则研究	2020年度江苏省优秀国土空间规划（城乡规划）奖	二等奖	苏州规划设计研究院股份有限公司、苏州科技大学	杨新海 钮卫东 孙今国 黄征洋 缪 诚 孙嘉麟
14	苏州古城7、8、9号街坊城市设计	2020年度江苏省优秀国土空间规划（城乡规划）奖	三等奖	苏州科大城市规划设计研究院有限公司	夏 健 张 曦 申 青 罗 超 蓝 刚 王 勇 吴 杰

续表

序号	项目名称	所获奖项	等级	完成单位	主要完成人
15	新型钙基覆盖材料控磷技术及应用	苏州市环保产业协会环境保护科学技术奖	一等奖	苏州科技大学、昆山市环境保护科学研究所、苏州苏净环保新材料有限公司	李大鹏　艾　萍 林振锋
16	基于厌氧发酵装置及发酵产酸调控方法的资源化利用技术	中国发明协会发明创业创新奖	二等奖	苏州科技大学	黄天寅　吴　玮 杨晶晶　许晓毅
17	既有点式地下空间连通微扰动施工关键技术研究	江苏省岩土力学与工程学会科学技术奖	二等奖	苏州科技大学	师文豪　张　正 吴静红　张鑫磊 申志福
18	苏州观前街区地下空间数字化模型搭建框架体系研究	江苏省岩石力学与工程学会科学技术奖	三等奖	苏州科技大学	吴静红　刘　璐 师文豪　张鑫磊 申志福
19	建筑环境智能化设计与控制关键技术方法与应用	中国房地产业协会科学技术奖	三等奖	东南大学	王俊淇
20	车联荷载下运营交通隧道渗漏水整治技术	2021年度江苏省地下空间学会科学技术奖	三等奖	南京康泰建筑灌浆科技有限公司、南京地铁建设有限责任公司、苏州中材非金属矿工业设计研究院有限公司、铜仁学院、苏州科技大学	陈森森　郭建强 王玉峰　李晓东 杨　跃　康杰分 陈　登
21	大花绣球（新品种）——蓝梦	中国花卉博览会	银奖	苏州科技大学	张　兴
22	玉簪（新品种）——Light Star	中国花卉博览会	铜奖	苏州科技大学	张　兴

2021年度苏州科技大学科研、教学成果（人文社科类）获奖情况一览表

序号	项目名称	所获奖项	等级	完成单位	主要完成人
1	全球疫情下制造企业供应链面临的困境、机遇挑战及应对建议	2020年度江苏省社科应用研究精品工程奖	市厅级一等奖	商学院	徐天舒
2	地方高校文科专业应用型人才培养改革研究	江苏省第五届教育科学优秀成果奖	市厅级二等奖	电子与信息工程学院	张兄武
3	苏州市生活垃圾分类收费价格政策研究	2020年度江苏省社科应用研究精品工程奖	市厅级二等奖	环境科学与工程学院	田永静
4	性别偏差态度研究：基于内隐与外显双系统解析	江苏省第五届教育科学优秀成果奖	市厅级二等奖	教育学院	贾凤芹
5	索尔·贝娄小说的伦理指向	2021年度江苏省高校哲学社会科学研究成果奖	市厅级二等奖	外国语学院	祝　平
6	绘意：意大利访学启思	2021年度江苏省高校哲学社会科学研究成果奖	市厅级二等奖	艺术学院	莫军华
7	性别偏差态度研究：基于内隐与外显双系统解析	2021年度江苏省高校哲学社会科学研究成果奖	市厅级三等奖	教育学院	贾凤芹
8	道德增强的伦理探析——自由意志的视角	2021年度江苏省高校哲学社会科学研究成果奖	市厅级三等奖	马克思主义学院	马翰林
9	复杂产品供应链碳足迹优化研究	2021年度江苏省高校哲学社会科学研究成果奖	市厅级三等奖	商学院	杨传明
10	埃及与印度次大陆的海上贸易及其在罗马帝国经济中的地位	2021年度江苏省高校哲学社会科学研究成果奖	市厅级三等奖	社会发展与公共管理学院	陈思伟
11	汉英心理动词双字/词语符逆序表征对比研究——来自掩蔽启动范式的证据	2021年度江苏省高校哲学社会科学研究成果奖	市厅级三等奖	外国语学院	王　云

2021年度苏州科技大学科研成果专利授权情况

2021年度苏州科技大学科研成果专利授权情况一览表

（按学院排列，以类别、授权公告日先后为序）

序号	专利号	专利名称	类别	第一发明人	授权公告日
建筑与城市规划学院					
1	ZL201910158925.1	一种建筑文化遗产中的木构架古建筑的保护决策方法	发明专利	张雨清	2021年4月6日
2	ZL201810314243.0	基于愈伤组织诱导建立马蔺高频再生体系方法	发明专利	张　兴	2021年7月16日
3	ZL202022324334.8	一种多功能健康防护隔离户外休闲椅	实用新型	吕　飞	2021年5月11日
环境科学与工程学院					
4	ZL201810045572.X	一种匹配厌氧氨氧化型亚硝化的自动化实时控制策略	发明专利	陈重军	2021年2月26日
5	ZL201810805751.9	一种具有p-n异质结的光催化复合材料及其制备方法和应用	发明专利	郭永福	2021年3月9日
6	ZL201810818275.4	咪唑盐类聚离子液体改性聚偏氟乙烯荷电膜及制备方法	发明专利	沈舒苏	2021年4月2日
7	ZL201910166276.X	土壤中单一污染源VOC热脱附动力学试验方法	发明专利	许　伟	2021年4月13日
8	ZL201910272209.6	热致相分离法制备的抗污染中空纤维蒸馏膜	发明专利	刘大朋	2021年5月14日
9	ZL201810232932.7	嵌段聚合物FPEG-CO-CA改性CA滤膜及其制备方法	发明专利	白仁碧	2021年6月8日

续表

序号	专利号	专利名称	类别	第一发明人	授权公告日
10	ZL201810812350.6	一种谷物中有机磷阻燃剂的检测方法	发明专利	王俊霞	2021年6月15日
11	ZL201910271478.0	基于双亲网络的抗污染复合蒸馏膜及其制备方法	发明专利	刘大朋	2021年7月16日
12	ZL201910071275.7	两性离子无规共聚物P(MMAx-r-CBMAy)改性PVDF抗污膜及其制备方法	发明专利	白仁碧	2021年7月23日
13	ZL201811257948.X	一种食品中溴代阻燃剂含量的检测方法	发明专利	王俊霞	2021年8月10日
14	ZL201810783460.4	一种水体底泥重金属固定用复合材料的制备方法	发明专利	李大鹏	2021年9月7日
15	ZL201811188495.X	一种甲烷厌氧氧化菌菌群的富集培养方法	发明专利	梅　娟	2021年9月14日
16	ZL201811188290.1	一种甲烷厌氧氧化菌菌群的富集培养方法	发明专利	梅　娟	2021年9月14日
17	ZL202010980057.8	一种回收有机物和磷的城市污水处理工艺	发明专利	黄　勇	2021年9月17日
18	ZL201910473461.3	城市污水处理的半亚硝化工艺启动与控制方法	发明专利	刘文如	2021年9月21日
19	ZL201911031433.2	连续型生物脱氮磷回收系统及工艺	发明专利	潘　杨	2021年9月28日
20	ZL201810511078.8	处理重金属污染土壤的微生物菌株及其筛选方法与应用	发明专利	施维林	2021年10月1日
21	ZL201810722088.6	一种水体底泥覆盖新材料的制备方法	发明专利	李大鹏	2021年10月12日

续表

序号	专利号	专利名称	类别	第一发明人	授权公告日
22	ZL202011123351.3	一种全龄垃圾渗滤液的处理方法	发明专利	李　祥	2021年10月19日
23	ZL201911180123.7	一种一体化污水处理方法	发明专利	刘　锋	2021年10月26日
24	ZL201911180742.6	一种一体化污水处理装置	发明专利	刘　锋	2021年11月16日
25	ZL201910286815.3	一种利用桉树叶合成纳米零价铁的方法及水处理方法	发明专利	徐　楠	2021年11月23日
26	ZL202010835154.8	一种强化市政污水自养脱氮和同步磷回收的污水处理装置及方法	发明专利	李　祥	2021年11月23日
27	ZL202010579041.6	一种利用城市污水有机碳源的磷去除与回收方法	发明专利	毕　贞	2021年11月23日
28	ZL201910360081.9	一种深水水域水下机器人型沉水植物盖度仪	发明专利	李　勇	2021年12月28日
29	ZL201910540881.9	一种磁性共价三嗪骨架材料及其制备方法和应用	发明专利	高仕谦	2021年12月31日
30	ZL202022368792.1	一种基于人员识别的智能按需通风控制系统	实用新型	王俊淇	2021年6月4日
31	ZL202021783589.4	一种防堵塞人工湿地系统	实用新型	赵　丹	2021年6月4日
32	AU2021104063U	Method for preparing 13c labelled plant and method for preparing 13c labelled biochar	实用新型	梁　媛	2021年8月25日
33	ZL202120190756.2	净化养殖废水生物处理装置及循环净化养殖装置	实用新型	周　澄	2021年9月24日

续表

序号	专利号	专利名称	类别	第一发明人	授权公告日
34	ZL202022905305.0	一种搅拌器、用于降解水中抗生素的反应装置及降解系统	实用新型	赵德泽	2021年10月15日
35	ZL202120308778.4	一种环境监测实验室用水样品前处理快速过滤装置	实用新型	齐彦杰	2021年10月29日
36	ZL202121251607.9	一种蓝藻气囊破裂循环加压装置	实用新型	李　岱	2021年11月23日
37	ZL202121325643.5	一种膜曝气生物膜反应器	实用新型	方　政	2021年12月10日
土木工程学院					
38	ZL201910149504.2	一种计算改性沥青混合料动稳定度的方法	发明专利	潘　铁	2021年3月30日
39	ZL202010496358.3	钢—混凝土组合结构板柱结构体系	发明专利	路　冰	2021年5月25日
40	ZL201811642250.X	沥青混凝土路面坑槽修补材料及制备方法	发明专利	石鹏程	2021年8月24日
41	ZL201811642416.8	一种防水抗裂钢筋混凝土	发明专利	韦　俊	2021年8月24日
42	ZL201811642366.3	一种高导热性沥青混合料及由其制备形成的路面结构	发明专利	石鹏程	2021年12月14日
43	ZL202020806795.6	一种就地热再生沥青混合料加工用废气处理装置	实用新型	戴伟军	2021年1月1日
44	ZL202020806336.8	一种就地热再生沥青混合料的搅拌装置	实用新型	周　勇	2021年1月1日
45	ZL202020092405.3	一种剪切屈服型钢管混凝土隔振支座	实用新型	孙国华	2021年2月19日

续表

序号	专利号	专利名称	类别	第一发明人	授权公告日
46	ZL202021916066.2	一种基于地铁座椅配套设计的多功能备用座椅	实用新型	施烨辉	2021年6月1日
47	ZL202120403812.6	一种玻璃幕墙的监测系统	实用新型	承颖瑶	2021年8月31日
48	ZL202120657611.9	一种具有防腐蚀和动态监测功能的桥墩防撞系统	实用新型	姚凌波	2021年12月14日
49	ZL202120045632.5	一种水泥稳定再生碎石基层道路结构	实用新型	张　嚚	2021年12月17日
50	ZL202120609460.X	一种装配式多向摇摆自复位筒体结构体系	实用新型	卞明月	2021年12月21日
电子与信息工程学院					
51	ZL201710697079.1	基于修正局部方差的车辆排队长度测量方法及测量系统	发明专利	程　成	2021年1月19日
52	ZL201811221603.9	一种发电机定子线棒环氧云母绝缘的寿命评估方法	发明专利	王晓剑	2021年2月5日
53	ZL201811507365.8	一种风力发电机组高风速区LQG优化控制方法	发明专利	曹松青	2021年3月30日
54	ZL201910179800.7	一种裸眼屏测试系统及其测试方法	发明专利	夏振平	2021年4月9日
55	ZL201810605040.7	一种狭长拓扑下的WSNs分簇路由方法	发明专利	陈珍萍	2021年6月22日
56	ZL201810898707.7	基于变活化能的聚合物材料热老化寿命评估方法	发明专利	石　颉	2021年6月29日
57	ZL201910443095.7	伸缩型无人机	发明专利	陆康亮	2021年7月2日

续表

序号	专利号	专利名称	类别	第一发明人	授权公告日
58	ZL201910443106.1	旋翼型两栖无人机	发明专利	谢秉博	2021年7月2日
59	ZL201811052424.7	宽温带太赫兹波探测器用衬底前驱体及其制备方法	发明专利	孙云飞	2021年7月16日
60	ZL201810835957.6	太赫兹波探测器用衬底及其制备方法	发明专利	班建民	2021年8月17日
61	ZL201910902240.3	基于效用机制平均一致性隐私保护优化方法	发明专利	陈珍萍	2021年8月20日
62	ZL201810835959.5	用于太赫兹波探测的器件用衬底前驱体及其制备方法	发明专利	班建民	2021年9月10日
63	ZL201810835958.0	用于太赫兹波探测的器件用衬底及其制备方法	发明专利	班建民	2021年9月10日
64	ZL201810792426.3	基于注意力反馈机制的图像自动语句标注方法	发明专利	胡伏原	2021年10月8日
65	ZL201810134218.4	一种基于多示例遗传神经网络的室内PM2.5预测方法	发明专利	吴宏杰	2021年10月8日
66	ZL201811045354.2	宽温带太赫兹波探测器用衬底及其制备方法	发明专利	孙云飞	2021年10月8日
67	ZL201811052425.1	太赫兹波探测器用衬底前驱体及其制备方法	发明专利	孙云飞	2021年10月8日
68	ZL201910564825.9	一种青少年步态矫正垫及矫正方法	发明专利	夏振平	2021年11月2日
69	ZL202020640819.5	一种具有远程报警功能的建筑倾斜监测装置	实用新型	戴　欢	2021年1月8日

续表

序号	专利号	专利名称	类别	第一发明人	授权公告日
70	ZL202020697909. 8	垃圾箱系统及公园垃圾智能化综合管理系统	实用新型	石　颉	2021 年 2 月 26 日
71	ZL202022274522. 4	一种基于机器视觉的智能分类垃圾桶	实用新型	申海锋	2021 年 7 月 6 日
72	ZL202022244349. 3	发电机定子线棒寿命试验与特征参量采集控制系统	实用新型	石　颉	2021 年 9 月 14 日
物理科学与技术学院					
73	ZL201811325262. X	低温制备锆钛酸铅单晶的方法	发明专利	张红芳	2021 年 2 月 19 日
74	ZL201810180001. 7	铁电陶瓷类化合物的单晶制备方法	发明专利	张红芳	2021 年 3 月 12 日
75	ZL201810027985. 5	一种从线性载频移相干涉图中恢复出真实相位的方法	发明专利	孙文卿	2021 年 4 月 6 日
76	ZL201810912437. 0	一种随机尺寸分割结构化相位板的图像加密与解密方法	发明专利	孙文卿	2021 年 5 月 14 日
77	ZL201910934819. 8	一种高磁导率高频率平面电感及其制备方法	发明专利	赵　磊	2021 年 6 月 11 日
78	ZL201810484424. 8	钛酸钡无机钙钛矿太阳能电池材料	发明专利	马春兰	2021 年 6 月 11 日
79	ZL202011117959. 5	一种电子皮肤生物燃料电池的制备方法及生物燃料电池	发明专利	刘　宏	2021 年 7 月 9 日
80	ZL201911061486. 9	一种自激发可存储式光电导器件及其制备方法	发明专利	姜昱丞	2021 年 8 月 27 日
81	ZL201611000402. 7	一种碲化铋基 P 型热电材料及其制备方法	发明专利	刘　宏	2021 年 12 月 10 日

续表

序号	专利号	专利名称	类别	第一发明人	授权公告日
82	ZL202020291840.9	一种用于高精度测量气体浓度的滤光片	实用新型	沙金巧	2021年1月15日
83	ZL202021733443.9	一种平面碲化铋基薄膜热电模块及热电发电机	实用新型	刘　宏	2021年2月12日
84	ZL202021955668.9	一种折反式Golay3稀疏孔径光学系统	实用新型	陈　斌	2021年5月28日
85	ZL202120368866.3	一种适用于近视转老花人群的渐进多焦点眼用镜片	实用新型	吴泉英	2021年10月1日
86	ZL202121142718.6	一种存储芯片晶元放大检测仪器	实用新型	施智明	2021年12月7日
化学与生命科学学院					
87	ZL201711474240.5	铒掺杂氧化锰电催化电极、其制备方法及用途	发明专利	刘守清	2021年2月5日
88	ZL201811298990.6	阻燃成炭剂硅酸四硅笼醇酯化合物及其制备方法	发明专利	刘　垚	2021年3月5日
89	ZL202011505036.7	近红外电化学发光化合物、电化学发光体系及其应用	发明专利	丁杨铭	2021年3月16日
90	ZL201811309144.X	一种环境友好高分子复合自修复防水材料及其制备方法	发明专利	董延茂	2021年3月26日
91	ZL201811428911.9	一种MEK1蛋白潜在抑制剂的筛选方法	发明专利	郭伟强	2021年3月30日
92	ZL201910812786.X	一种含有环氧基团的磷阻燃剂及其制备方法	发明专利	袁福根	2021年4月6日
93	ZL201910107371.2	一种橙红光热激活延迟荧光材料及有机电致发光器件	发明专利	赵　鑫	2021年4月27日

续表

序号	专利号	专利名称	类别	第一发明人	授权公告日
94	ZL201910812787.4	2-巯基吡啶-N-氧化物三价钴盐配合物的抗菌应用	发明专利	袁福根	2021年4月30日
95	ZL201711474256.6	铈掺杂氧化锰电极、其制备方法及用途	发明专利	刘守清	2021年6月18日
96	ZL201810191587.7	提高砷胁迫水稻耐受性的microRNA基因及其应用	发明专利	陈佳佳	2021年6月22日
97	ZL201810786903.5	有色阻燃剂八溴四丙氧基对苯醌化合物及其制备方法	发明专利	朱雪华	2021年8月3日
98	ZL201910191426.2	阻燃剂双膦酰杂环状多硅酸酯化合物及其制备方法	发明专利	马　肃	2021年8月6日
99	ZL201810855410.2	铋酸铜—富勒烯光催化剂同时脱除亚硝酸盐与氨氮的方法	发明专利	刘守清	2021年8月6日
100	ZL201810855418.9	一种同时脱除亚硝酸盐与氨氮的污水处理方法	发明专利	刘守清	2021年8月6日
101	ZL201810855382.4	光催化同时脱除污水中的亚硝酸盐与氨氮的方法	发明专利	刘守清	2021年8月6日
102	ZL201810855384.3	污水中亚硝酸盐与氨氮光催化同时脱除方法	发明专利	刘守清	2021年8月6日
103	ZL201810855419.3	铁酸锌—活性炭光催化脱除亚硝酸盐与氨氮的方法	发明专利	刘守清	2021年8月6日
104	ZL201810855431.4	铁酸锌—富勒烯光催化剂同时脱除亚硝酸盐与氨氮的方法	发明专利	刘守清	2021年8月13日
105	ZL202010583396.2	一种沥青压路机钢碾轮用磁性防沾结油	发明专利	袁福根	2021年9月21日

续表

序号	专利号	专利名称	类别	第一发明人	授权公告日
106	ZL201810786902.0	有色阻燃剂四（溴代苯氧基）对苯醌化合物及其制备方法	发明专利	韩志慧	2021年10月12日
107	ZL202010931751.0	一种有机膦耐油耐热涂覆材料及其制备方法与用途	发明专利	程宏英	2021年10月19日
108	ZL201810782945.1	有色阻燃剂四（三溴苯氧基）对苯醌化合物及其制备方法	发明专利	程宏英	2021年10月26日
109	ZL201910812788.9	一种含有环氧基团的磷硅协同阻燃剂及其制备方法	发明专利	袁福根	2021年11月16日
110	ZL201811642193.5	高效氮循环细菌的生态床	发明专利	钱　玮	2021年12月14日
材料科学与工程学院					
111	ZL201910893689.8	基于相变材料的无油墨激光彩色打印方法	发明专利	魏　涛	2021年2月19日
112	ZL202110062154.3	碳层包覆纳米四氧化三锰壳核结构材料及其制备方法	发明专利	吴正颖	2021年3月30日
113	ZL201910016733.7	基于三线态—三线态湮灭上转换荧光检测pH值的方法及pH检测器	发明专利	陈硕然	2021年3月30日
114	ZL201910488065.8	蒽—氨基硫脲衍生物及其制备方法与作为荧光探针的应用	发明专利	王筱梅	2021年4月2日
115	ZL201811045848.0	固态红—转—黄上转换共聚物体系的应用	发明专利	王筱梅	2021年4月2日
116	ZL201810123310.0	一种研磨辅助自渗透合成高效催化降解亚甲基蓝金属介孔氧化硅的方法	发明专利	吴正颖	2021年6月1日

续表

序号	专利号	专利名称	类别	第一发明人	授权公告日
117	ZL201911339658.4	一种布美诺肽的固液相合成方法	发明专利	陈　丰	2021年7月16日
118	ZL201911337614.8	一种固液相结合制备布美诺肽的方法	发明专利	陈　丰	2021年7月20日
119	ZL201910016756.8	通过荧光碳点识别多种金属离子的方法及检测器	发明专利	陈硕然	2021年8月31日
120	ZL201910394591.8	导电聚合物插层的金属氧化物混合凝胶的制备方法及其应用	发明专利	郭春显	2021年9月7日
121	ZL201910412909.0	双功能仿生酶/氧化石墨烯复合材料及其制备方法与应用	发明专利	胡芳馨	2021年9月21日
122	ZL201810622223.X	反应型发光剂9，10-二苯基蒽衍生物及其制备方法与由其制备的高效弱光上转换体系	发明专利	王筱梅	2021年10月8日
123	ZL201910412976.2	镍金属有机框架材料及其制备方法与应用	发明专利	胡芳馨	2021年11月19日
124	ZL201910472600.0	具有宽光谱上转换白光发射特性的蒽衍生物及弱光上转换白光体系	发明专利	王筱梅	2021年12月28日
125	ZL202121175096.7	一种温变热敏防伪标签	实用新型	俞朱敏	2021年11月5日
机械工程学院					
126	ZL201910017561.5	一种磁控溅射制备高熵合金涂层的方法	发明专利	卢金斌	2021年1月29日
127	ZL201810431056.0	一种滚珠丝杠进给驱动系统位置环增益优化取值方法	发明专利	杨　勇	2021年2月2日

续表

序号	专利号	专利名称	类别	第一发明人	授权公告日
128	ZL201911002207.1	一种大曲率波纹板的快速蠕变时效成形方法	发明专利	马振武	2021年2月9日
129	ZL201910017530.X	一种粉末冶金制备耐磨耐蚀高熵合金齿轮的成型方法	发明专利	卢金斌	2021年2月19日
130	ZL201810046213.6	基于语义分割技术的机器人SLAM方法	发明专利	沈晔湖	2021年9月10日
131	ZL201811220439.X	一种基于极点配置的Smith预估补偿控制方法	发明专利	朱其新	2021年10月1日
132	ZL201810455089.9	一种机械结构件结构参数优化设计方法	发明专利	杨　勇	2021年12月24日
133	ZL201920227774.6	一种可移动式图像采集及投影装置	实用新型	牛雪梅	2021年7月9日
地理科学与测绘工程学院					
134	ZL201910950279.2	一种基于高光谱影像的区域有机质含量估算方法和装置	发明专利	陆　洲	2021年3月2日
135	ZL202010476432.5	一种城市水体污染程度线上表征方法	发明专利	唐　毅	2021年11月2日
136	ZL201811325809.6	一种改进的婴幼儿智能喂养工具及智能喂养方法	发明专利	胡　锐	2021年12月17日
137	ZL202021243832.3	一种可调出行用电动滑板	实用新型	柳玉梅	2021年1月15日

2021 年度苏州科技大学软件著作权授权情况

2021 年度苏州科技大学软件著作权授权情况一览表

（按学院排列，以授权公告日先后为序）

序号	登记号	软著名称	所在单位	第一发明人	登记日期
1	2021SR1276588	叶面积指数算法工具软件 V1.0	环境科学与工程学院	吴　玮	2021 年 8 月 27 日
2	2021SR1278674	水体剩余纳污能力-氨氮算法工具软件 V1.0	环境科学与工程学院	吴　玮	2021 年 8 月 27 日
3	2021SR1180355	学生成绩管理系统（简称：成绩管理系统）1.0	电子与信息工程学院	胡伏原	2021 年 8 月 10 日
4	2021SR1180246	高校教材管理系统（简称：教材管理系统）1.0	电子与信息工程学院	胡伏原	2021 年 8 月 10 日
5	2021SR1188620	学生成绩管理系统 1.0	电子与信息工程学院	胡伏原	2021 年 8 月 11 日
6	2021SR1188619	基于 SpringCloud 的博客管理系统（简称：博客管理系统）1.0	电子与信息工程学院	胡伏原	2021 年 8 月 11 日
7	2021SR1188618	图书馆借阅管理系统（网页版）（简称：借阅管理系统）1.0	电子与信息工程学院	胡伏原	2021 年 8 月 11 日
8	2021SR1188617	基于图像识别的药品管理系统（简称：药品管理系统）1.0	电子与信息工程学院	胡伏原	2021 年 8 月 11 日
9	2021SR1188616	企业仓库管理系统（简称：仓库管理系统）1.0	电子与信息工程学院	胡伏原	2021 年 8 月 11 日
10	2021SR1241249	学生社团管理系统	电子与信息工程学院	任建平	2021 年 8 月 20 日

续表

序号	登记号	软著名称	所在单位	第一发明人	登记日期
11	2021SR1255896	苏州科技大学教师个人主页系统	电子与信息工程学院	任建平	2021年8月24日
12	2021SR1255895	弹球游戏系统	电子与信息工程学院	任建平	2021年8月24日
13	2021SR1360775	工业天然气监测终端系统 V1.0	电子与信息工程学院	王 军	2021年9月10日
14	2021SR1360785	12路 WiFi 采集与显示系统 V1.1	电子与信息工程学院	王 军	2021年9月10日
15	2021SR1503231	"互联网+"口袋实验平台管理系统 V1.0	电子与信息工程学院	顾敏明	2021年10月13日
16	2021SR1523168	单片机模拟多路转换器控制系统 V1.0	电子与信息工程学院	王 军	2021年10月18日
17	2021SR1523204	智能防盗系统 V1.0	电子与信息工程学院	王 军	2021年10月18日
18	2021SR1523169	大面阵光源分布式温度测量系统设计 V1.0	电子与信息工程学院	王 军	2021年10月18日
19	2021SR1652686	智慧农业控制系统 V1.02	电子与信息工程学院	王 军	2021年11月5日
20	2021SR1696941	分布式能源实时调配软件	电子与信息工程学院	吴征天	2021年11月11日
21	2021SR1699342	应急资源实时调度软件	电子与信息工程学院	吴征天	2021年11月11日
22	2021SR1699316	基于区块链技术的应急管理资源分配软件	电子与信息工程学院	吴征天	2021年11月11日
23	2021SR1696940	基于区块链技术的应急管理快速决策软件	电子与信息工程学院	吴征天	2021年11月11日

续表

序号	登记号	软著名称	所在单位	第一发明人	登记日期
24	2021SR1812935	演艺厅人员跟踪灯光照明控制软件 V1.0	电子与信息工程学院	祝勇俊	2021 年 11 月 19 日
25	2021SR1879084	摄像头智能搬运车软件 V1.0	电子与信息工程学院	郭胜辉	2021 年 11 月 24 日
26	2021SR1339960	大学音乐互动教学多媒体管理软件 V1.0	音乐学院	陈　林	2021 年 9 月 8 日
27	2021SR0685158	超声振动电火花打孔流固耦合分析软件	机械工程学院	殷　振	2021 年 5 月 13 日
28	2021SR0689000	超声振动电火花成型加工优化设计软件	机械工程学院	殷　振	2021 年 5 月 14 日
29	2021SR0687123	超声振动电火花加工系统模态分析软件	机械工程学院	殷　振	2021 年 5 月 14 日
30	2021SR1656446	基于 OpenCASCADE 的五轴等弧长数控加工刀轨生成软件	机械工程学院	刘　威	2021 年 11 月 8 日
31	2021SR1656562	基于 OpenCASCADE 的五轴等误差数控加工刀轨生成软件	机械工程学院	刘　威	2021 年 11 月 8 日
30	2021SR1313593	基于模板的政务综合信息平台数据上报系统	地理科学与测绘工程学院	杜景龙	2021 年 9 月 2 日
33	2021SR0839509	基于生成式对抗网络的图像自动标注系统 V1.0	信息化建设与管理中心	胡　锐	2021 年 6 月 4 日

2021 年度苏州科技大学承担省部级以上项目情况

科技项目情况

一、国家自然科学基金项目（38 项）

序号	项目批准号	项目名称	负责人	资助经费/万元	项目类别	完成时间
1	52108023	PEC 柱—钢梁框架装配开孔钢板约束混凝土组合墙结构体系抗震行为与震损机理研究	方有珍	58	国家自然科学基金面上项目	2025 年 12 月
2	52108024	基于多重流体惯容 TLMCD 的近海风电塔架多灾害减振机理与设计方法研究	陈　鑫	58	国家自然科学基金面上项目	2025 年 12 月
3	22106118	基于终身强化学习的蛋白质活性靶点预测方法研究	崔志明	58	国家自然科学基金面上项目	2025 年 12 月
4	52100100	Birkhoff 系统摄动理论研究	宋传静	61	国家自然科学基金面上项目	2025 年 12 月
5	52108083	双/多自由基定向组装的导电金属—有机框架：可控纳米合成及开发高能量密度超级电容器	李佐习	60	国家自然科学基金面上项目	2025 年 12 月
6	51878206	健康导向寒地绿色空间规划设计研究—基于多维特征与体力活动绩效耦合机理视角	赵晓龙	55	国家自然科学基金面上项目	2022 年 12 月
7	41871334	基于叶绿素遥感的植被光合速率模拟研究	卢学鹤	54	国家自然科学基金面上项目	2022 年 12 月
8	12075274	小角度晶界对核级奥氏体不锈钢 IASCC 抑制体制的内耗研究	郝　汀	41.5	国家自然科学基金面上项目	2024 年 12 月

续表

序号	项目批准号	项目名称	负责人	资助经费/万元	项目类别	完成时间
9	21905048	窄发射的三维笼状热活化延迟红光材料的设计、合成及性能研究	胡英元	26	国家自然科学基金青年项目	2022年12月
10	52142601	韧性社区视角下的广义公共空间活力营造机制和优化策略研究	吴珊珊	24	国家自然科学基金青年项目	2024年12月
11	42102307	基于遗传算法的转化医学中心建筑功能布局原型建构研究	裴立东	24	国家自然科学基金青年项目	2024年12月
12	52108236	基于肠—脑轴互作效应研究有机磷阻燃剂TCEP对斑马鱼神经毒性新机制	闫　瑾	24	国家自然科学基金青年项目	2024年12月
13	52108237	工业废水中二甲基甲酰胺的厌氧降解生物强化研究	孔　哲	24	国家自然科学基金青年项目	2024年12月
14	52178149	基于人员动态区划的公共建筑“协同通风”调控机制	王俊淇	24	国家自然科学基金青年项目	2024年12月
15	52178294	考虑应力主轴旋转的深埋隧洞围岩破坏机理及稳定性研究	姜　玥	24	国家自然科学基金青年项目	2024年12月
16	62101374	疲劳荷载作用下复材夹芯结构的Ⅰ/Ⅱ混合型界面剥离机理与寿命预测	史慧媛	24	国家自然科学基金青年项目	2024年12月
17	62102278	基于分散优化的CNT/GO水泥基复合材料力—电一体化改性研究	石　宪	24	国家自然科学基金青年项目	2024年12月
18	62104167	水体微塑料微波传感器的可控化构建及高灵敏传感机理研究	孙佳惟	24	国家自然科学基金青年项目	2024年12月

续表

序号	项目批准号	项目名称	负责人	资助经费/万元	项目类别	完成时间
19	62176175	表示学习与注意力机制下意境图谱增强的时变网络可视化方法研究	王蕴哲	24	国家自然科学基金青年项目	2024年12月
20	42101225	铁电介质调控下GaN高电子迁移率晶体管的高线性特性研究	陈丽香	24	国家自然科学基金青年项目	2024年12月
21	72102162	古城旅游地人本空间的量化模型与主客体验协同生产机制	孙佼佼	24	国家自然科学基金青年项目	2024年12月
22	72104170	惯例演变视角下团队建设性偏差的前因与后果研究	孙建群	24	国家自然科学基金青年项目	2024年12月
23	32100841	公私协同视角下突发疫情应急医疗资源动态调度研究	项　寅	24	国家自然科学基金青年项目	2024年12月
24	32100842	基于朝向和颜色眼间整合的时程机制	董　波	24	国家自然科学基金青年项目	2024年12月
25	12101440	初级视觉皮层在注意振荡中的作用	陈艾睿	24	国家自然科学基金青年项目	2024年12月
26	12172241	常维子空间码的组合和代数构造方法	刘双庆	24	国家自然科学基金青年项目	2024年12月
27	52106023	氢氟烃混合工质热稳定性及热分解机理研究	霍二光	24	国家自然科学基金青年项目	2024年12月
28	22104106	单颗粒电致化学发光早期癌症成像检测	朱孟娇	24	国家自然科学基金青年项目	2024年12月

续表

序号	项目批准号	项目名称	负责人	资助经费/万元	项目类别	完成时间
29	42107488	长三角一体化区域绿色创新的生态环境效应及驱动机制	王　佳	24	国家自然科学基金青年项目	2024年12月
30	22101197	电化学硝酸盐还原合成氨阴极材料纳米银的晶体结构调控及催化机制探究	汪昌红	24	国家自然科学基金青年项目	2024年12月
31	22108187	手性黑磷基磁纳米材料的有序构建及其对肿瘤光磁诊疗增效的研究	陈　博	24	国家自然科学基金青年项目	2024年12月
32	22171205	基于同步辐射的镁基复合材料界面力学行为及塑性调控研究	周碧晋	24	国家自然科学基金青年项目	2024年12月
33	52101180	基于变视角光源时空特征融合的高反射金属表面缺陷检测方法研究	付贵忠	24	国家自然科学基金青年项目	2024年12月
34	52105526	基于流动光刻实时可调谐/封闭形的微结构单细胞捕获技术研究	许　兵	24	国家自然科学基金青年项目	2024年12月
35	52105583	矢量地图数字水印的保真度约束模型研究	奚　旭	24	国家自然科学基金青年项目	2024年12月
36	21906078	乙酰丙酮及其衍生物光化学调控铁价态的规律及电子转移机制	吴兵党	20.9	国家自然科学基金青年项目	2022年12月
37	41807495	地表和地下径流磷输出及其滞后研究	梅　琨	15.2	国家自然科学基金青年项目	2021年12月
38	42101420	面向2035的工程热物理与能源利用学科发展战略研究	陈永平	10	国家自然科学基金理论物理专项项目	2022年12月

二、江苏省自然科学基金项目（22 项）

序号	项目批准号	项目名称	负责人	资助经费/万元	项目类别	完成时间
1	BK20211605	非三角结构随机非线性系统的智能自适应固定时间控制	崔国增	50	江苏省自然科学基金项目（优秀青年项目）	2024 年 6 月
2	BK20211336	基于循环神经网络度量学习的旋转机械早期故障预示及寿命预测研究	蒋全胜	10	江苏省自然科学基金项目（面上项目）	2024 年 6 月
3	BK20211338	硫空位纳米酶催化的菊酯类农残特异识别机制及其手机可视化检测	王学东	10	江苏省自然科学基金项目（面上项目）	2024 年 6 月
4	BK20211339	NO/NH4+ 气—液相协同生物脱氮机制研究	钱飞跃	10	江苏省自然科学基金项目（面上项目）	2024 年 6 月
5	BK20211337	稀土纳米晶光源材料短波红外亮度和带宽的增强机制研究	胡焱清	10	江苏省自然科学基金项目（面上项目）	2024 年 6 月
6	BK20210869	响应式光伏遮阳设计决策对建筑性能的影响机制研究	赵盛焕	20	江苏省自然科学基金项目（青年项目）	2024 年 6 月
7	BK20210871	二甲基甲酰胺工业废水的高效化厌氧处理研究	孔　哲	20	江苏省自然科学基金项目（青年项目）	2024 年 6 月
8	BK20210868	低收缩超高性能混凝土的设计与制备理论研究	吴林妹	20	江苏省自然科学基金项目（青年项目）	2024 年 6 月
9	BK20210863	基于极化调控的高线性 GaNHEMT 器件研究	陈丽香	20	江苏省自然科学基金项目（青年项目）	2024 年 6 月
10	BK20210862	面向重尾分布数据的多变量系统在线鲁棒辨识方法研究	陈　鑫	20	江苏省自然科学基金项目（青年项目）	2024 年 6 月

续表

序号	项目批准号	项目名称	负责人	资助经费/万元	项目类别	完成时间
11	BK20210861	可控化构建水体微塑料高灵敏微波传感器的研究	孙佳惟	20	江苏省自然科学基金项目（青年项目）	2024年6月
12	BK20210858	子空间码及辅助码的构造	刘双庆	20	江苏省自然科学基金项目（青年项目）	2024年6月
13	BK20210864	罗伯茨绿僵菌新型聚酮类黑色素生防与促生机制研究	白　净	20	江苏省自然科学基金项目（青年项目）	2024年6月
14	BK20210859	乙烯基亚砜与二氯乙烯酮反应机理和反应动力学理论研究	白孟娜	20	江苏省自然科学基金项目（青年项目）	2024年6月
15	BK20210860	单颗粒电致化学发光成像用于循环肿瘤DNA的高通量捕获研究	朱孟娇	20	江苏省自然科学基金项目（青年项目）	2024年6月
16	BK20210870	异质多孔铱—钌基复合材料的设计、制备及其高效酸性析氧性能研究	赵　明	20	江苏省自然科学基金项目（青年项目）	2024年6月
17	BK20210867	高效选择性光热协同三维多孔复合材料的构建及其 CO_2 加氢性能研究	曲家福	20	江苏省自然科学基金项目（青年项目）	2024年6月
18	BK20210865	叶片非球头刀五轴加工几何误差建模、计算及刀轨规划	刘　威	20	江苏省自然科学基金项目（青年项目）	2024年6月
19	BK20210866	高效磨削铸造镍基合金叶片榫齿的控形控性基础研究	苗　情	20	江苏省自然科学基金项目（青年项目）	2024年6月
20	BK20180289	纳米液晶杂化纤维及其在气体传感上的应用	李　琳	2.3	江苏省自然科学基金项目（青年项目）	2021年6月

续表

序号	项目批准号	项目名称	负责人	资助经费/万元	项目类别	完成时间
21	BK20180590	几类一致模的数学结构特征刻画	苏　勇	7.8	江苏省自然科学基金项目（青年项目）	2021年6月
22	BE2021658	基于磷回收的城市污水厂生物膜磷酸盐富集工艺关键技术研究	潘　杨	50	江苏省重点研发计划（社会发展）项目	2024年6月

人文社科项目情况

一、国家社会科学基金项目（7项）

序号	项目批准号	项目名称	负责人	承担单位	资助经费/万元	项目类别
1	21BWW026	王佐良学术思想研究	祝　平	外国语学院	20	一般项目
2	21BYY100	基于语码转换加工机制的双语能力提升路径研究	王　云	外国语学院	20	一般项目
3	21BGL267	乡村振兴背景下数字赋能对我国农民创业的作用机理研究	孙红霞	商学院	20	一般项目
4	21CSS007	冷战时期英国对“印太地区”秩序的规划与政策研究	彭永福	社会发展与公共管理学院	20	青年项目
5	21FZSB067	明清云贵交通研究	姜建国	社会发展与公共管理学院	25	后期资助项目
6	21FYYB035	汉语同族词孳生机制研究	胡海宝	文学院	25	后期资助项目
7	21FJKB024	幼小衔接阶段儿童数概念的认知评估	田丽丽	教育学院	25	后期资助项目

二、教育部人文社会科学项目（11 项）

序号	项目批准号	项目名称	负责人	承担单位	资助经费/万元	项目类别
1	21YJA880049	幼儿园 STEAM 教育优质项目资源开发与应用研究	彭杜宏	教育学院	10	一般项目
2	21YJA752006	麦克尤恩小说危机叙事艺术与疾病书写研究	罗　媛	外国语学院	10	一般项目
3	21YJCZH206	府际合作视阈下流域排污权初始分配及交易优化方法研究	于倩雯	商学院	8	青年项目
4	21YJCZH140	长三角地区文旅资源数字化保护与产业发展路径研究	孙佼佼	商学院	8	青年项目
5	21YJC810005	后疫情时期地方政府增强突发公共事件应急治理能力研究	糜　晶	社会发展与公共管理学院	8	青年项目
6	21YJC760091	宋代钟律的文献整理与理论研究	徐　蕊	音乐学院	8	青年项目
7	21YJC760082	陈怡管弦乐创作中的核心技术与文化立意研究	王馨密	音乐学院	8	青年项目
8	21YJC751016	马克思主义审美感觉政治学研究	廖雨声	文学院	8	青年项目
9	21YJC720019	中国美学后期演变与王阳明美学研究	杨　洋	文学院	8	青年项目
10	21YJC630141	复杂网络视角下国家物流枢纽间协同发展的动力机制与对策研究	项　寅	商学院	8	青年项目
11	21YJC190021	线索促进创造力的边界条件探究及推荐算法的运用	袁　欢	教育学院	8	青年项目

三、江苏省社会科学基金项目（**6** 项）

序号	项目批准号	项目名称	负责人	承担单位	资助经费/万元	项目类别
1	21WTA-017	“十四五”期间江苏推进重点行业和重要领域绿色转型思路与对策研究	宋　青	人文社科处	8	重点项目
2	21YSB020	吴地舞蹈传承与发展研究	陈　菁	音乐学院	5	一般项目
3	21GLC015	效用准则下江苏长江经济带生态产品价值实现路径研究	陈骏宇	商学院	5	青年项目
4	21JYC007	青少年考试焦虑个体抑制控制功能受损的认知神经机制和矫正训练研究	魏　华	教育学院	5	青年项目
5	21WTA-017	江苏建筑史	胡　莹	建筑与城市规划学院	6	江苏文脉研究专项
6	21CJB006	长江文化资源整合与协同发展研究	李　畅	建筑与城市规划学院	5	长江文化研究专项

教职工队伍情况

教职工人员情况

2021 年苏州科技大学教职工人员情况一览表

单位：人

类别		小计
在职教职工	专任教师	1 403
	行政人员	250
	教辅人员	190
	工勤人员	72
	合计	1 915
其他人员	退休人员	38

教职工职称结构情况

2021 年苏州科技大学教职工职称结构情况一览表

单位：人

职称	类别			
	专任教师	行政人员	教辅人员	退休人员
正高级	228	6	6	5
副高级	461	43	50	11
中级	665	162	118	11
初级	49	32	14	5
未定职级	0	7	2	6

教职工学历结构情况

2021 年度苏州科技大学教职工学历结构情况一览表

单位：人

学位	职称					
	正高级	副高级	中级	初级	无职称	总计
博士	185	269	383	2	0	839
硕士	39	191	376	66	3	675
学士	18	88	171	18	7	302
其他	0	6	16	9	68	99
合计	242	554	946	95	78	1 915

专任教师职称结构情况

2021 年度苏州科技大学专任教师职称结构情况一览表

单位：人

职称	性别		合计
	男	女	
正高级	173	55	228
副高级	238	223	461
中级	333	332	665
初级	23	26	49

专任教师学历结构情况

2021 年度苏州科技大学专任教师学历结构情况一览表

单位：人

学位	职称				
	正高级	副高级	中级	初级	总计
博士	178	267	384	0	829
硕士	36	137	227	46	446
学士	14	57	54	3	128
合计	228	461	665	49	1 403

专任教师年龄结构情况

2021 年度苏州科技大学专任教师年龄结构情况一览表

单位：人

年龄段	职称				
	正高级	副高级	中级	初级	总计（其中女）
30 岁及以下	0	4	115	44	163（87）
31—35 岁	0	50	203	3	256（118）
36—40 岁	11	65	123	1	200（96）
41—45 岁	38	128	120	1	287（158）
46—50 岁	53	69	67	0	189（81）
51—55 岁	44	70	20	0	134（61）
56—59 岁	71	75	17	0	163（34）
60 岁及以上	11	0	0	0	11（1）
合计	228	461	665	49	1 403（636）

2021 年度苏州科技大学新增各类专家、学术带头人、培养对象情况

2021 年度苏州科技大学新增各类专家、学术带头人、培养对象情况一览表

（按院部排列、以姓氏笔画为序）

类别	姓名	院系、部门
江苏省“青蓝工程”中青年学术带头人	张　芳	建筑与城市规划学院
	叶常青	材料科学与工程学院
江苏省“青蓝工程”优秀青年骨干教师	陈旭东	土木工程学院
	孙云飞	电子与信息工程学院
	杨　昀	商学院
	鲍开恺	文学院
	张加永	物理科学与技术学院
	陈　婷	材料科学与工程学院

续表

类　　别	姓　名	院系、部门
江苏省“双创计划”双创人才	陈仪朝	数学科学学院
江苏省“双创计划”双创博士	吴珊珊	建筑与城市规划学院
	赵盛焕	建筑与城市规划学院
	程世卓	建筑与城市规划学院
	李　璐	环境科学与工程学院
	钱秋慧	环境科学与工程学院
	池　斌	土木工程学院
	路　冰	土木工程学院
	王蕴哲	电子与信息工程学院
	孙佳惟	电子与信息工程学院
	范松丽	电子与信息工程学院
	孙红霞	商学院
	刘　勇	文学院
	袁　鳞	文学院
	王　英	社会发展与公共管理学院
	姜建国	社会发展与公共管理学院
	朱孟娇	化学与生命科学学院
	曲家福	材料科学与工程学院
	杜　沣	材料科学与工程学院
	汪昌红	材料科学与工程学院
	张　闪	材料科学与工程学院
	杨晓刚	材料科学与工程学院
	胡焱清	材料科学与工程学院
	薛　娟	艺术学院
	付贵忠	机械工程学院
	奚　旭	地理科学与测绘工程学院

2021年度苏州科技大学获副高及以上专业技术职称人员名单

1. 建筑与城市规划学院

教　授：丁金华　陈建平　刘志强

副教授：李旻昊　吴殿鸣　程世卓　魏晓芳

副研究员：吴　杰

2. 环境科学与工程学院

教　授：金　伟　郭雷鸣

副教授：毕　贞　刘文如　吴　鹏　姚　峰　孔　哲　吴兵党

高级实验师：袁　砚

3. 土木工程学院

副教授：何　燕　沈　峰　陈留凤　林陵娜

高级实验师：石鹏程

4. 电子与信息工程学院

教　授：陈珍萍

副教授：夏振平　崔国增

5. 商学院

教　授：徐天舒

副教授：王晓彦　孙佼佼　孙建群　杨　昀　钱　燕

思政副教授：和　洁

6. 文学院

副教授：陈小燕

7. 社会发展与公共管理学院

副教授：李　超　许哲娜

8. 马克思主义学院

副教授：王爱桂　姚新立

9. 教育学院

副教授：陈艾睿　董　波

思政副教授：徐　瑾

10. 数学科学学院

教　授：李　霞

副教授：金海林　胡红梅

11. 物理科学与技术学院

教　授：张晓渝

副教授：李　阳　吴幸智　熊　晗

12. 化学与生命科学学院

教　授：丁　磊　孙艳秋

副教授：陈宏伟

13. 材料科学与工程学院

教　授：叶常青　李宛飞　吴正颖　马汝广　李佐习

副教授：邓雯雯　卢　豪　陈硕然　胡芳馨　曲家福　卢沙沙

14. 艺术学院

教　授：梁建飞

副教授：王兆红　杨　秋　吴小勉　荣　侠　耿　旺

15. 音乐学院

教　授：陈　林

16. 机械工程学院

教　授：郝　汀

副教授：马振武　牛福洲　杨　勇　戴晨伟

17. 地理科学与测绘工程学院

教　授：陈德超

副教授：徐小波　卢学鹤

18. 体育部

副教授：钱　锋

19. 党委办公室、校长办公室、保密办公室

副研究员：张　媛

20. 纪委机关、党委巡察办公室

副研究员：吴益民

21. 党委教师工作部、人事处

副研究员：姚之彦

22. 党委学生工作部、学生处

副研究员：董巍峰　　李　璟

23. 基建处

高级工程师：陈权丽

24. 团委

副研究员：章　鸣

2021 年度苏州科技大学引进人员情况

2021 年度苏州科技大学引进人员情况一览表

序号	姓名	性别	调入部门	职称	学历/学位	来校时间
1	高　姗	女	建筑与城市规划学院	中级	研究生/博士	2021 年 1 月
2	司道光	男		中级	研究生/博士	2021 年 3 月
3	连泽峰	男		中级	研究生/博士	2021 年 3 月
4	刘　科	男		中级	研究生/博士	2021 年 4 月
5	尹　航	男		中级	研究生/博士	2021 年 5 月
6	金雨蒙	女		中级	研究生/博士	2021 年 9 月
7	陆建城	男		中级	研究生/博士	2021 年 9 月
8	吴方意	男		初级	研究生/硕士	2021 年 9 月
9	孙鸿鹄	男		中级	研究生/博士	2021 年 10 月
10	孟晓东	女		中级	研究生/博士	2021 年 10 月
11	冯　歆	女		中级	研究生/博士	2021 年 10 月
12	姜玉培	女		中级	研究生/博士	2021 年 12 月
13	闫　瑾	女	环境科学与工程学院	中级	研究生/博士	2021 年 1 月
14	孔　哲	男		中级	研究生/博士	2021 年 3 月
15	查　晓	女		中级	研究生/博士	2021 年 4 月
16	秦宏兵	男		正高	研究生/博士	2021 年 6 月
17	吴兵党	男		中级	研究生/博士	2021 年 7 月
18	郑欣钰	女		中级	研究生/博士	2021 年 9 月
19	杨　俊	男	土木工程学院	中级	研究生/博士	2021 年 5 月
20	李承超	男		中级	研究生/博士	2021 年 7 月
21	蒋明镜	男		中级	研究生/博士	2021 年 7 月
22	王华宁	女		中级	研究生/博士	2021 年 7 月
23	胡国静	女		中级	研究生/博士	2021 年 9 月
24	吴　迪	女		中级	研究生/博士	2021 年 10 月
25	陈　欣	男		中级	研究生/博士	2021 年 12 月
26	尤南乔	男		中级	研究生/博士	2021 年 12 月

续表

序号	姓名	性别	调入部门	职称	学历/学位	来校时间
27	何　昫	女	电子与信息工程学院	中级	研究生/博士	2021 年 4 月
28	郑　倩	女		中级	研究生/博士	2021 年 5 月
29	苏春霞	女		中级	研究生/博士	2021 年 5 月
30	王　飞	男		中级	研究生/博士	2021 年 6 月
31	王　琛	男		中级	研究生/博士	2021 年 9 月
32	胡思宇	男		初级	研究生/硕士	2021 年 9 月
33	孙　铭	女		初级	研究生/硕士	2021 年 9 月
34	郭继冲	男		中级	研究生/博士	2021 年 12 月
35	孙大明	女	商学院	中级	研究生/博士	2021 年 1 月
36	南江霞	女		正高	研究生/博士	2021 年 1 月
37	徐永锋	男		副高	研究生/博士	2021 年 3 月
38	裴梓婷	女		中级	研究生/博士	2021 年 9 月
39	刘峻峰	男		中级	研究生/博士	2021 年 11 月
40	胡苏敏	女		中级	研究生/博士	2021 年 11 月
41	李桂全	男	文学院	中级	研究生/博士	2021 年 1 月
42	杨碧海	男		中级	研究生/博士	2021 年 1 月
43	戴西伦	女		中级	研究生/博士	2021 年 2 月
44	沈　伟	男		中级	研究生/博士	2021 年 3 月
45	李德鹏	男		正高	研究生/博士	2021 年 4 月
46	刘　翔	男		中级	研究生/博士	2021 年 9 月
47	朱鹏杰	男		中级	研究生/博士	2021 年 9 月
48	李　超	男	社会发展与公共管理学院	中级	研究生/博士	2021 年 1 月
49	余　栋	男		中级	研究生/博士	2021 年 7 月
50	张梦妍	女		中级	研究生/博士	2021 年 9 月
51	袁晶靖	女		中级	研究生/博士	2021 年 9 月
52	王雨濛	女		中级	研究生/博士	2021 年 9 月
53	唐天源	男		中级	研究生/博士	2021 年 9 月

续表

序号	姓名	性别	调入部门	职称	学历/学位	来校时间
54	袁利宏	女	马克思主义学院	中级	研究生/博士	2021 年 5 月
55	钟艳艳	女		中级	研究生/博士	2021 年 9 月
56	孙崇明	男		中级	研究生/博士	2021 年 9 月
57	张素娴	女		初级	研究生/硕士	2021 年 9 月
58	马　洁	女		中级	研究生/博士	2021 年 10 月
59	王　娟	女		中级	研究生/博士	2021 年 11 月
60	张　迅	女	教育学院	中级	研究生/博士	2021 年 1 月
61	王佩佩	女		中级	研究生/博士	2021 年 1 月
62	杨　驹	女		中级	研究生/博士	2021 年 1 月
63	张　晋	男		中级	研究生/博士	2021 年 2 月
64	金生鈜	男		正高	研究生/博士	2021 年 2 月
65	康兰香	女		无	专科/大专	2021 年 2 月
66	魏　华	男		中级	研究生/博士	2021 年 7 月
67	陈万芬	女		中级	研究生/博士	2021 年 7 月
68	吴晓刚	男		中级	研究生/博士	2021 年 9 月
69	张　帆	女		中级	研究生/博士	2021 年 9 月
70	段乔雨	女		中级	研究生/博士	2021 年 9 月
71	陈莅蓉	女		中级	研究生/博士	2021 年 10 月
72	初亚男	女	数学科学学院	中级	研究生/博士	2021 年 4 月
73	翟晓凯	男		中级	研究生/博士	2021 年 7 月
74	付文豪	男		中级	研究生/博士	2021 年 9 月
75	金振宇	男		中级	研究生/博士	2021 年 9 月
76	周　同	男		中级	研究生/博士	2021 年 9 月
77	朱笑雨	男		中级	研究生/博士	2021 年 9 月
78	钟　圆	女		中级	研究生/博士	2021 年 9 月
79	马阳玲	女		中级	研究生/博士	2021 年 9 月
80	王　伟	男		初级	研究生/硕士	2021 年 9 月
81	夏先伟	男		正高	研究生/博士	2021 年 10 月
82	姚祥妹	女		副高	研究生/博士	2021 年 10 月

续表

序号	姓名	性别	调入部门	职称	学历/学位	来校时间
83	张　程	男	物理科学与技术学院	中级	研究生/博士	2021年9月
84	邹菁云	男		中级	研究生/博士	2021年9月
85	蔡增华	男		中级	研究生/博士	2021年9月
86	高　炬	男		中级	研究生/博士	2021年9月
87	谭　佳	女		中级	研究生/博士	2021年10月
88	陆焕钧	女		中级	研究生/博士	2021年11月
89	白孟娜	女	化学与生命科学学院	中级	研究生/博士	2021年1月
90	胡英元	男		中级	研究生/博士	2021年3月
91	蒋　冀	男		中级	研究生/博士	2021年6月
92	汪　洋	男		中级	研究生/博士	2021年6月
93	王　靖	女		中级	研究生/博士	2021年7月
94	陈　志	男		中级	研究生/博士	2021年7月
95	袁凡舒	女		中级	研究生/博士	2021年9月
96	伊绵帅	男		中级	研究生/硕士	2021年9月
97	甘　甜	女		中级	研究生/博士	2021年9月
98	李秋琳	女	材料科学与工程学院	中级	研究生/博士	2021年4月
99	赵梦迪	女		中级	研究生/博士	2021年6月
100	邹　卓	女		中级	研究生/博士	2021年6月
101	邢欢欢	女		中级	研究生/博士	2021年6月
102	马泽群	男		中级	研究生/博士	2021年7月
103	李春洁	女		中级	研究生/博士	2021年7月
104	孙会萍	女		中级	研究生/博士	2021年9月
105	杨健宇	男		中级	研究生/博士	2021年9月
106	刘仁杰	男		中级	研究生/博士	2021年9月
107	马汝广	男		中级	研究生/博士	2021年9月
108	李佐习	男		正高	研究生/博士	2021年12月

续表

序号	姓名	性别	调入部门	职称	学历/学位	来校时间
109	孙志浩	男	艺术学院	中级	研究生/博士	2021 年 9 月
110	王娇艳	女		正高	研究生/博士	2021 年 9 月
111	严万祺	男		副高	研究生/博士	2021 年 9 月
112	张璐琪	女		副高	研究生/硕士	2021 年 10 月
113	金秋容	女	外国语学院	中级	研究生/博士	2021 年 6 月
114	刘育冶	女	音乐学院	中级	研究生/硕士	2021 年 1 月
115	李　真	女		中级	研究生/博士	2021 年 6 月
116	郭　薇	女		中级	研究生/博士	2021 年 9 月
117	黄晓莘莘	女		中级	研究生/博士	2021 年 9 月
118	刘妹妹	女	机械工程学院	中级	研究生/博士	2021 年 1 月
119	王皓辰	男		中级	研究生/博士	2021 年 4 月
120	郝　汀	男		正高	研究生/博士	2021 年 4 月
121	吴石磊	男		中级	研究生/博士	2021 年 9 月
122	孙方圆	女		中级	研究生/博士	2021 年 9 月
123	姚　琴	女		中级	研究生/博士	2021 年 9 月
124	许　兵	男		中级	研究生/博士	2021 年 9 月
125	乔　平	男		中级	研究生/博士	2021 年 10 月
126	王韬磊	男		中级	研究生/博士	2021 年 11 月
127	张志杰	女	地理科学与测绘工程学院	中级	研究生/博士	2021 年 1 月
128	瞿　颖	女		中级	研究生/博士	2021 年 5 月
129	冯　驰	女		中级	研究生/博士	2021 年 5 月
130	余　航	男		中级	研究生/博士	2021 年 6 月
131	卢学鹤	男		中级	研究生/博士	2021 年 6 月
132	何琦敏	男		中级	研究生/博士	2021 年 7 月
133	董州楠	男		中级	研究生/博士	2021 年 9 月
134	季建万	男		中级	研究生/博士	2021 年 9 月
135	梅　琨	女		副高	研究生/博士	2021 年 10 月
136	陈泰生	男		正高	研究生/博士	2021 年 12 月
137	陈梦琳	女		中级	研究生/硕士	2021 年 12 月

续表

序号	姓名	性别	调入部门	职称	学历/学位	来校时间
138	徐安珂	女	体育部	中级	研究生/硕士	2021 年 9 月
139	仇　琦	男	教务处	初级	研究生/硕士	2021 年 9 月
140	施播成	女	教务处	中级	研究生/硕士	2021 年 7 月
141	王秀双	女	财务处	无	研究生/硕士	2021 年 7 月
142	史立群	女	校医院	副高	专科/大专	2021 年 4 月

2021 年度苏州科技大学退休人员情况

2021 年度苏州科技大学退休人员名单

序号	部门	姓名
1	建筑与城市规划学院	金英红
2	建筑与城市规划学院	姜月茹
3	环境科学与工程学院	曾婧玥
4	土木工程学院	蒋　明
5	电子与信息工程学院	徐宗宁
6	电子与信息工程学院	唐　沉
7	马克思主义学院	宋　丹
8	物理科学与技术学院	曹秀华
9	化学与生命科学学院	章　红
10	化学与生命科学学院	刘守清
11	艺术学院	黄晓平
12	艺术学院	刘彦荣
13	艺术学院	苗　壮
14	外国语学院	余祖英
15	外国语学院	付莲霞
16	外国语学院	金政红
17	外国语学院	祁　玲

续表

序号	部门	姓名
18	外国语学院	雷红梅
19	机械工程学院	齐文春
20	教务处、高教研究所	吴红耘
21	继续教育处、继续教育学院	岳　峰
22	财务处	刘秀玲
23	财务处	潘新姿
24	资产与后勤管理处、招投标管理办公室	吴引芳
25	离退休工作处	朱娟珍
26	离退休工作处	顾建红
27	离退休工作处	李克坚
28	离退休工作处	胡志巍
29	离退休工作处	李　伟
30	离退休工作处	单玲芳
31	信息化建设与管理中心	喻　宏
32	天平学院	彭　英
33	敬文书院	时海燕
34	后勤服务总公司	倪红梅
35	后勤服务总公司	李火林
36	后勤服务总公司	张官宝
37	后勤服务总公司	张国忠
38	内退人员	邹云燕

2021 年度苏州科技大学离休干部名单

2021 年度苏州科技大学离休干部名单

（按姓氏笔画排序）

丁桂林　包耕生　吕　萍　江　涛　李文英　吴蕴馥　张忠信
范广勋　费洪啓　徐国樑　潘　昌

国际合作与交流

外籍教师聘用情况

2021 年度苏州科技大学外籍教师聘用情况一览表

序号	姓名	性别	国籍	受聘院系	聘期
1	Marisa Ann Terwilliger	女	美国	外国语学院	1 年（离职）
2	Barnaby Graham	男	英国	外国语学院	1 年（离职）
3	Nicholas Vetri	男	美国	国际教育学院	1 年（离职）
4	Kelly Ann Grugan	女	美国	国际教育学院	1 年（离职）
5	Alice Dejia Kong	女	美国	外国语学院	1 年
6	Ryan Vincent Higgins	男	英国	外国语学院	1 年
7	Troy C. Brimhall	男	美国	外国语学院	1 年
8	Niino Masako	女	日本	外国语学院	1 年
9	Mihara Juri	女	日本	外国语学院	1 年
10	Yi Si Li	女	澳大利亚	国际教育学院	1 年
11	陈建平	男	美国	建筑与城市规划学院	5 年
12	盛光遥	男	美国	环境科学与工程学院	5 年
13	盛胜利	男	加拿大	电子与信息工程学院	5 年
14	高　振	男	加拿大	电子与信息工程学院	5 年（离职）
15	郑恩玉	女	韩国	人文学院	5 年
16	Jiyeon Kim	女	奥地利	音乐学院	5 年（离职）
17	杨鸿斌	男	新加坡	材料科学与器件研究院	5 年
18	李长明	男	美国	材料科学与器件研究院	5 年
19	孙　钰	男	加拿大	电子与信息工程学院	5 年

2021 年苏州科技大学与境外大学交流合作情况

2021 年苏州科技大学与境外大学交流合作情况一览表

序号	国家（地区）	合作学校	协议内容	协议期限
1	美国	美国华盛顿大学	合作备忘录	持续有效
2	美国	美国威斯康星大学麦迪逊分校	在线短期课程协议	4 年
3	日本	上智大学	接收非学历学生合作意向书	3 年
4	新加坡	共和理工学院	合作备忘录	5 年
5	新加坡	共和理工学院	线上项目合作协议	1 年
6	新加坡	南洋理工大学	合作备忘录	持续有效
7	英国	南威尔士大学	中外合作办学项目协议	5 年

校园文化建设

2021 年度苏州科技大学教职工文艺活动开展情况

2021 年度苏州科技大学教职工文艺活动开展情况一览表

序号	活动名称	活动单位	日期
1	“巾帼心向党　奋斗新征程”苏州科技大学第四届女教职工健身健美操比赛	校工会	2021 年 3 月 31 日
2	第十九届教职工乒乓球比赛	校工会	2021 年 4 月 21 日
3	第十三届教职工羽毛球比赛	校工会	2021 年 5 月 26 日—6 月 2 日
4	“学党史、守初心、开新局”教职工演讲比赛	校工会	2021 年 10 月 13 日
5	在苏高校第三届教职工气排球比赛	苏州市教育工会委员会主办，苏州科技大学工会承办	2021 年 10 月 30 日
6	苏州科技大学第四届教职工气排球比赛	校工会	2021 年 11 月 2 日
7	“强体魄　展风采”庆祝建党 100 周年教职工趣味项目比赛	校工会	2021 年 11 月 11 日
8	教职工校园长跑活动	校工会	2021 年 12 月 8 日
9	教职工第十二届跳长绳团体赛	校工会	2021 年 12 月 8 日

2021年度苏州科技大学学生集体（社团）文艺活动开展情况

2021年度苏州科技大学学生集体（社团）文艺活动开展情况一览表

序号	活动名称	活动学院（部）、单位	日期
1	“邂逅经典，悦享青春”21天阅读线上挑战赛	图书馆	2021年1—2月
2	读书分享交流会系列活动（7场）		2021年3—11月
3	“阅读光影”观影交流活动（12场）		2021年3—11月
4	石湖讲坛（1场）		2021年4月
5	中外学生文化交流活动（1场）		2021年4月
6	“忆峥嵘岁月，谱青春之歌”2021年读书月系列活动		2021年4—7月
7	“学党史、强信念、跟党走”庆祝建党100周年师生大合唱比赛	校团委	2021年5月19日
8	“致亲爱的你”毕业生晚会		2021年6月7日
9	“庆祝中国共产党成立100周年”邮品史料展		2021年6月4—8日
10	第十五届“戏曲走近大学生”活动		2021年11—12月
11	“冬至阳生迎春日，百年奋进启新篇”冬至包饺子活动		2021年12月20日
12	“桃李不言　师恩铭记”教师节活动	校学生会	2021年9月10日
13	迎新活动		2021年10月16—17日
14	2021年苏州科技大学新生球类季		2021年11月11日—12月15日
15	“韶华之梦·以声为启”第八届校园主持人大赛		2021年11月20日—12月15日
16	2021年“至恒杯”新生辩论赛		2021年11月20日—12月22日

续表

序号	活动名称	活动学院（部）、单位	日期
17	第十六届“社团春声”巡礼活动	校社团管理部	2021 年 4 月 17 日
18	“百团大战”学生社团招新活动		2021 年 11 月 6 日
19	“我想和你唱”第三届“新星”才艺大赛		2021 年 11—12 月
20	“百年建党筑盛世，以梦为笔绘韶华”毕业晚会	建筑与城市规划学院	2021 年 6 月 16 日
21	迎新晚会主持人大赛		2021 年 11 月 20 日
22	“风雨百年创辉煌，青春启航颂华章”迎新晚会		2021 年 12 月 10 日
23	庆祝建党 100 周年师生大合唱比赛	环境科学与工程学院	2021 年 4 月
24	“骊哥未央，待续华章”毕业晚会		2021 年 6 月 12 日
25	学联演讲		2021 年 11 月 9 日
26	主持人大赛		2021 年 11 月 18 日
27	草坪音乐节		2021 年 12 月 10 日
28	趣味运动会		2021 年 12 月 12 日
29	冬至民俗文化节		2021 年 12 月 19 日
30	“逐梦青春跟党走”创意海报设计大赛	土木工程学院	2021 年 4 月 18—20 日
31	十佳歌手大赛		2021 年 4 月 23—30 日
32	乘“枫”远航毕业晚会		2021 年 6 月 10 日
33	宿舍文化节		2021 年 11 月 10—14 日
34	“金秋苏科”之砼趣知秋科技活动		2021 年 11 月 17 日
35	主持人大赛		2021 年 11 月 18 日
36	趣味运动会		2021 年 11 月 20 日
37	“金秋苏科”之衡砥—桥墩承重科技活动		2021 年 11 月 20 日
38	第九届“蕴真杯”新生辩论赛		2021 年 11 月 27 日
39	“同心向党，百年辉煌”新生演讲比赛		2021 年 12 月 11 日

续表

序号	活动名称	活动学院（部）、单位	日期
40	趣味运动会	电子与信息工程学院	2021 年 3 月 14 日
41	配音大赛		2021 年 3 月 22—24 日
42	篮球比赛		2021 年 4 月 16 日
43	十佳歌手大赛		2021 年 5 月 14 日
44	“共将锦瑟忆流年”毕业晚会		2021 年 6 月 11 日
45	“主我舞台，持梦未来”主持人大赛		2021 年 10 月 3 日
46	“心中最美的风景”摄影大赛		2021 年 10 月 23—31 日
47	文明宿舍评比		2021 年 11 月 30 日—12 月 19 日
48	“不负青春行志愿，商院戳力同战‘疫’”系列活动	商学院	2021 年 2 月 14 日—3 月 7 日
49	“你好，大学‘声’”商学院十佳歌手大赛		2021 年 3 月 25 日—4 月 7 日
50	“演绎青春，‘剧’焦心灵”商学院心理情景剧大赛		2021 年 4 月 20 日
51	商学院趣味运动会		2021 年 4 月 30 日
52	“诵读红色经典，传承精神文化”朗诵比赛		2021 年 5 月 7—15 日
53	“重温革命光影，点燃红色之旅”配音比赛		2021 年 5 月 8 日
54	“流年笑掷，未来可期”商学院 2021 届毕业晚会		2021 年 6 月 6 日
55	“后浪不止，声声不息”主持人大赛		2021 年 10 月 28 日—11 月 10 日
56	“锦瑟年华，‘艺’气风发”新生才艺大赛		2021 年 11 月 15 日—12 月 10 日

续表

序号	活动名称	活动学院（部）、单位	日期
57	SUST 镜界摄影社留园采风活动	文学院	2021 年 3 月 22 日
58	百川求知社信仰公开课之新思想公开课“观改革开放史　学时代之精神”		2021 年 3 月 31 日
59	百川求知社“追寻激荡风云，倾听历史回响”党史教育活动		2021 年 4 月 18 日
60	“庆祝建党 100 周年”红色歌曲合唱大赛		2021 年 4 月 20 日
61	心理健康季“感谢有你，温暖同行”短视频比赛		2021 年 4 月 28 日
62	心理健康季“纸鹤传恩谢，托风诉情长”千纸鹤感谢语活动		2021 年 4 月 30 日
63	“苏州，我来了”毕业季快闪活动		2021 年 6 月 16 日
64	文学院新生大赛之“寻找你的声音”		2021 年 8 月 10 日
65	文学院第六届科幻微小说大赛		2021 年 10 月 28 日
66	文学院跨年活动		2021 年 12 月 31 日
67	“烹然心动，厨彩有我”线上厨艺展示活动	社会发展与公共管理学院	2021 年 1 月 17 日
68	“因梦而声，万有音力”十佳歌手大赛		2021 年 4 月 28 日
69	“春忆，春思”春日摄影征集活动		2021 年 4 月 29 日
70	“你好，社会发展学院的李焕英”母亲节征集活动		2021 年 5 月 9 日
71	“墨韵寄意，百年风华”创作大赛		2021 年 6 月 3 日
72	“建党百年，初心少年”诗歌诵读会		2021 年 6 月 5 日
73	“我们这四年”毕业季回忆录征集活动		2021 年 6 月 9 日
74	“锦时筑梦，且诗芳华”毕业晚会		2021 年 6 月 18 日
75	“语传锦绣，声动芳华”主持人大赛		2021 年 10 月 31 日

续表

序号	活动名称	活动学院（部）、单位	日期
76	书法比赛	马克思主义学院	2021年11月17日
77	说课比赛		2021年11月24日
78	主持人大赛		2021年11月29日
79	模拟法庭		2021年12月23日
80	反内卷主题活动		2021年12月23日
81	宿舍文化节		2021年12月25日
82	“初心如磐一百载，奋楫笃行新征程”党史汇报活动		2021年12月30日
83	大学生网络文化节	教育学院	2021年2月12日
84	心理健康科普短视频大赛		2021年6月20日
85	“团圆中秋，情浓意浓”中秋诗朗诵活动		2021年9月15—20日
86	“意象星火，最美国庆”系列活动		2021年9月24—29日
87	主持人大赛		2021年11月12日
88	“确认过眼神，是会分类的人”主题活动		2021年11月15—22日
89	“shine生活，show真我”宿舍文化节		2021年12月1—7日
90	校园心理剧剧本创作大赛		2021年12月18—31日
91	“声而不凡，音你精彩”十佳歌手大赛	数学科学学院、外国语学院	2021年4月21日
92	“数载留华，外韵悠扬”毕业晚会		2021年6月4日
93	“悦读悦分享，你我都是朗读者”读书分享会	数学科学学院	2021年9月29日
94	“三走”活动		2021年11月5日
95	“执我话筒，‘数’你瞩目，颂国新篇，贺党百年”主持人大赛		2021年11月19日
96	庆建党百年观影活动		2021年11月19日
97	致敬建党百年主题演讲比赛		2021年11月26日
98	“寻访百年，我与苏州的相遇”主题摄影活动		2021年12月3日
99	宿舍文化节		2021年12月29日

续表

序号	活动名称	活动学院（部）、单位	日期
100	“青春有你，携手同行”摄影大赛	物理科学与技术学院	2021 年 4 月 21 日—5 月 12 日
101	“百年心向党，青春续华章”毕业晚会	物理科学与技术学院、机械工程学院、材料科学与工程学院	2021 年 6 月 15 日
102	“秀丹青书法，展墨林之风”书法比赛	物理科学与技术学院	2021 年 8 月 6 日
103	“金秋苏科”之科普知识竞赛活动	物理科学与技术学院	2021 年 11 月 13 日
104	“聚焦话筒，持亦有道”主持人大赛	物理科学与技术学院、材料科学与工程学院	2021 年 11 月 20 日
105	“科普伴我行，研学共成长”科普微视频比赛	物理科学与技术学院	2021 年 12 月 2 日
106	宿舍文化节之用电安全电子海报设计大赛	物理科学与技术学院	2021 年 12 月 5 日
107	宿舍文化节之院级文明宿舍评比	物理科学与技术学院	2021 年 12 月 15 日
108	宿舍文化节之宿舍小比拼	物理科学与技术学院	2021 年 12 月 19 日
109	“音为有你”十佳歌手大赛	化学与生命科学学院	2021 年 4 月 23 日
110	“学习百年党史，荟萃青年力量”献礼建党百年文艺晚会	化学与生命科学学院	2021 年 6 月 8 日
111	“辩而明思，坐以论道”新生辩论赛	化学与生命科学学院	2021 年 10 月 30 日
112	“团结拼搏，勇创辉煌”第二十一届运动会开幕式	化学与生命科学学院	2021 年 11 月 11 日
113	“畅响青春，先声夺人”主持人大赛	化学与生命科学学院	2021 年 11 月 14 日
114	“宏辞论道，以说会友”新生辩论赛	化学与生命科学学院	2021 年 11 月 20 日
115	2021 新生球类羽毛球赛	化学与生命科学学院	2021 年 11 月 21 日
116	2021 年新生排球赛	化学与生命科学学院	2021 年 11 月 27 日
117	“我为同学做件事”宿舍文化节	化学与生命科学学院	2021 年 12 月 7—25 日
118	“以风采之我，迎时代之歌”班级风采展示大赛	化学与生命科学学院	2021 年 12 月 31 日

续表

序号	活动名称	活动学院（部）、单位	日期
119	“感谢有你，温暖同行”微笑捕手摄影大赛	材料科学与工程学院	2021年4月14日—5月14日
120	材料学院第一届师生篮球友谊赛		2021年4月19日
121	“百年心向党，青春续华章”毕业晚会		2021年6月16日
122	学生资助政策宣传画征集活动		2021年7月8日—9月12日
123	主持人大赛		2021年11月20日
124	“我和历史有话说”辩论赛		2021年12月26日
125	“青春心向党，学子寄深情”视频征集活动	艺术学院	2021年1月27日
126	“让经典焕发新生”之红色电影海报创作作品征集活动		2021年1月29日
127	“寻红色记忆，忆峥嵘岁月”庆祝建党100周年活动		2021年1月31日
128	家乡百年变化优秀作品展		2021年3月6日
129	“因韵而生”十佳歌手大赛		2021年3月18日
130	阳光体育节		2021年3月24日
131	“流艺芳华”毕业生晚会		2021年6月15日
132	流光溢彩　主持人大赛		2021年11月11日
133	“暖心冬至”团圆包饺子活动		2021年12月22日
134	“情暖冬日，诉说真情”大联欢		2021年12月24日
135	“新年，有你就是团圆”草坪分享交流会		2021年12月30日
136	十佳歌手大赛	外国语学院	2021年4月13日
139	第二届和服插花大赛		2021年5月26日
137	“数载韶华，外韵悠扬”毕业晚会		2021年6月17日
138	“滕星蜕变，话鲛为龙”主持人大赛		2021年11月17日
140	英协观影活动		2021年12月3日

续表

序号	活动名称	活动学院（部）、单位	日期
141	中国唐宋名篇音乐朗诵会	音乐学院	2021 年 2 月 8 日
142	献礼建党 100 周年系列音乐会之“江南琴韵”		2021 年 3 月 8 日
143	回荡在党旗下的旋律器乐专场音乐会		2021 年 6 月 4 日
144	江苏省第五届紫金合唱节		2021 年 6 月 10 日
145	“辉煌百年路　奋进新征程”庆祝中国共产党成立 100 周年文艺演出		2021 年 6 月 25 日
146	经典音乐广播原创歌曲大赏		2021 年 9 月 14 日
147	央视文艺 APP 原创歌曲大赏		2021 年 9 月 17 日
148	回荡在党旗下的旋律声乐专场音乐会		2021 年 11 月 20 日
149	音乐学院歌手大赛		2021 年 11 月 30 日
150	音师 19 届自弹自唱音乐会		2021 年 12 月 23 日
151	“朝阳杯”红色经典配音大赛	机械工程学院	2021 年 5 月 12 日
152	“百年心向党，青春续华章”庆祝建党 100 周年暨 2021 届毕业晚会		2021 年 6 月 15 日
153	“微小说·新时代”原创微小说大赛		2021 年 8 月 17 日
154	2021 新生辩论大赛		2021 年 11 月 13 日
155	主持人大赛		2021 年 11 月 14 日
156	“宿（诉）说青春，寓（遇）见美好”宿舍文化节		2021 年 12 月 11 日
159	冬奥知识问答	地理科学与测绘工程学院	2021 年 10 月
160	“兰芷之室，茹古涵今”宿舍文化节		2021 年 10—11 月
157	主持人大赛		2021 年 11 月 17 日
158	新生才艺展示		2021 年 11 月
161	团学干部演说大赛“请党放心，强国有我”		2021 年 11 月
162	壬寅虎年创意文化活动		2021 年 12 月

续表

序号	活动名称	活动学院（部）、单位	日期
163	国际教育学院院级篮球赛	国际教育学院	2021 年 3—5 月
164	“永远跟党走”建院十周年庆典暨 2021 毕业晚会		2021 年 5 月 31 日
165	五人制足球赛		2021 年 11 月 24 日—12 月 31 日
166	宿舍文化节		2021 年 12 月 1 日
167	“汇国际梦想，启崭新华章”迎新年晚会		2021 年 12 月 23 日
168	“论红色文化，书百年历史”书法大赛	敬文书院	2021 年 4 月 15 日
169	音为梦响——敬文书院十佳歌手大赛		2021 年 4 月 22 日
170	观《青年马克思》，悟初心与传承观影活动		2021 年 4 月 26 日
171	“少年中国说”主题朗诵比赛		2021 年 5 月 1 日
172	“我的大学我做主”演讲比赛		2021 年 10 月 23 日
173	“慎思明辨，崇文敬学”辩论大赛		2021 年 10 月 25 日
174	敬文书院第五届主持人大赛		2021 年 11 月 9 日
175	敬文书院第二届诗词大会		2021 年 11 月 14 日
176	敬文书院消防安全观影活动		2021 年 11 月 26 日
177	敬文书院“群新灿烂，未来可期”迎新晚会		2021 年 12 月 22 日
178	“红色基因代代传，志愿服务我先行”	江枫小动物保护协会	2021 年 5 月 1 日
179	五一千岛湖追梦草与华政车协红色骑行联谊活动	追梦草自行车协会	2021 年 5 月 1—4 日
180	“筑梦青春跟党走”创意海报、书画征集活动	青年马克思主义者协会	2021 年 5 月 1—15 日
181	朗读经典，悦听有声——“我是朗读者”音频征集	石湖诗社	2021 年 5 月 1—16 日

续表

序号	活动名称	活动学院（部）、单位	日期
182	“述往思来、向史而新”征文比赛	南风文学社	2021年5月10—31日
183	“一颗红心跟党走”——高校毕业生招聘会	人力资源管理协会	2021年5月12日
184	“建党100周年重大现实题材·苏州行”专题采风活动	SUST镜界摄影协会	2021年5月12日
185	学“红军不怕远征难”应急知识有奖竞赛	红十字协会	2021年5月14日
186	“青春不停步，永远跟党走”红色系列活动——午潮山森林国家公园徒步活动	云上人户外登山协会	2021年5月14—16日
187	回忆党的路程——火星观测暨红色思想夜谈会	行风自然协会	2021年5月14—16日
188	“青春心向党，步步铸辉煌”拉练活动	拳击协会	2021年5月15日
189	“青春追寻红色路，不忘初心跟党走”红色研学旅游	旅游协会	2021年5月17日
190	红色新青年弹唱会	吉他社	2021年5月17—30日
191	献礼建党百年——插花课堂	萌卡DIY社	2021年5月19日
192	“百年伟业颂华章”送书法活动	兰亭书法协会	2021年5月19日
193	红色经典歌曲传唱	大学生艺术团流行乐团	2021年5月19—26日
194	《我和我的祖国》观影暨红色教育座谈会	日语协会	2021年5月21日
195	“迎百年，守初心”红色思想研讨会	石湖小动物保护协会	2021年5月21日
196	“红心向党，青春荣光”红色经典趣味知识竞赛	百川求知社	2021年5月21日
197	“竞猜时代歌曲，传承时代精神”社会工作者协会红歌竞猜活动	社会工作者协会	2021年5月21日

续表

序号	活动名称	活动学院（部）、单位	日期
198	“庆祝建党百年，铭记伟人经典事迹”话剧表演大赛	德馨话剧社	2021年5月21日
199	“传承时代记忆，铭记时代步伐”有奖知识竞赛	劳动与社会保障协会	2021年5月21日
200	“绿水青山就是金山银山”环保活动宣讲会	碧水蓝天保护协会	2021年5月21日
201	“建党百年，奔向辉煌”——五月环金鸡湖跑步活动	黎明脚步跑步社	2021年5月21日
202	春行姑苏、红游“见”筑	建筑协会	2021年5月22日
203	“传承红色基因，争做时代新青年”之职业生涯规划大赛	青年行	2021年5月22日
204	始于衣冠，达于博远——庆祝建党100周年主题活动	汉之苏州汉服社	2021年5月22日
205	国粹之棋类楚汉争雄——庆祝建党100周年主题活动	弈云棋社	2021年5月22日
206	新程剧社春季话剧演练广场	新程剧社	2021年5月29日
207	“舞动青春”——建党100周年系列活动	G-T街舞社	2021年5月29日

附　录

2021年苏州科技大学规章制度文件目录

2021年苏州科技大学规章制度文件目录一览表

序号	文号	文件标题	发文时间
1	苏科委〔2021〕6号	苏州科技大学党委审计委员会工作规则	2021年3月10日
2	苏科委〔2021〕23号	苏州科技大学信访工作实施细则(试行)	2021年4月30日
3	苏科委〔2021〕53号	苏州科技大学意识形态工作责任制实施细则（修订）	2021年11月30日
4	苏科委〔2021〕54号	中共苏州科技大学委员会关于贯彻落实党内谈话制度的实施办法（试行）	2021年12月14日
5	苏科委〔2021〕55号	关于建立健全“纪监巡审”协同监督机制的实施意见	2021年12月14日
6	苏科〔2021〕7号	苏州科技大学人才过渡房管理办法(试行)	2021年3月1日
7	苏科〔2021〕13号	苏州科技大学基本建设管理办法	2021年3月9日
8	苏科〔2021〕17号	苏州科技大学印章管理办法	2021年3月19日
9	苏科〔2021〕35号	苏州科技大学全面落实研究生导师立德树人职责的实施细则（试行）	2021年5月14日
10	苏科〔2021〕36号	苏州科技大学研究生教育督导工作条例（试行）	2021年5月14日
11	苏科〔2021〕37号	苏州科技大学优秀研究生导师和导师团队评选办法（试行）	2021年5月14日

续表

序号	文号	文件标题	发文时间
12	苏科〔2021〕38号	苏州科技大学专业学位硕士研究生校外指导教师管理办法（试行）	2021年5月14日
13	苏科〔2021〕46号	苏州科技大学职称评聘实施办法（试行）	2021年5月26日
14	苏科〔2021〕53号	苏州科技大学学位评定委员会章程	2021年6月25日
15	苏科〔2021〕60号	苏州科技大学招标采购管理办法（2021年修订）	2021年9月1日
16	苏科〔2021〕62号	苏州科技大学国有资产管理办法	2021年9月9日
17	苏科〔2021〕64号	苏州科技大学硕士研究生指导教师遴选办法	2021年9月14日
18	苏科〔2021〕65号	苏州科技大学硕士研究生指导教师招生资格审核办法	2021年9月14日
19	苏科〔2021〕66号	苏州科技大学专业学位硕士研究生培养工作规定	2021年9月14日
20	苏科〔2021〕67号	苏州科技大学学术学位硕士研究生培养工作规定	2021年9月14日
21	苏科〔2021〕68号	苏州科技大学硕士研究生申请学位对学术成果基本要求的规定	2021年9月14日
22	苏科〔2021〕69号	苏州科技大学硕士学位授予工作细则	2021年9月14日
23	苏科〔2021〕70号	苏州科技大学关于江苏省研究生工作站管理办法	2021年9月14日
24	苏科〔2021〕76号	苏州科技大学绩效工资实施办法	2021年11月3日
25	苏科〔2021〕77号	苏州科技大学关于学院（部）制订二级分配方案的指导性意见	2021年11月3日
26	苏科〔2021〕80号	苏州科技大学研究生教材建设项目管理办法（试行）	2021年11月16日
27	苏科〔2021〕81号	苏州科技大学研究生优质课程建设管理办法（试行）	2021年11月16日
28	苏科委办〔2021〕2号	苏州科技大学校领导接待日制度（试行）	2021年7月6日

2021年苏州科技大学机构设置文件目录

2021年苏州科技大学机构设置文件目录一览表

序号	文号	文件标题	发文时间
1	苏科委〔2021〕2号	关于苏州科技大学非编议事协调机构人员调整的通知	2021年1月15日
2	苏科委〔2021〕5号	关于成立苏州科技大学党委审计委员会的通知	2021年3月10日
3	苏科委〔2021〕17号	关于成立苏州科技大学党史学习教育领导小组的通知	2021年3月16日
4	苏科委〔2021〕24号	关于成立苏州科技大学第四届第四次教职工代表大会筹备工作领导小组的通知	2021年5月17日
5	苏科委〔2021〕44号	关于成立学校干部工作领导小组的通知	2021年10月26日
6	苏科委〔2021〕47号	关于公布《苏州科技大学部分内设机构调整方案》的通知	2021年11月2日
7	苏科〔2021〕82号	关于成立苏州科技大学清理整顿专项工作领导小组的通知	2021年11月19日
8	苏科科技〔2021〕1号	关于成立"苏州科技大学长三角人居环境碳中和发展研究院"的通知	2021年6月10日
9	苏科科技〔2021〕3号	关于成立"苏州科大中智创新发展战略研究院"的通知	2021年11月15日
10	苏科社科〔2021〕1号	关于成立苏州科技大学"苏州市社会工作发展研究院"的通知	2021年3月19日
11	苏科社科〔2021〕2号	关于成立苏州科技大学"教育文化与发展研究中心"的通知	2021年10月19日

2021 年苏州科技大学人事任免文件目录

2021 年苏州科技大学人事任免文件目录一览表

序号	文号	文件标题	发文时间
1	苏科委〔2021〕1 号	关于李依群等同志职务任免的通知	2021 年 1 月 12 日
2	苏科委〔2021〕33 号	关于刘强等同志任职的通知	2021 年 7 月 14 日
3	苏科委〔2021〕34 号	关于张梦然等同志任职的通知	2021 年 7 月 14 日
4	苏科委〔2021〕35 号	关于宫向阳等同志职务任免的通知	2021 年 9 月 3 日
5	苏科委〔2021〕41 号	关于杨晓刚等同志任职的通知	2021 年 9 月 29 日
6	苏科委〔2021〕52 号	关于章鸣、段姝同志任职的通知	2021 年 11 月 30 日
7	苏科〔2021〕25 号	关于聘任江苏省分离净化材料与技术工程研究中心主任及常务副主任的通知	2021 年 3 月 26 日
8	苏科人〔2021〕1 号	关于丁磊等七十九名同志具备高级职称任职资格的通知	2021 年 7 月 26 日
9	苏科人〔2021〕2 号	关于江小牛等二十名同志具备中级职称任职资格的通知	2021 年 7 月 26 日
10	苏科人〔2021〕3 号	关于何苗同志具备会计师任职资格的通知	2021 年 7 月 26 日
11	苏科人〔2021〕4 号	关于曲蒙等四十一名同志认定讲师的通知	2021 年 11 月 10 日
12	苏科人〔2021〕5 号	关于认定吴珊珊等同志具备相应职称的通知	2021 年 11 月 10 日
13	苏科人〔2021〕6 号	关于金伟等四名同志具备高级职称任职资格的通知	2021 年 12 月 30 日
14	苏科人〔2021〕7 号	关于陈权丽同志具备高级专业技术资格的通知	2021 年 12 月 31 日

2021 年市级以上媒体关于苏州科技大学的部分报道

2021 年市级以上媒体关于苏州科技大学的部分报道一览表

序号	新闻标题	媒体	日期
1	“榜样先行　追梦奋进”苏科大年度优秀学生表彰大会来了	引力播、《苏州日报》	2021 年 1 月 4 日
2	“科技筑梦未来　青春展现风采”苏科大 60 余项科创文化成果亮相	中国大学生在线	2021 年 1 月 5 日
3	苏州科技大学成功获批江苏省工程研究中心	交汇点、紫牛新闻、中国网	2021 年 1 月 5 日
4	苏州科技大学获首届全国大学生测绘创新开发大赛特等奖	中国网	2021 年 1 月 5 日
5	苏科大“江苏省分离净化材料与技术工程研究中心”获批立项建设	现代快报网	2021 年 1 月 5 日
6	博众精工与苏科大产学研合作签约仪式成功举办	交汇点	2021 年 1 月 6 日
7	苏州科技大学获首届全国大学生测绘创新开发大赛特等奖	现代快报网、紫牛新闻	2021 年 1 月 6 日
8	苏州科技大学 2020 年度十件大事揭晓	交汇点	2021 年 1 月 8 日
9	苏州科技大学与博众精工科技股份有限公司举行产学研合作签约仪式	中国网、现代快报网、交汇点	2021 年 1 月 8 日
10	首届全国大学生测绘创新开发大赛落幕苏科大师生收获特等奖	引力播、《苏州日报》	2021 年 1 月 11 日

续表

序号	新闻标题	媒体	日期
11	诚邀海内外英才：苏州科技大学 2021 年人才招聘公告	交汇点	2021 年 1 月 17 日
12	聚焦苏州"两会"丨政协委员报到履职为"十四五"开局建言献策	学习强国	2021 年 1 月 19 日
13	苏州：凝聚起开启新征程的时代伟力	《新华日报》	2021 年 1 月 22 日
14	走近苏州国家历史文化名城保护研究院	人民日报人民号、交汇点	2021 年 1 月 24 日
15	加紧融入长三角一体化提升产业发展水平	学习强国	2021 年 1 月 27 日
16	@苏科大学子：这份《2021 年寒假高校大学生健康生活提示要诀》，请注意查收！	交汇点	2021 年 2 月 2 日
17	喜报：苏科大后勤服务总公司荣获"苏州市抗击新冠疫情先进集体"	交汇点	2021 年 2 月 2 日
18	走进苏科大的光影世界	人民日报"人民号"	2021 年 2 月 8 日
19	春节八天乐，留校也温暖：苏科大请你吃免费大餐啦！	交汇点	2021 年 2 月 10 日
20	大年初一丨苏科大"牛气冲天"送祝福！	人民日报"人民号"	2021 年 2 月 12 日
21	苏科大第一批返校学生 6 739 人顺利返校	紫牛新闻	2021 年 2 月 28 日
22	苏州科技大学 2021 年春季学期学生返校工作有序推进	交汇点	2021 年 3 月 1 日
23	高扬"三牛"精神，奔赴时代新征程，苏科大人 2021 年这样干！	交汇点	2021 年 3 月 1 日
24	做好疫情防控迎接开学　苏科大近两万名学生分批返校	引力播、《苏州日报》	2021 年 3 月 1 日
25	感受中国新时代美丽乡村　苏科大师生走访中国特色村"泾河村"	引力播、《苏州日报》	2021 年 3 月 1 日

续表

序号	新闻标题	媒体	日期
26	“禁管令”落地2个月　记者实地探访	中国江苏网	2021年3月2日
27	全国政协委员宋青：建议健全生态环境损害赔偿机制，用司法武器有效保护环境	中国日报网	2021年3月3日
28	苏科大学生寒假期间积极参与家乡疫情防控志愿服务工作	交汇点	2021年3月3日
29	苏州科技大学8个专业入选2020年度国家级一流本科专业建设点	紫牛新闻	2021年3月3日
30	苏科大学生寒假期间积极参与家乡疫情防控志愿服务工作	中国网	2021年3月3日
31	欢迎回来！苏科大2021年春季学期首批学生返校	人民日报“人民号”	2021年3月4日
32	宋青委员：明确数据产权，建立“数据银行”	《人民政协报》	2021年3月4日
33	[听见履职心声]全国政协委员宋青：健全生态环境损害赔偿磋商机制　构建守护绿水青山的“法治保护圈”	学习强国	2021年3月4日
34	水专项搭台——水环境设施提质增效之路越走越宽	《中国环境报》	2021年3月4日
35	水专项支撑——提升太湖水源地安全保障与水生态健康水平	《中国环境报》	2021年3月4日
36	水专项引领——构建河网水体品质和水生态修复样板	《中国环境报》	2021年3月4日
37	民建中央委员、苏州科技大学城市发展智库（高级研究院）副院长宋青委员：“擦亮”蓝天，绿色成为高质量发展鲜明底色	《光明日报》及客户端	2021年3月4日
38	你关心的这些热词，委员们都“提”到了	《扬子晚报》	2021年3月4日
39	苏州科技大学学生寒假期间参与家乡疫情防控志愿服务工作	江苏省教育厅官网、现代快报网	2021年3月4日
40	全国政协委员宋青：连续四年好建议　化作绿水青山获得感	学习强国	2021年3月5日

续表

序号	新闻标题	媒体	日期
41	“走出象牙塔　关注民生事”苏科大学子持续调研全国多地“灵活就业”状况	现代快报网、中国网	2021年3月5日
42	代表委员集思广益支招绿色低碳发展　以技术创新赋能“碳中和”之路	《新华日报》、中国江苏网	2021年3月5日
43	牛！苏州新增22个国家级一流本科专业建设点	荔枝网	2021年3月6日
44	全国政协委员、苏州科技大学城市发展智库（高级研究院）副院长宋青：鼓励“绿色技术”创新，为实现“碳中和”赋能	《扬子晚报》	2021年3月7日
45	代表委员畅谈加强生态建设实现可持续发展——加快转型步伐，提升发展“含绿量”	《新华日报》、中国江苏网	2021年3月7日
46	习近平总书记参加青海代表团审议时的重要讲话在江苏代表委员中引发热烈反响——坚持高质量发展，满足人民美好生活需要	《新华日报》、交汇点	2021年3月8日
47	喜讯！苏科大新增8个国家级一流本科专业建设点	交汇点	2021年3月8日
48	扬巾帼之志　江苏女代表委员履职尽责中过节	江苏卫视	2021年3月8日
49	巾帼心向党，奋斗新征程	江苏广电总台融媒体新闻中心	2021年3月8日
50	荔枝特报·“两会”特刊丨向碳达峰、碳中和目标迈进　现代化绿色图景未来可期	荔枝新闻网	2021年3月8日
51	做伟大事业的建设者、做文明风尚的倡导者、做敢于追梦的奋斗者	《人民日报》	2021年3月9日
52	全国政协委员宋青：优化林业碳汇供给	《人民政协报》	2021年3月9日
53	全国政协委员宋青建议优化“绿碳”供给　为碳中和愿景赋能	学习强国	2021年3月9日
54	投资消费双轮驱动　撬动区域经济协调增长	学习强国	2021年3月9日
55	优化创新生态系统　打造创新活力之城	学习强国	2021年3月9日

续表

序号	新闻标题	媒体	日期
56	“两会”话题丨巩固建设成果，再绘乡村振兴新画卷	新江苏 APP	2021 年 3 月 9 日
57	[新闻直播间] 开局之年看“两会”委员声音：降碳减排　实现绿色可持续发展	中央电视台	2021 年 3 月 10 日
58	“学党史、知党恩、跟党走”苏科大学子开展党史专题宣讲活动	中国网、紫牛新闻	2021 年 3 月 10 日
59	苏州科技大学历史系：“课程+实践”双向发力，让文化自信深植心间	交汇点	202 年 3 月 10 日
60	苏州科技大学马克思主义学院党委举办“学党史”专题讲座	中国大学生在线	2021 年 3 月 11 日
61	苏州科技大学“课程+实践”双向发力　让文化自信深植心间	全国高校思想政治工作网	2021 年 3 月 12 日
62	全国两会“苏州声音”释放“十四五”苏州发展信号　用新发展理念勾勒现代化强市现实模样	《新华日报》	2021 年 3 月 12 日
63	苏科大马克思主义学院“00 后”大学生奔赴军营：“用青春和热血守卫祖国！”	交汇点	2021 年 3 月 13 日
64	欢迎回来！苏州科技大学 2021 年春季学期首批学生返校	交汇点	2021 年 3 月 15 日
65	积极建言谋良策——全国政协委员、苏科大宋青教授履职资政展风采	交汇点	2021 年 3 月 15 日
66	“双选会”上 95 后　究竟钟意啥样工作？	中国江苏网	2021 年 3 月 15 日
67	冲上云霄的青春！19 岁苏州大学生圆梦空降兵	中国江苏网	2021 年 3 月 16 日
68	江苏省首个社会工作发展研究院在苏州科技大学成立	现代快报网、光明日报客户端、《扬子晚报》、交汇点、紫牛新闻、人民日报官方微信、学习强国	2021 年 3 月 16—22 日

续表

序号	新闻标题	媒体	日期
69	学党史启慧明志　守初心立德树人——苏州科技大学召开党史学习教育动员大会	中国网、光明日报客户端	2021年3月17日
70	苏科大商学院开展迎接建党100周年红色实践作品展	紫牛新闻	2021年3月17日
71	“学党史启慧明智　守初心立德树人”苏科大动员全校师生、员工开展好党史学习教育工作	引力播、《苏州日报》	2021年3月17日
72	走出象牙塔　关注民生事——苏州科技大学学子持续调研全国多地“灵活就业”状况	光明日报客户端	2021年3月18日
73	党史学习教育丨苏州科技大学：切实抓好党史学习教育　建设高水平教学研究型大学	学习强国	2021年3月18日
74	全国“两会”“苏州声音”释放“十四五”苏州发展信号　用新发展理念勾勒现代化强市现实模样	《新华日报》	2021年3月18日
75	绿色产业迈向“30·60”	《人民政协报》	2021年3月19日
76	苏州市社会工作发展研究院在苏州科技大学揭牌成立	江苏省教育厅官网	2021年3月19日
77	100余份调研报告和实践视频献礼建党100周年——苏州科技大学组织开展红色专项社会实践活动	光明日报客户端、交汇点、紫牛新闻、中国网、引力播、《苏州日报》	2021年3月22—23日
78	如何上好“党史第一课”？江苏这些地方和单位的“教案”可以学一学	中国江苏网	2021年3月24日
79	“不忘初心　汇聚力量”苏科大马克思主义学院开展党史学习教育	引力播、《苏州日报》	2021年3月24日
80	苏科大的天空，不一样的温柔与浪漫	交汇点	2021年3月25日
81	高新区通安镇依托自然资源优势打造特色文旅IP——树山梨花节，带“火”乡村旅游	《新华日报》	2021年3月26日

续表

序号	新闻标题	媒体	日期
82	每学年至少参加4小时公益性劳动！苏州科技大学出台《学生劳动积分认定办法》	紫牛新闻	2021年3月26日
83	我省高校创新形式开展党史学习教育——汲取前进力量，接过奋斗接力棒	《新华日报》、交汇点	2021年3月26日
84	精准对接岗位，共赴"春天的约会"——苏州科技大学2021届毕业生春季线下招聘活动全面启动	交汇点、紫牛新闻、现代快报网、中国网	2021年3月29日
85	喜报！苏州科技大学，第一等次！	交汇点	2021年3月30日
86	近3 000个就业岗位揽才　苏科大启动2021届毕业生春季线下招聘	引力播、《苏州日报》	2021年3月30日
87	苏州科技大学突出目标引领　构建党史学习教育体系	江苏省教育厅官网	2021年4月1日
88	苏州科技大学学子祭奠英烈学党史	中国青年报客户端、官方号	2021年4月2日
89	镇湖街道：传统苏绣点亮"江南文化"	《新华日报》	2021年4月2日
90	一个陌生电话揭开苏科大学子延续五年的爱心长跑	紫牛新闻	2021年4月2日
91	苏州科技大学举办女教职工健身健美操比赛	中国网、《现代快报》、紫牛新闻	2021年4月2日、3日
92	苏州科技大学：突出目标引领　抓好党史学习教育	《新华日报》、新江苏APP	2021年4月3日
93	苏州科技大学：锁定45项目标　排出党史学习教育进度表	学习强国	2021年4月4日
94	将苏科大的春景穿上身，好一位江南美人！	人民日报客户端	2021年4月8日
95	钱七虎院士来苏州了！钱七虎院士畅谈城市地下空间开发利用与碳达峰碳中和专题报告会成功举行	交汇点、紫牛新闻、《扬子晚报》	2021年4月8日

续表

序号	新闻标题	媒体	日期
96	“以文塑旅，以旅彰文”——苏州科技大学学子开展文旅小镇专题调研活动	交汇点	2021 年 4 月 8 日
97	重温党史激发接续奋斗“新动能” 党史学习教育省委宣讲团在苏州宣讲	交汇点	2021 年 4 月 8 日
98	党史学习教育省委宣讲团走进苏州科技大学开展党史专题宣讲	交汇点、紫牛新闻、中国网	2021 年 4 月 9 日
99	党史专题宣讲丨党史学习教育省委宣讲团走进多地高校宣讲	学习强国	2021 年 4 月 10 日
100	砥砺奋进，为党育人，为国育才	《新华日报》、中国江苏网	2021 年 4 月 10 日
101	一同战“疫”丨新冠疫苗接种那些事，我们一起了解！@苏科大人	交汇点	2021 年 4 月 11 日
102	2021 第三届中国文化遗产保护国际会议在苏州成功举办	《现代快报》、中国网、交汇点	2021 年 4 月 12 日
103	苏州市海绵城市研究院成立	中国江苏网	2021 年 4 月 12 日
104	苏州科技大学成立“青马党支部”和学生“青马党史宣讲团”	《现代快报》、交汇点、中国网、紫牛新闻、引力播	2021 年 4 月 13 日
105	钱七虎院士带来地下空间开发利用新认知——碳中和，需重视开辟“地下战场”	《新华日报》、学习强国	2021 年 4 月 13 日
106	苏州科技大学举办“国家安全、人人有责”教育讲座	中国大学生在线	2021 年 4 月 16 日
107	走进“社会大课堂”，苏科大学子深入城市开展党史走读活动	《现代快报》、中国网	2021 年 4 月 16 日、18 日
108	百版《共产党宣言》亮相苏科大 党史学习教育走“心”更走“新”	交汇点	2021 年 4 月 16 日
109	苏州科技大学开展国家安全知识讲座	中国大学生在线	2021 年 4 月 17 日

续表

序号	新闻标题	媒体	日期
110	苏科大稳步推进毕业生就业工作	江苏省教育厅官网	2021年4月19日
111	苏科大青年说丨冀小草：步履不停，青春在奋斗中闪光	交汇点	2021年4月19日
112	许昆林调研苏州科技大学：建强特色学科打响学校品牌	引力播、学习强国	2021年4月19日
113	苏州科技大学举办“讲好入党故事，传承红色基因”座谈会	中国大学生在线	2021年4月20日
114	聚焦水循环利用与绿色低碳发展！近1 500位专家学者在苏“论剑”	引力播	2021年4月20日
115	聚焦水循环利用与绿色低碳发展　第五届全国水处理与循环利用学术会议在苏州召开	交汇点、《现代快报》	2021年4月20日
116	庆祝中国共产党成立100周年　苏州科技大学举办“恰是百年风华”主题艺术作品展	中国网、紫牛新闻	2021年4月20日、21日
117	许昆林调研苏州科技大学时强调建强特色学科　打响学校品牌	引力播、《苏州日报》	2021年4月20日
118	苏州科技大学开展“温党史汲取力量，强思想牢记初心”党日活动	中国大学生在线	2021年4月21日
119	苏科大“恰是百年风华”艺术作品展开幕	《现代快报》	2021年4月21日
120	江苏省委教育工委党史学习教育指导组赴苏科大指导	引力播	2021年4月21日
121	苏科大化学师范2019级学生于城西中学开展教育见习活动	引力播	2021年4月21日
122	苏州科技大学庆祝中国共产党成立100周年主题艺术作品展开幕	中国大学生在线	2021年4月22日
123	苏科大人一起打疫苗，一起“苗苗苗苗苗”！	交汇点	2021年4月22日

续表

序号	新闻标题	媒体	日期
124	苏州科技大学开展“忆峥嵘岁月，谱青春之歌”读书月主题阅读活动	紫牛新闻	2021年4月23日
125	苏州科技大学党史学习教育学校全覆盖	引力播、《苏州日报》	2021年4月25日
126	江苏：精准高效推进新冠疫苗接种	《光明日报》	2021年4月26日
127	苏州科技大学百岁老人、退休教师王家勋畅谈苏州历史	中国网	2021年4月26日
128	我所认识的苏科大，崭新且明媚！	人民日报客户端	2021年4月27日
129	苏州科技大学开展“忆峥嵘岁月，谱青春之歌”主题阅读推广活动	中国大学生在线	2021年4月27日
130	春日的花，绽在衣上，定格在心间	江苏省教育厅微博	2021年4月27日
131	“回望峥嵘岁月，感悟先烈精神”苏科大物理科学与技术学院开展主题教育	引力播	2021年4月27日
132	突破！苏州科技大学在2021年美国大学生数学建模竞赛中首次获特等奖提名奖	交汇点	2021年4月28日
133	苏州科技大学党委书记张庆奎为本科生讲授党史专题思政课	交汇点	2021年4月30日
134	苏州科技大学举办“学党史、强信念、跟党走”五四主题团日活动	紫牛新闻	2021年4月30日
135	苏州科技大学推动党史学习教育深入开展	江苏省教育厅官网	2021年5月7日
136	苏科大土木工程学院赴沙家浜开展沉浸式党史学习教育	《现代快报》、交汇点、引力播	2021年5月10日
137	半月谈丨初心，耐心，匠心：乡村规划要蓝图更要陪伴	新华社	2021年5月11日

续表

序号	新闻标题	媒体	日期
138	苏科大满分学霸：考研初试449分、数学满分，追逐航天梦想！	紫牛新闻、《现代快报》	2021年5月12日、13日
139	国家、高校共培交叉学科沃土　期待更多原始创新萌芽	《科技日报》	2021年5月13日
140	*CHINA DAILY* 采访我校苏州国家历史文化名城保护研究院副院长王勇教授	《中国日报》	2021年5月13日
141	苏科大举办“学党史、强信念、跟党走”2021年五四表彰大会	中国大学生在线	2021年5月14日
142	苏州科技大学与苏州市大数据管理局举行战略合作签约仪式	交汇点	2021年5月14日
143	红色滋养　浸润成长	《江苏教育报》	2021年5月14日
144	苏州科技大学与吴中区城西中学签约建立实践基地	引力播	2021年5月14日
145	沉浸式党史学习教育　厚植爱国主义情怀	江苏教育发布(微信)	2021年5月15日
146	学习动态丨“用心用情　学以为民”党史学习教育区委宣讲团走进漕湖街道	中国江苏网	2021年5月19日
147	苏州科技大学承办IEEE第十届数据驱动控制与学习系统会议	紫牛新闻	2021年5月19日
148	苏科大推动党史学习教育走深走实：我用歌声献礼建党百年	交汇点	2021年5月20日
149	苏科大“学党史、强信念、跟党走”　庆祝建党100周年师生大合唱比赛精彩上演	《现代快报》、光明日报客户端	2021年5月20日、21日
150	高校书记校长第一课丨苏州科技大学张庆奎：于党史中汲取智慧力量，在征程上谱写人生华章	交汇点、江苏先锋网	2021年5月21日
151	苏州科技大学举办庆祝建党100周年师生大合唱比赛	中国大学生在线	2021年5月24日

续表

序号	新闻标题	媒体	日期
152	苏州科技大学成功举办中国自然资源学会首届国土空间规划青年论坛	现代快报网	2021 年 5 月 24 日
153	“光学隐身”是怎么做到的？苏州科技大学直播线上科普活动	学习强国	2021 年 5 月 25 日
154	中国自然资源学会首届国土空间规划青年论坛在苏州科技大学举办	紫牛新闻	2021 年 5 月 25 日
155	苏州科技大学成功举办中国自然资源学会首届国土空间规划青年论坛	交汇点	2021 年 5 月 25 日
156	苏州科技大学：发挥专业优势　擦亮党史学习教育服务品牌	光明日报客户端	2021 年 5 月 27 日
157	苏州科技大学开展“感谢有你　温暖同行”心理健康教育季系列活动	中国网	2021 年 5 月 28 日
158	苏州科技大学推动党史学习教育深入开展	引力播	2021 年 5 月 28 日
159	挑战归来话挑战，扬帆蓄力新征程——苏科大“挑战杯”红色专项全国竞赛一等奖项目背后的故事	现代快报网、交汇点	2021 年 5 月 31 日、6 月 2 日
160	赞！苏科大课外学术科技作品获全国一等奖	引力播	2021 年 5 月 31 日
161	“这帮娃娃来了之后生活越来越美”——苏科大艺术学院圆梦工作室助力构建美丽乡村	现代快报网	2021 年 6 月 1 日
162	苏科大开展“寻找城市记忆　讲述苏州故事”主题活动	引力播	2021 年 6 月 1 日
163	苏州科技大学艺术学院圆梦工作室助力美丽乡村建设	人民资讯	2021 年 6 月 4 日
164	将艺术表达融入党史学习教育　苏科大学子举办个人摄影作品展	中国网、紫牛新闻	2021 年 6 月 4 日
165	苏科大举行物理科普开放日活动	引力播	2021 年 6 月 8 日
166	系好职业生涯“第一粒扣子”！苏州科技大学上好毕业生廉洁从业课	紫牛新闻	2021 年 6 月 9 日

续表

序号	新闻标题	媒体	日期
167	苏州科技大学举办“礼赞百年　致亲爱的你”主题毕业晚会	现代快报网、交汇点、引力播、江苏教育发布（微信）	2021 年 6 月 9 日、12 日
168	苏州科技大学发挥专业优势　擦亮党史学习教育服务品牌	江苏省教育厅官网	2021 年 6 月 10 日
169	我所认识的苏科大，炙热且缤纷！	《人民日报》	2021 年 6 月 12 日
170	穿着锦绣汉服一同“穿越”！苏科大的端午节也太美了！	《人民日报》	2021 年 6 月 14 日
171	苏州科技大学校长姜朋明为本科生讲授党史专题思政课	中国大学生在线	2021 年 6 月 15 日
172	苏科大学子献礼建党百年	江苏新闻网	2021 年 6 月 15 日
173	2021 高招进行时：专访苏州科技大学招生办公室主任	央视网	2021 年 6 月 17 日
174	高校书记校长第一课（Ⅱ）丨苏州科技大学张庆奎：于党史中汲取智慧力量，在征程上谱写人生华章	学习强国	2021 年 6 月 17 日
175	一堂生动的思政大课　苏科大为 4 928 名学生举行毕业典礼	交汇点、中国网、《现代快报》	2021 年 6 月 18 日、6 月 19 日
176	校长为毕业生上思政课！苏州科技大学举行 2021 届毕业典礼	引力播	2021 年 6 月 18 日
177	又是一年毕业季！苏科大 4 928 名毕业生开启新征程	交汇点	2021 年 6 月 18 日
178	“共绘苏乡”规划师下乡活动草桥镇工作站揭牌	中国江苏网	2021 年 6 月 18 日
179	苏州卫健委：以人民健康为中心　推动党史学习教育走深走实	荔枝网	2021 年 6 月 20 日
180	2021 校花校草逛校园——苏州科技大学丨紫牛直播	紫牛新闻	2021 年 6 月 20 日

续表

序号	新闻标题	媒体	日期
181	苏州科技大学副校长施琴芬为本科生讲授“形势与政策”课	中国大学生在线	2021年6月21日
182	苏科大艺术学院创作“光辉党史纪念系列徽章” 精美文创献礼建党百年	交汇点	2021年6月21日
183	传承雨花英烈精神，与新时代同向同行	人民日报客户端	2021年6月22日
184	点赞苏科大学子！第三届国际大学生混凝土龙舟赛喜获一等奖	中国网	2021年6月22日
185	2021江苏好大学联盟丨苏州科技大学：新增人工智能等6个专业，省内计划增幅22%	紫牛新闻	2021年6月23日
186	2021江苏好大学联盟丨苏州科技大学天平学院：机会多元，就业成果显著	紫牛新闻	2021年6月23日
187	献礼建党百年！苏科大师生妙手匠心原创“光辉党史纪念系列徽章”	引力播	2021年6月23日
188	致敬“红色印记”	引力播、《苏州日报》	2021年6月24日
189	就业先锋行·大咖说专业⑧丨苏州科技大学郭春显教授：新能源材料与器件专业前景广阔	新江苏APP、学习强国	2021年6月25日、27日
190	苏州科技大学：深情演出献礼建党100周年	交汇点	2021年6月26日
191	苏科大“辉煌百年路 奋进新征程”文艺演出献礼建党100周年	引力播	2021年6月26日
192	苏州科技大学举行2021届学生毕业典礼暨学位授予仪式	全国高校思想政治网	2021年6月28日
193	2021江苏好大学联盟丨苏州科技大学天平学院考生咨询常见问题解答	紫牛新闻	2021年6月28日
194	2021江苏好大学联盟丨苏州科技大学预估线来了！	紫牛新闻	2021年6月28日
195	苏州科技大学与苏州高铁枢纽公司开启党建结对新征程	引力播	2021年6月29日

续表

序号	新闻标题	媒体	日期
196	苏科大原创红色歌曲“声”情告白　献礼中国共产党百岁华诞	光明日报客户端	2021年6月30日
197	国家新增37个本科专业，未来就业和发展前景如何？	科技日报网	2021年6月30日
198	苏科大用原创红色歌曲献礼建党百年	引力播	2021年6月30日
199	党史学习教育引导江苏高校师生知史爱党、知史爱国　深入“青年心”，激发“青年力”	《新华日报》、中国江苏网、江苏省教育厅官网	2021年7月1日
200	“齐聚一堂　共襄盛典”苏州科技大学师生集中收看庆祝建党100周年大会直播盛况	交汇点	2021年7月1日
201	苏州科技大学举办庆祝中国共产党成立100周年暨表彰大会	交汇点	2021年7月1日
202	苏州科技大学建筑与城市规划学院城规教师党支部坚持党建引领	江苏电视台城市频道	2021年7月1日
203	将艺术表达融入党史学习教育　苏科大用原创歌曲献礼建党百年	引力播、《苏州日报》	2021年7月1日
204	用心用情用力教书育人　苏科大召开表彰大会	引力播、《苏州日报》	2021年7月2日
205	苏科大与溧阳经济开发区共建“生态创新与乡村振兴研究基地”	引力播	2021年7月2日
206	苏州科技大学2021年招生宣传片：《爱上苏科大》	学习强国	2021年7月5日
207	“七一”表彰丨苏州科技大学2020—2021年度优秀共产党员、优秀党务工作者和先进基层党组织风采展！	交汇点	2021年7月6日
208	听党话　跟党走丨苏科大师生热议习近平总书记“七一”重要讲话精神	交汇点	2021年7月6日
209	苏州市人民政府和苏州科技大学联合成立“长三角人居环境碳中和发展研究院”	引力播	2021年7月6日

续表

序号	新闻标题	媒体	日期
210	葛道凯赴苏州开展工作调研	江苏教育发布（微信）、江苏省教育厅官网	2021年7月7日
211	深化政产学研合作！市生态环境局与苏州科技大学协同共建环境类专业大思政课	交汇点	2021年7月7日
212	推动政产学研合作　助力双碳目标达成丨苏州市人民政府和苏州科技大学联合成立“长三角人居环境碳中和发展研究院”	交汇点	2021年7月7日
213	大力探索“双碳”目标苏州路径　长三角人居环境碳中和发展研究院揭牌　李亚平致辞	引力播	2021年7月7日
214	解码全面小康“苏州路径”	中国江苏网	2021年7月8日
215	苏州科技大学花球啦啦操《红心向党》	人民日报客户端	2021年7月9日
216	“四优化四提升”丨苏州科技大学扎实推进“我为师生办实事”实践活动	交汇点	2021年7月9日
217	王石现身苏州科技大学　畅谈运河文化	交汇点	2021年7月9日
218	百年风华正茂　青春奋楫扬帆——苏州科技大学举行2021届学生毕业典礼暨学位授予仪式	交汇点	2021年7月9日
219	立志明德守初心　行稳致远踏征程——致苏州科技大学2021届全体毕业生	交汇点	2021年7月9日
220	燃！苏科大“辉煌百年路　奋进新征程”文艺演出献礼建党100周年	交汇点	2021年7月9日
221	2021遇见苏科大：最全学院介绍请注意查收！	交汇点	2021年7月9日
222	我所认识的苏科大，炽热且缤纷！	交汇点	2021年7月9日
223	穿着锦绣汉服一同“穿越”！苏科大的端午节也太美了！	交汇点	2021年7月9日
224	爱上苏科大丨青春无畏，高考加油	交汇点	2021年7月9日

续表

序号	新闻标题	媒体	日期
225	苏州科技大学承办2021中国工业与应用数学学会区块链技术与应用高峰论坛	交汇点	2021年7月14日
226	学好百年党史　凝聚奋进力量	江苏教育新闻网、《江苏教育报》	2021年7月14日
227	苏州科技大学暑期社会实践团队开展垃圾分类社区调研活动	人民日报海外网	2021年7月19日
228	以青春力量助力生态文明建设——苏州的这场社会实践活动开启绿色之旅	荔枝网	2021年7月19日
229	苏科大青马学员说（一）丨王涔伊：牢记青春使命，做好新时代接力“火炬手”	交汇点	2021年7月20日
230	苏科大数学科学学院师范生发展调研团队走进吴江程开甲小学	引力播	2021年7月22日
231	苏科大与苏州高新区融媒体中心大学生社会实践基地揭牌	引力播	2021年7月23日
232	“家国有难爱无疆，暴雨无情人有情”支援河南，苏科大在行动！	交汇点	2021年7月24日
233	苏州科技大学大学生社会实践基地揭牌	紫牛新闻	2021年7月24日
234	暴雨无情，人间有爱！苏科大向河南投放救灾专项招生计划	紫牛新闻	2021年7月24日
235	青春“三下乡”丨苏州科技大学艺术学院“拿起画笔”建设美丽乡村	交汇点	2021年7月24日
236	苏科大开展“四有”党史学习教育主题实践活动	中国青年报客户端	2021年7月26日
237	苏科大青马学员说（二）丨岳川：“红船精神，初心岁月”	交汇点	2021年7月26日
238	苏州科技大学和苏州市人民政府联合成立“长三角人居环境碳中和发展研究院”	江苏省教育厅官网	2021年7月27日

续表

序号	新闻标题	媒体	日期
239	苏科大开展“四有”主题实践活动　掀起党史学习教育热潮	交汇点	2021年7月27日
240	助力南京抗疫　苏科大学生志愿者积极贡献青春力量	现代快报网、交汇点、紫牛新闻	2021年7月30日
241	苏科大录取通知书陆续寄出！丨您有一份“园林大学”的入场券，请查收	交汇点	2021年7月30日
242	用行动践行青春誓言！近4 000名江苏高校团员青年共筑防疫铜墙铁壁	荔枝网	2021年8月2日
243	师范生该怎么学？师兄师姐告诉你——苏州科技大学师范生暑期“三下乡”收获多	交汇点	2021年8月3日
244	青春在战“疫”一线绽放　苏科大学子志愿服务家乡疫情防控工作	紫牛新闻、现代快报网	2021年8月9日、10日
245	精准挖掘靶向描绘　助力三农振兴	人民日报客户端	2021年8月11日
246	苏科大敬文书院将“思政小课堂”搬进社区	引力播	2021年8月11日
247	苏科大：我把这里的夏天读给你听	交汇点	2021年8月12日
248	关注民生话就业，社保补贴促稳定——“稳就业”政策评估实践团暑期实践纪实	江苏新闻网	2021年8月18日
249	助力扬州抗疫　苏科大青年志愿者积极贡献青春力量	交汇点	2021年8月18日
250	传承红色精神　苏科大“学通社”暑期社会实践寻访身边党员故事	交汇点	2021年8月19日
251	苏州科技大学发布2021年秋季学期开学安排	紫牛新闻	2021年8月19日
252	苏州科技大学：学子寻访身边优秀党员　感受榜样力量	学习强国	2021年8月20日
253	我比任何时候更懂你丨一起来听苏科大学子的青春讲述！	交汇点	2021年8月20日

续表

序号	新闻标题	媒体	日期
254	“我比任何时候都懂你”系列短视频第27集：什么是“四千四万”精神？	《现代快报》	2021年8月23日
255	苏科大师生走进苏南9村开展调研	紫牛新闻	2021年8月24日
256	苏科大党史学习教育短视频引发热烈反响	中国青年报客户端	2021年8月25日
257	苏科大融媒体中心开展党史学习教育暑期社会实践主题调研	引力播	2021年8月25日
258	苏州科技大学：法律知识助力乡镇残疾创客脱贫小康	江苏省共青团官网	2021年8月27日
259	苏州科技大学：以融媒优势，述壮阔党史	团学苏刊	2021年8月29日
260	苏州科技大学：发挥专业优势　奏响育人“三部曲”	《光明日报》、北青网、光明日报客户端、江苏省教育厅官网、紫牛新闻、荔枝网、交汇点	2021年8月30日
261	党史学习教育“不打烊”　苏科大暑期主题实践精彩纷呈	交汇点	2021年8月31日
262	苏科大师生开展“党建引领乡村振兴”社会实践主题调研	中国日报网	2021年9月1日
263	苏州科技大学：以数共情，师范生发展调研“筑梦起航”	团学苏刊	2021年9月1日
264	苏科大80余支团队暑期学党史	《新华日报》	2021年9月3日
265	苏科大1.6万名学子迎来新学期线上第一课	紫牛新闻	2021年9月7日
266	苏州高新区通安镇树山村：三山四坞里的“诗与远方”	中国江苏网	2021年9月7日
267	16 100名学生云端听课　苏科大迎来新学期线上第一课	引力播	2021年9月7日
268	苏州科技大学2021级新生10月16日、17日报到	紫牛新闻	2021年9月8日

续表

序号	新闻标题	媒体	日期
269	党史学习教育“不打烊” 苏科大暑期主题实践精彩纷呈	中国大学生在线	2021 年 9 月 13 日
270	微党课丨原创歌曲《百年红船》	学习强国	2021 年 9 月 14 日
271	同心歌唱丨新的起点	中央广播电视总台	2021 年 9 月 14 日
272	原创歌曲亮相央广 苏科大音乐学院合唱团唱响《新的起点》	交汇点	2021 年 9 月 16 日
273	苏州科技大学开展秋季学期学生返校疫情防控应急演练	紫牛新闻	2021 年 9 月 24 日
274	不爱红装爱武装 苏科大“00 后”女生入选三军仪仗队	紫牛新闻、中国网、现代快报网、全国高校思想政治工作网	2021 年 9 月 28 日、10 月 9 日
275	苏科大举办烈士纪念日主题团日活动	引力播	2021 年 9 月 30 日
276	“缅怀革命先烈 赓续红色血脉”苏科大举办烈士纪念日主题团日活动	现代快报网	2021 年 10 月 1 日
277	深切缅怀！中国工程院院士、苏州科技大学杰出校友叶可明逝世	紫牛新闻	2021 年 10 月 8 日
278	苏州科技大学思政教育引领学生社团发展	学习强国	2021 年 10 月 8 日
279	沿着他的足迹不懈奋斗	引力播、《苏州日报》	2021 年 10 月 9 日
280	苏州科技大学获第十七届“挑战杯”“黑科技”专项赛全国特等奖	交汇点、中国网、现代快报网、引力播	2021 年 10 月 11 日
281	苏州科技大学：思政教育引领学生社团发展	《中国青年报》、人民网、中国青年报官方号	2021 年 10 月 12 日
282	苏州科技大学喜迎 6 400 余名 2021 级新生	中国网、光明日报客户端	2021 年 10 月 17 日

续表

序号	新闻标题	媒体	日期
283	首家实现人脸核验通行　苏州科技大学喜迎6 400余名2021级新生	紫牛新闻	2021年10月17日
284	欢迎2021级新生入学！苏州科技大学创意迎新、心意满满	交汇点、中国网	2021年10月18日、20日
285	苏州科技大学创意迎新、心意满满	现代快报网	2021年10月18日
286	纪念陶行知诞辰130周年　苏州科技大学开展师德专题教育体验活动	中国网	2021年10月20日
287	新康实小、苏科大共建教师教育综合实训项目	引力播	2021年10月20日
288	牛！苏州科技大学获第七届中国国际“互联网+”大学生创新创业大赛金奖	引力播	2021年10月21日
289	第七届中国国际“互联网+”大学生创新创业大赛收官　苏科大获1金1银1铜	交汇点	2021年10月22日
290	苏州科技大学成立“建设领域双碳技术全过程创新应用中心”	引力播	2021年10月23日
291	苏州粉画艺术馆“新颜”焕“新机”	中国江苏网	2021年10月26日
292	苏州科技大学提升为师生办实事成效	江苏省教育厅官网	2021年10月27日
293	“风景最美江南好　奋笔书写苏科情”苏州科技大学2021级新生开学典礼举行	现代快报网	2021年10月30日
294	退役士兵分享大学生入伍感受！苏科大马克思主义学院举行新生入学仪式	引力播	2021年10月31日
295	开学啦！苏科大新生开启校园新生活	交汇点	2021年11月1日
296	第十二届中国创新与企业成长学术会议在苏州科技大学成功举办	现代快报网、引力播	2021年11月2日
297	共商创新创业跨界融合　中国创新与企业成长年度学术会议在苏举行	引力播、《苏州日报》	2021年11月3日

续表

序号	新闻标题	媒体	日期
298	江苏省第六届高校就业创业指导教师教学技能大赛决赛举行	江苏省教育厅官网	2021年11月4日
299	抓牢意识形态工作，全员全程全方位育人：吴庆文调研高校思想政治工作	引力播、《苏州日报》	2021年11月4日
300	激励干事创业精气神！苏州科技大学举办“学习苏州‘三大法宝’”专题党课	紫牛新闻	2021年11月5日
301	第十二届中国创新与企业成长学术会议在苏州科技大学成功举办	《现代快报》	2021年11月5日
302	激励干事创业精气神　苏科大举办“学习苏州‘三大法宝’”党课	引力播、《苏州日报》	2021年11月6日
303	校企同心抗疫！乾宝生物科技向苏州科技大学捐赠消毒液	交汇点	2021年11月11日
304	党建引领　科研共建　校企共建在苏州结出新硕果	中国周刊网	2021年11月12日
305	集团化办学新探索　苏州科技大学附属彩香实验中学揭牌	引力播	2021年11月13日
306	苏科大附属彩香实验中学揭牌　8名大学教授受聘为初中学科顾问	引力播、《苏州日报》	2021年11月14日
307	苏州科技大学校党委召开第六轮巡察工作动员部署会	全国高校思想政治工作网	2021年11月16日
308	传承良好家风，润泽“浦发”文化	中国江苏网	2021年11月16日
309	苏州科技大学获批增列七个硕士学位授权点	引力播	2021年11月16日
310	苏州科技大学举办沉浸式“信仰公开课”	引力播	2021年11月17日
311	苏科大将“信仰公开课”搬到了乡村	《现代快报》	2021年11月18日
312	苏科大举行2021年“伴随种子计划”资助育人项目启动仪式	全国高校思想政治工作网	2021年11月22日
313	2021年江苏省研究生“大数据统计与金融创新”学术创新论坛在苏科大举办	引力播	2021年11月24日

续表

序号	新闻标题	媒体	日期
314	江苏省政协第十五届“戏曲走近大学生”启动仪式在苏科大举行	全国高校思想政治工作网	2021年11月29日
315	苏科大校党委理论学习中心组专题学习党的十九届六中全会精神	全国高校思想政治工作网	2021年11月29日
316	苏科大商学院成立职业发展指导中心、学业发展指导中心	引力播	2021年11月30日
317	苏州科技大学宣讲团开展党史专题宣讲	光明日报客户端	2021年12月1日
318	豪情壮志扛使命　意气风发绘蓝图	江苏教育新闻网	2021年12月1日
319	党史学习教育　苏州科技大学宣讲团开展党史专题宣讲	中国网	2021年12月1日
320	我省教育系统迅速掀起学习宣传贯彻省第十四次党代会精神热潮	《江苏教育报》	2021年12月1日
321	苏科大持续掀起学习党的十九届六中全会精神热潮	引力播、交汇点	2021年12月2日
322	苏州科技大学：大型团体操表演《百年红船》	全国高校思想政治工作网	2021年12月2日
323	苏州科技大学承办江苏省本科院校师德师风建设研讨培训班	全国高校思想政治工作网	2021年12月2日
324	省委教育工委第三巡回指导组来苏州科技大学指导党史学习教育工作	全国高校思想政治工作网	2021年12月2日
325	党史学习教育苏科大宣讲团开讲啦	《现代快报》	2021年12月2日
326	苏科大承办“发展中国家循环经济与可持续发展技术培训班”	中国大学生在线	2021年12月6日
327	苏州科技大学第二十一届运动会顺利举行	中国大学生在线	2021年12月7日
328	苏州科技大学：举办红色主题艺术作品展展现师生爱党爱国情	学习强国	2021年12月9日
329	苏州科技大学：多措并举，打造“沉浸式”思政课堂	交汇点	2021年12月9日

续表

序号	新闻标题	媒体	日期
330	苏州科技大学：遇见银杏，遇见不一样的冬天	学习强国	2021 年 12 月 10 日
331	苏州科技大学举办“勿忘国耻　砥砺前行”国家公祭日主题团日活动	中国网、引力播	2021 年 12 月 13 日
332	大学门卫老夫妇三次“劝学”，改变了这位女大学生的一生	紫牛新闻	2021 年 12 月 14 日
333	苏科大举办新文科建设背景下设计学类专业建设高峰论坛	引力播、《现代快报》	2021 年 12 月 15 日、16 日
334	为水环境综合治理提供技术支撑　苏科大获批江苏省教科系统示范性劳模和工匠人才创新工作室	引力播	2021 年 12 月 16 日
335	苏州科技大学获批江苏省教科系统示范性劳模和工匠人才创新工作室	中国网	2021 年 12 月 16 日
336	苏州科技大学举办《她·叙》当代女性艺术家邀请展	中国网、现代快报网、江苏教育发布（微信）	2021 年 12 月 16 日、18 日
337	苏州科技大学获批江苏省教科系统示范性劳模和工匠人才创新工作室	现代快报网	2021 年 12 月 16 日
338	苏科大举办“传承百年精神　赓续红色基因”红色主题艺术作品展	中国大学生在线	2021 年 12 月 17 日
339	苏州科技大学：融合发力打造“沉浸式”思政大课堂	《新华日报》	2021 年 12 月 19 日
340	苏州科技大学举行 2021 年优秀青年学者论坛	中国大学生在线	2021 年 12 月 20 日
341	苏科大劳模创新工作室获评省级示范	《现代快报》	2021 年 12 月 20 日
342	苏州科技大学举办“冬至暖人心”校园美食加餐活动	引力播	2021 年 12 月 21 日
343	苏州科技大学为 31 500 余名在校生免费加餐　冬至美食盛宴暖了学子心	交汇点	2021 年 12 月 22 日

续表

序号	新闻标题	媒体	日期
344	苏州科技大学开展“情暖冬至”系列主题活动	现代快报网、光明日报客户端、江苏教育发布(微信)	2021年12月22日、23日、25日
345	共同富裕，永联这样当好探路先锋	《新华日报》、交汇点	2021年12月24日
346	#光影校园#清晨时光贵如金@苏州科技大学	江苏教育发布(微博)	2021年12月24日
347	苏州科技大学：“我为师生办实事”开展“情暖冬至”系列主题活动	学习强国	2021年12月27日
348	苏州科技大学开展“熠熠星光　榜样力量”2021大学生年度人物评选	中国大学生在线	2021年12月29日
349	苏州科技大学党委书记张庆奎向大学生宣讲党的十九届六中全会精神	光明日报客户端、现代快报网、中国网	2021年12月31日
350	苏州科技大学地震模拟振动台实验室项目奠基	紫牛新闻、引力播	2021年12月31日
351	以奋进之笔书写青春答卷　苏州科技大学开讲信仰公开课	引力播	2021年12月31日

后　记

《苏州科技大学年鉴2022》本着尊重历史、尊重事实的原则，将2021年苏州科技大学的各种信息汇编成集，包括学校教学、科研、学科学位建设、管理等方面的内容。本书力求全面、系统、科学地记载学校2021年的主要工作、重大事件、发展特色等，尽量全面地反映学校各方面发展的成果，为苏州科技大学的教职员工及学生提供学校的基本文献、基本数据、科研成果，同时也为兄弟院校和社会各界提供了解苏州科技大学的窗口，供学校及社会各方面查考、借鉴、比较。

《苏州科技大学年鉴2022》共设八个栏目，分别为学校综述，重要文献，2021年大事记，机构设置、机构负责人及有关人员名单，院（部）简介，表彰与奖励，重要资料及统计，附录。本书的内容表述有专文、条目、图片、附录等几种形式，以条目为主。

《苏州科技大学年鉴2022》选取发生在2021年1月1日至2021年12月31日间的重大事件、重要活动及各领域的新进展、新成果、新信息，本书的统计数据除注明外，截止时间均为2021年12月31日。

《苏州科技大学年鉴2022》所刊内容由各单位确定专人撰稿，并经本单位负责人审定。

《苏州科技大学年鉴2022》在编委会的指导下，由党委办公室、校长办公室组织编写。本书在编写过程中得到了各级领导的关心与大力支持，以及各学院（部）、各部门、各单位的积极配合与通力协作，在此表示诚挚的谢意！

《苏州科技大学年鉴2022》在编写过程中，党委办公室、校长办公室的全体工作人员及各教学单位办公室的相关同志都参加了编写工作，并为此付出了辛勤的劳动，使编纂工作顺利完成。

《苏州科技大学年鉴2022》在编写过程中力求资料完整、数据准确、内容翔实，但因面广量多，可能会有疏漏。不妥之处，敬请读者批评指正。

编　者

2022年9月